知名媒体人这样说

38位知名媒体人心路历程的真实展现

杨芳秀◎著

人民出版社

目　录

第二部分　记者编辑篇

第三部分　老总篇

序

在人民日报社工作 10 年多，曾分管人民日报社《新闻战线》杂志的业务。杨芳秀同志是《新闻战线》资深记者，她把她的作品汇集成书，难能可贵，可喜可贺！

打开书稿，心中生出一种兴奋之情。书中记录的是我国新闻战线上的多位优秀工作者，他们已然是中国媒体工匠精神的鲜活代表。他们的名字与身影不时出现在报纸和荧屏上，但他们更多的是采访与记录别人，少有人对他们进行采访，更少有人去深度探究优秀媒体人与作品背后的事实逻辑和内在肌理，但杨芳秀做到了，而且做得很好。可以说，这是国内迄今为止第一本以媒体人群体为主角的真实纪录，是活跃在新闻战线上的新闻人的精彩故事。

十年如一日，作者努力记录了金话筒奖和长江韬奋奖获得者的成才经历，记录了优秀主持人、播音员、记者甚至总编社长的成功故事，也用心挖掘和精心呈现出他们与时俱进的成长路程与精益求精的职业态度。可以说，本书堪称中国媒体工匠的纪实录！翻阅这些作品，我读到了让我曾经感动过的好故事，也读到了很多鲜活的新故事；我也很高兴地看到新一代记者的成长与成熟。从他们的娓娓道来中，能看出"为时代而歌、为人民而写"的优良新闻传统和"铁肩担道义、妙手著文章"的高尚职业精神在一代代中接续传递。

一个时代有一个时代的主题，而时代潮流的潮头每天都会不一样，就像没有两片同样的树叶一样，捕捉挺立潮头弄潮儿搏击的身影和事迹，是新闻记者时刻关注，尽力报道的天职。正是在这样的意义上，新闻工作者记录着时代，也被时代记录着。该书对他们的记录绘就了新闻工作者传播党的主张方针、推动社会进步、守望公平正义的精彩群像，也描摹出新闻人勇于做梦、敢于追梦、同筑中国梦，为中华民族伟大复兴而奋斗的亮丽色彩。

在本书中，看到了我熟悉的同行范正伟、赵亚辉、紫凝等，也看到了年轻的新面孔胡蝶、王羲、曾佳等，还有其他很多知其名却未曾谋面的媒体同行，他们的心路历程是我们从他们发表的作品中读不到的，难得的是，作者对每一个访谈人物都倾注心血，每个提问的背后都渗透着她对中国新闻业的敏锐观察和理性思考。字里行间，我们深深感到一名优秀新闻编辑的"三心"：有心，默默关注新闻界的优秀同行和先进典型；精心，细致刻画下优秀新闻工作者的成长足迹；用心，多彩呈现长期采访新闻人的阶段性成果。

在报社多种场合，我曾说过，新闻重在发现，记者贵在抢抓。合格的党报记者必须具备政治敏感、新闻敏感、文字敏感。正是秉持着这样的职责和理念，中国的新闻工作者有着不一样的精气神！他们能跑、能写、能拍摄，能吃苦、能抗压、能奋战，正在向复合型、专家型、全媒型新闻队伍挺进。他们是一支政治坚定、业务精湛、作风优良的队伍，是值得党和人民信赖的新闻铁军。因为他们，中国新闻媒体界的脊梁才能够如此坚强挺拔、坚韧砥砺、坚定前行，中国新时代媒体才迸发如此昂扬锐气、蓬勃朝气、浩然正气。

新闻记者是一个艰辛的职业，是一个平民为平民的职业。他们既是有名英雄，更是无名英雄，人们大都在报纸版面、电视荧屏、网络栏目见到他们的名字和面孔。但是，在第一时间抢跑路上的辛苦，在电脑键盘敲击中的分析，在摄像机前遭遇到的风险，等等，都是鲜为人知的。本书是作者主持《新闻战线》专栏《媒体人访谈录》的一个结集。她采访了很多新闻界的名人，记录他们的不懈努力、步步艰辛和所思所感，我也因此看到了她努力的身影。

我们生而平凡，每个人的起点大致相当，因为努力而体现不同的生命历程，也因攀登不同的高度而看到不一样的人生风景。有心人就会在时光的洗礼中不断雕琢自己，用心创造不平凡的人生。一个人做一件平凡的事，做久了，才能久久为功，也才可能成就一番不平凡的事业并留下印迹。认真做事，精心求道，终会成功。10 年间，杨芳秀同志为新闻战线服务，为新闻记者书写，平凡又不平凡，简单也不简单。

本书的意义也许在于：把众多故事背后的故事告诉我们，让一段时间之后的时间记住他们！

陈俊宏

自　序
让我感动的那些媒体人

弹指一挥间，10 年过去了。《媒体人访谈录》——中国新闻理论研究期刊领头羊人民日报《新闻战线》杂志的重头栏目，即将迎来她 10 岁的生日。

10 年来，这个栏目每月推出一至两篇访谈稿，专访了两百来名中外新闻界颇有影响的人物：董卿、海霞、康辉、哈文、冯雪松、闫东、胡蝶、紫凝、张严平、赵亚辉、范正伟、刘素云、杜献洲、许戈辉、陆波、孙德宏、李佩钰、吴湘韩、冯春萍、刘畅、刘东华、何红卫、徐滔、余熙、孟非、成洋、张丹丹、王遐、孙维、王俊、俞佳友、春妮、王羲、曾佳、周洋文……这一长串闪亮的名字，拼出的是我国传媒界在刚刚过去的传媒巨变年代中的个性、记忆，乃至斑斓色彩。这也意味着作为该栏目的负责人，我与这群优秀的媒体人深度接触已达 10 年之久。《新闻战线》领导把我介绍给陌生人时常调侃地说："这是媒体名人中的名人"。是的，有幸与媒体圈里这么多的名人们面对面深度沟通，是一种少有的殊荣。

每次采访完这些优秀的媒体同仁，走在回家的路上，我都像打了鸡血一样，浑身是劲，斗志昂扬。因为每个人身上，都有满满的正能量。我沉浸在他们的思想里，被他们的精神所感动、所荡涤、所激励。这么多媒体名人就如一座宝藏，任我尽情地开采，畅快地攫取，满满地收获。

有人问我，你采访了这么多新闻界的"大咖"，有什么感悟？能总结他们成功的规律吗？我如实回答："感悟太多，无法三言两语说清。"是啊，每个成功人的身后，都有其成功的必然逻辑，哪能只言片语概括？

每每漫步新华书店，满眼都是各种心灵鸡汤类图书，职场的、企业的、投资的，琳琅满目，却独独少见媒体的。虽然偶有媒体人写自述，但终归寥寥。何不把给过我感动与激励的这些采访集纳成书，让正能量传递给更多人！偶有此念，却并未付诸实践。

今天，在《媒体人访谈录》10岁生日的时刻，我行动了，精选部分访谈稿，与读者做一深度分享，让他们从书中慢慢品味。

这些面对面的访谈，这些在我的生命中沸腾过的人与话，虽然是过去时，但我相信，其蕴含的思想光芒，能穿透历史的时空。当一颗颗闪亮的珍珠被串起时，他们不再只是海底那零星的弱光，而会成为一束璀璨夺目的亮光，引人前行，予人力量，催人奋进。

◎ 情怀一纸书　十年受追捧

今天的我，感到欣慰。就如一个探矿队辛勤地探矿，被采到的富矿所陶醉。可最初，却有些惶恐、茫然，甚至有时紧张得夜不能寐，唯恐在短短时间内挖掘不出与这些响亮名字相当的独家内容，让读者们失望。

记得当初为了学习、研究访谈技巧，我把意大利著名女记者奥莉娅娜·法拉奇（Oriana Fallaci）撰写的《风云人物采访记》反复看了不少遍。我迫切地想知道，这个被誉为"国际政治采访之母"的法拉奇，是如何打开世界风云人物们的心扉并予以呈现的。看完这本被《华盛顿邮报》誉为"采访艺术的辉煌样板"的书后，我隐隐感觉到，打开的钥匙，或许只有足够专业，足够与被采访对象同频共振……多年来，我们这个年轻的采访团队正是本着这样的执念，开展每一次对话。

中央电视台《新闻联播》的主播海霞和人民日报历时一年半重走中国西北角进行亲历式采访的赵亚辉成了我们的首期访谈对象。

时隔10年，海霞对职业精神的理解仍让人动容："早班的时候，上5个闹钟，每个闹钟差5分钟，6点上班，5点必须起床。第一个闹铃就定在4点半，第二个定在 4 点 35 分，就这么一个铃声一个铃声地响……人是有惰性的，总想再睡会儿。当第一个闹铃响的时候，你其实就醒了。第二个、第三个接连响下去的时候，你告诉自己必须起来了。无论外面的天气是下着大雨，还是飘着雪花……上班的时候整个大院里空荡荡的，为了给自己壮胆儿，就放开了嗓子唱歌，嗷嗷地唱。"她说，一位播音界的老前辈，突然得知父亲去世了，他仍然坚持走进播音室，把工作圆满完成，再回家料理后事。没有人从他的声音中或者他脸上看出什么异样。

赵亚辉向我述说亲历式采访的情景：孤身在外，行走在人迹罕至的路上，艰难险阻难以想象，有时到一个荒凉的地方车坏了，有时面临着迷路的险境，还有不时出现的各种其他意外……白天采访，天黑以后，找个地方住下来赶紧写稿子、整理照片，经常吃不到饭。有时熬到第二天早上 6 点多，八九点又得接着采访。这种事儿是家常便饭。

他们，展现了一个媒体人对事业的由衷热爱！他们，是对职业精神的最好诠释！

有了他们打头，访谈风格初步确定——展示媒体人的职业理想及为之不懈追求的心路历程与奋斗征程。

这之后，主持、导演央视春晚多年的董卿、哈文等；挑战自我、重新出发的胡蝶与张丹丹等；不受诱惑、敢于揭露真相的刘畅与王羲等；耐得住寂寞、淡泊名利的冯雪松与王遐等；勇于触网、传播经典的孙维与春妮；以基层为家、为农民朋友服务的何红卫与俞佳友……两百多个优秀媒体人走进了我们的视野并接受了采访。

历史的长河奔流不息。人却不免有审美疲劳的时刻。作为学术杂志的编辑，平时的编校任务不轻，采写访谈录，还得换一个思维频道。每采写一个人，要花不少时间联系采访，做足功课，采访完后整理录音材料，再谋篇布局、选题立意，反复推敲字句，到最后付印，并不是件轻松的事。是读者们的广泛赞誉给了我们坚持下来的动力。

我清晰地记得，有一期没有上《媒体人访谈录》这个栏目，一个读者很快打来电话，问怎么中断了？因为他很喜欢，每期必看。每次评刊，同事们也调侃说，拿到杂志首先看的是访谈文章。这个形式特别的栏目，成了众多学术文章中的一种特别存在。

我也清晰地记得，清华大学新闻与传播学院的郭镇之教授，向我要去访谈文章的电子版，给每个入学新生的邮箱发去。与郭教授一样喜欢与同学们分享该栏目文章的老师不在少数，安徽师范大学新闻与传播学院副院长沈正赋来信盛赞：这是对高校陈腐教材的鲜活补充。

在 10 年的访谈历程中，总有些人有些事让我们感动，给我们鼓舞。

新华社首席（领衔）记者、第十届长江韬奋奖获得者张严平，曾两次对我说，她欠着我一顿饭。此话何来？原来是我在她的访谈稿中提炼了语言与思想，她说，那正是她想说却没能说出来的。据说，在评长江韬奋奖时，张老师是唯一一个全票通过的长江韬奋奖获得者，这篇文章起了一定作用。

写访谈稿，一问一答间推演篇章逻辑，答的内容看似是被访者自己说的话，实则不然，记者得对漫谈式口语表达进行精心提炼。

张严平采访作风深入，往往采访四五十个人，然后从中找出一两个最具代表性事例写入文章。如此多深挖的金子在一起，能不闪光吗？在文化的快餐时代，很多记者也许只是从网上扒几个例子堆砌起来，或者拿了新闻通稿适当改编一下。在这样的大环境下，张老师的采写作风，无疑是一股涓涓清流。

在 34 年新闻生涯中出版 28 本著作，在境外举办 40 余场画展和摄影展，采访过 50 多位国家元首和政府首脑，在六大洲 60 多个国家讲述中国故事近两百场的长江日报记者余熙，对他深入采访两个晚上后，我被他多面手的才能、胸怀世界的精神所打动，写的《余熙："公共外交的先行者"》一文，受到中宣部副部长、国务院新闻办公室主任蒋建国的批示："请卫民同志阅示。余熙同志工作优异、感人，成绩、贡献颇丰。"得此肯定，于余熙，于我们，都是一种欣慰。

一个栏目，受到读者喜爱、被访者肯定、中央领导批示，虽没有"中国新闻奖名专栏"美誉，但足以告慰我们过去无数个挑灯夜战的付出。

◎ 秉持初心　成就精彩人生

在人人都有麦克风的新媒体时代，有手机便为记录人，有笔就成为"记者"，直播满天飞，"新闻"遍地是。有人甚至怀疑，专业新闻人是否有未来。媒体人面临的诱惑从来没有少过，但也从来没有像今天这样，使得选择离开媒体的人如此之多。有人惊呼，媒体正遭遇职业信仰缺失的一代。

真是这样吗？

董卿主持青歌赛，为了晚上的直播，每天下午一点钟进演播室，找选手一一采访。"有时问到最后，脑袋瓜都麻木了，人变得特别僵硬，几乎要崩溃，但还是要接着干，这是工作！这些采访决定着晚上的表现，决定着晚会现场的节奏和气氛……其实简简单单说几句也能把节目做完，可是我会觉得对不起观众。我是个较真的人，做人做事都要出品质。"当后来董卿作为制片人兼主持人的《朗读者》火遍大江南北，我一点都不觉得惊奇。以她的才情与性格，不做则已，一做必然出彩。

时任人民日报副秘书长的邓亚萍给我留下了同样深刻的印象。她非常注重细节，从她对着装的搭配到对办公环境的布置，能鲜明地感觉到。在世界乒坛驰骋，高手过招，成败就取决于细节。那时的她，正全力率领着团队打造属于中国自己的搜索引擎。桂冠满身的她，完全可以舒适安逸地躺在鲜花铺就的温床上，但她选择了去剑桥大学读博士，去前的英语基础，据说连26个英文字母都背不全。然而，她拿出了在体坛的拼搏精神，每天泡在图书馆背单词，以最快速度提升英语水平。她说，那时每天睡觉起来，在枕头上抓一把，全是头发。

她们，用对卓越的不懈追求，翻越了人生的一座座高峰。

对73岁洋主播埃德温·马尔（Edwin Maher）的采访，洗刷了我对"老人"的定义。相濡以沫几十年的妻子去世后，花甲之年的他只身来到北京，成为央视英语新闻频道主播，一干就是十多年，出色的成绩使他被评为"最美央视人"，还接受过中共中央政治局常委的7次接见。主持新闻直播需要敏锐的感知力、灵活的应变能力与较好的体力支撑。他常说，"有个小鬼一直躲在麦克风里，随时随地会跳出来，大闹一场"。为了让自己远离那个"小鬼"，73岁高龄，仍每天坚持锻炼身体保持体能，还在北京人流车流拥挤、随时可能面临危险的路上骑自行车，因为这样可以让他保持快速反应的能力。

63岁的长江日报记者余熙，同样给我震撼。尽管退休了，但退休后的他似乎更忙了，忙着在世界各地讲述中国故事，忙着出书办摄影绘画作品展。他的28本著作，很多是在采访时间非常仓促的情况下完成的，写巴拿马，只待了13天；写乌拉圭停留了半个月；写46万字的《走向阿尔卑斯世界首富之国——瑞士探秘》一书，也只在瑞士待了3个月……

我问他是怎么做到的？他说，采访中，尽可能地调动记者的新闻敏感、作家的心灵敏感、摄影家的镜头敏感、画家的形象敏感、社会活动家的交流敏感……对每个场景、每次际遇都仔细观察和探究。采访时，立体地听，立体地写，立体地摄，有时候还要立体地想象。这种高强度的采访，不仅要拼心智，拼脑力，还要拼体力。一部单反相机几斤重，需要频频举放，还要蹲趴侧弯，非常辛苦。年过六旬，体能逐渐下降，但是进入采访状态后，他依然如同上紧了发条一般忘记了疲倦。

他们，让我看到的，是资深媒体人活到老、贡献到老，充分挑战生命极限、终身坚守事业岗位的不懈奋斗精神。

宁波电视台的"获奖大户"——长江韬奋奖获得者周洋文，21年间获得30多项省以上奖励。深挖她的获奖秘诀，她会告诉你四个字：精益求精。为了拍摄《小镇民警维稳事》(获第二十届中国新闻奖专题片一等奖)，她九下小镇，每天工作十五六个小时，很多人物采访了一次又一次，五六千分钟素材，最后播出的内容才17分钟。她告诉我，在那个小镇上，经常吃面一吃就是好几天，因为只有一家面馆。为了整理素材，她索性住在了办公室。困了，就在办公桌旁的简易小床上睡会儿，醒来后接着干，连续几星期。爱美的她，这时啥都顾不上了。就这样，她拿出的作品，每一件都直抵人心。

兵团日报记者、长江韬奋奖获得者王遐，整整6年时间，行程近万公里，采访兵团边境团场两代屯垦戍边人为捍卫共和国的领土主权而无私奉献的动人事迹，16000多字的长篇通讯《历史的回声》和《不夜的边关》，读来让人荡气回肠，感人至深。

在她们身上，我看到的，是大国工匠们对精神产品精益求精的反复打磨与自我的苛刻要求。

采访央视《新闻联播》主播康辉时，他的严谨与从容，让我感受到了大国之窗播音员的沉稳与大度。他对母亲的孝顺与对朋友的热心肠，还有他的平实与坦诚及对名利的淡泊，让我印象深刻。

央视主播紫凝也让我看到了聚光灯下的沉静与恬淡。为了远离浮躁与喧嚣，她选择用画笔怡情养性。送给我的台历，上面一张张颇见功力的油画作品，一次次把我的嘴惊成"O"型。太难想象，这些作品竟然出自一个喜爱直播、风风火火奔波于新闻现场与演播室的年轻人之手！"静如处子，动如脱兔"，"动"与"静"完美地结合在了她的身上。"直播量变大了，一进演播室，就得持续播三个小时一贯到底，人始终坐在主播台边，只有播出四五分钟的长新闻片子时，在导播允许后才能去洗手间"，如此繁重的任务，只有"把心态调整好，才能找到在镜头前自如的感觉"。

在他们身上，我看到了一种美，美在虚实、动静的高度融合里。

◎ 不畏强权　挺起中国脊梁

前不久看到一篇《高质量新闻没落，未来谁替我们做调查性报道?》的文章，感慨报业以及其代表的严肃新闻已经走入穷途末路，对有专业、有道德、有标准的调查性报道，将由谁来做进行深度追问。的确，传统媒体的读者在不断萎缩，社交媒体、分发平台都在和传统媒体争夺注意力。在开展舆论监督付出越来越多的当下，很多人放弃了调查性报道，以至于有一种论调说，媒体正在迎来主流监督的缺位。我深不以为然。因为，媒体人身上永远不缺那份责任与力量。不管发布平台是新是旧，责任担当依旧。

我深刻地记得对新华社记者刘敏、王炳美的采访。当时，他们开展《香河大规模违规"圈地"调查》时被跟踪尾随、拨打110求助遭拒，文章出来后，引发社会广泛关注。两天后，我坐在了他们面前。年轻的刘敏反复强调作为一名新闻记者，肩负重大责任，并不时透出对当事人可能遭遇报复的担忧；而拥有30多年一线记者经历的王炳美则一直表情凝重，不停地吸着烟。那些天，常有人提醒他注意人身安全。因为事态严重，他们非常仓促地接受了我的采访，打算进行深度报道。在他们看来，媒体失声是一种失职，一个称职的新闻记者，一定是一个忠诚地捍卫党的路线方针政策，为广大的人民群众鼓与呼的人。

采访中，刘敏说的一个细节，让我至今想起仍忍不住涌出泪花。在调查中被人跟踪随时面临危险的境况下，她不断地安慰乡亲们说："没事，不用怕！"同时，发了两条短信。一条短信给"新华视点"室主任，内容是："我时刻记着，我是名记者！"另一条发给家人："爸妈晚安，我爱你们！"

作为一名年轻女记者，在任何时候，想到的，不是自己安危，而是把"我是记者"牢记于心！何尝不是这样的担当，挺起了中国新闻界的脊梁！

同样把自己安危置之度外的，是被人昵称"小侠女"的山东电视台齐鲁频道"80后"主持人王羲。十几年时间内，为观众解决难题4000件之多，包括挽救性命数十次。我夸赞她很了不起时，她说："这离我的目标还远呢。"谈起为了帮助别人多次被人殴打，她说："能被人'惦记'是件幸福的事。深度关注人的命运，并通过媒体的力量带给人温暖与希望，这是我的责任和使命。"她感动了很多人，市委书记也成了她的"粉丝"。

2001年，一名嫌疑人手持炸弹和尖刀，在北京西站候车室劫持了一名女售货员，提出想见记者。这时，正在现场采访的北京电视台记者徐滔毫不犹豫地站了出来，在民警的狙击枪口与嫌疑人的炸弹间，与嫌疑人整整周旋了9个多小时，最后嫌疑人被她诱出柜台，被特警生擒。我问她，在这样的险境中你不害怕吗？她说，作为法制新闻记者，经常经历与死神擦肩而过的采访。并列举一个事例："北京刑侦总队在大兴设伏抓一个黑恶势力团伙，突然一犯罪嫌疑人驾车逃离，民警鸣枪追赶。我和记者马上跃上了第一辆警车，并以每小时160公里的高速在夜路中飞奔追赶犯罪嫌疑人，在这惊心动魄的20分钟时间，子弹从我们耳畔穿过，而我们的拍摄镜头从枪响到嫌疑人被擒，一刻未断，记录下了真实的一幕。事后，我也非常害怕，双腿哆嗦得下不来车，但做出生动的节目是那一刻唯一的心愿。"

"做出生动的节目是唯一的心愿"，这，是所有优秀媒体人深情的告白！

山西繁峙矿难发生后，11 个记者都被收买，而排在第 12 位的中国青年报记者刘畅却例外。在有人质疑新闻界是不是还有光荣与梦想的时刻，他用行动证明了新闻的力量。他对我说："奔跑应只是记者职业的一个基本前提，在奔跑之外你应以新闻的方式给社会留下些什么。"他理解的记者，是要有诗人一样的激情，历经沧桑而保持一颗纯净的心灵，容颜可以老去，黑发可以变白，但记者的内心永远是一片纯净的天空。

中国青年报编委、原特别报道部主任吴湘韩，常顶住来自方方面面的压力，鼓励记者勇于监督，不能因为风险大而却步。他主持的特别报道版，在人员并不多的情况下推出很多有全国影响的调查性报道。"每天唤醒我们的，不是闹钟，而是心中的理想！"

央视记者冯雪松，历时 10 余年，艰辛寻访，以一己之力孤单前行，在历史的碎片中不断"连连看"，真实还原了一个"消失"了 70 余年的杰出记者——方大曾。中国记协党组书记翟惠生称其为"一位让我们充满敬意的记者。"

中国国际广播电台记者刘素云，在耶路撒冷驻站 4 年多，子弹离她那么近，爆炸随时会发生，看到公共汽车觉得是一个行走的炸弹，在餐馆吃饭，也老得往门口看看有没有什么危险发生。不安全的恐怖气氛弥漫在空气当中，无处躲藏。即使如此，仍随时带着两支笔，不顾一切记录下各种新闻，4 年时间发出一百多万字的稿。

……

作为一名优秀的媒体人，必须能跑，能写，能说，能吃苦，还要能抗压。正是有了他们，中国新闻界的脊梁才如此挺拔，并散发出正义的凛凛之气。

我是幸福的。作为编辑，见证了媒体变革最为剧烈时代传统媒体的痛苦与作为；作为记者，品味了如此多优秀媒体人爱岗敬业、饱满丰硕的浓缩人生。在此，真诚地希望我的幸福感能分享至更多人。

本书入选的 38 名媒体人中，主持人以"金话筒奖"获得者为主，记者编辑以"长江韬奋奖"获得者为主，媒体老总以具有较大影响力的为主。全书尊重《媒体人访谈录》的栏目特色，原汁原味地再现了栏目个性。本书以访谈为主，注重把与诸位被访者的对话转化为思想的交锋与灵魂的拷问，在一问一答中展现这些乐于奉献、勇于担当、予人力量的媒体人鲜为人知的奋斗历程与心路历程，同时辅以"芳秀印象"，结合个人感受，进一步凸显他们的职业操守与人格魅力，呈现他们为新闻理想与职业信仰孜孜以求的敬业精神及把党的主张与人民的呼声高度统一的价值追求。

他们身上体现出自 2009—2018 年 10 年间中国新闻界奋力前行的昂扬向上风貌与大国工匠精神，他们是时代的缩影，折射出的是即将过去的年代中国新闻界的深刻变化。他们是社会历史和时代变迁的见证人与记录者，通过与他们的对话，新闻背后的故事、逻辑和脉络得以清晰再现，中国社会 10 年来的巨大变迁与时代特性也可窥出一二。

在第十七个记者节前夕，习近平总书记向新闻工作者提出"四向四做"殷切希望：坚持正确政治方向，做政治坚定的新闻工作者；坚持正确舆论导向，做引领时代的新闻工作者；坚持正确新闻志向，做业务精湛的新闻工作者；坚持正确工作取向，做作风优良的新闻工作者。前不久，习近平总书记在全国宣传思想工作会议上强调指出，宣传思想干部要不断掌握新知识、熟悉新领域、开拓新视野，增加本领能力，加强调查研究，不断增强脚力、眼力、脑力、笔力，努力打造一支政治过硬、本领高强、求实创新、能打胜仗的宣传思想工作队伍。

这些优秀的媒体人为广大媒体同行与准媒体人高扬起的旗帜，必将起到榜样的激励作用，激励他们行稳致远，更好地践行"四向四做"理念，更扎实地提升脚力、眼力、脑力、笔力，履行好媒体人的职责使命。

第一部分

主持人篇

从青歌赛到春晚，央视8年，她快速成长为一线当家女主持；

从杭州起步，转战上海，再到北京，她一步一个脚印，以她的知性、亲和、典雅和睿智征服了观众；

董卿，这个美丽的名字，烘衬着一个高挑清丽的身姿，向我们走来……

人物简介：董卿，1973年生，中央电视台主持人。先后毕业于上海戏剧学院1999届本科班和华东师范大学2002届硕士研究生班。后获得上海戏剧学院MFA艺术硕士学位。1994年工作于浙江电视台，开启主持生涯。1996年工作于上海东方电视台，1999年任上海卫视主持人。2002年走进央视，先后主持《魅力12》《欢乐中国行》《我要上春晚》等多档栏目，凭借大方亲和的主持风格获得观众喜爱。2004年因主持第十一届青歌赛，事业稳步前进。2005年首次亮相央视春晚，此后连续13年主持央视春节联欢晚会。连续8年被评为"央视十佳主持人"。分别于2001年、2006年两度获得中国广播电视节目主持人金话筒奖。2017年11月，入选2017年国家百千万人才工程，同时被授予"有突出贡献中青年专家"荣誉称号。同年12月，获"2017中国综艺峰会匠心盛典"年度匠心制片人奖。由其担任主持人与制片人的文化情感类节目《朗读者》，一推出便受到普遍欢迎；其主持的大型演播室文化益智节目《中国诗词大会》也成为现象级标杆节目。

董卿：从青歌赛走来

◎ 青歌赛：与众不同

记者：两年一届的全国青年歌手大赛走过二十几年的历程，愈加炉火纯青。如今第十四届青歌赛赛事正酣，观者无数。从第十一届开始，你曾连续主持了三届青歌赛。或曰"一个品牌成就了一个人"，抑或"一个人和一个品牌一起成长"。青歌赛和董卿相依相伴，在不断创造收视率高峰的同时，亿万国人和海外华人认识了你——董卿。说说你与青歌赛的情缘吧。

董卿主持节目

董卿：青歌赛是我 2004 年进入央视文艺中心以后主持的第一档大型直播赛事，对于我非同一般。正是青歌赛哺育了我，给我提供了一个高端的展示平台。

青歌赛的现场一般有两个主持人，一个播报选手的名字和分数，另一个采访选手和评委。而我最初是报选手的名字和分数的主持人，比较简单。半个月后，导演们发现了我在直播的过程中表现相当稳定，心理素质好，于是让我承担采访选手的工作，给了我更大的空间。

伴随着机遇，是巨大的挑战。青歌赛有 20 多年的历史，是央视的著名品牌。

董卿写真

而它的特殊性还在于青歌赛每天直播 3 个小时，但交到主持人手上的台词很少，几乎只有一个开头和结尾，比赛过程中没有什么串联词，没人告诉你说什么，几乎全靠主持人临场发挥。我觉得必须通过自己的观察和采访制造一些"与众不同"。我给自己提出一个要求：从我嘴巴里说出去的话一定是有价值的，不能说一些很"水"的话。现在不少主持人存在这样一个问题：很流利地说了一些让人根本记不住的话，滔滔不绝地说了一些毫无意义的话。在我这儿绝对不可以。

记者：青歌赛是一种旷日持久的"马拉松"式的艺术大赛，一开赛就是连续几十场，每天直播。这对于主持人的整体素质以至体能都是一种考验。看你以柔弱之躯每天头脑清晰、神采奕奕地出现在舞台上，大家都很感动。

董卿：主持青歌赛，很多时候睡眠不足，体力透支很厉害。每天下午一点开始采访选手；四点半后和评委及总导演核对比赛中的题目，熟悉程序；五点半到六点半是化妆时间；七点半开始直播。节奏非常紧张，几乎没有吃晚饭的时间。晚上七点半开始直播，直到十点半结束，之后我们接着开会，一个小时的大会，一个小时的小会，然后再一个小时的节目组会议，这样下来回到家里就是凌晨两点。因为整个人还处在直播的兴奋状态，脑子里过电影一般转个不停，所以凌晨三四点才能入睡。后来，其他的主持人问我怎么才能主持好青歌赛,我说没有捷径,我做了 3 届,每一届比赛的每一天我都是这样挨过来的。

我太喜欢这个舞台了。我不属于那种一夜成名的类型。我从浙江电视台起步,转战上海,再到北京,从地方到中央,一步一步走到这个核心舞台,步步艰辛。只要我在这个舞台上站一天,我就要做得最好。我希望当自己离开这个舞台的时候,回望往事,没有什么可以后悔和自责的。

我的同事对我的评价基本相同:董卿是一个特别认真、特别刻苦、特别用功的人。有那么一两次实在太累了,眼泪忍不住流了下来。去体检时,医生建议不要熬夜、不要透支健康。但行不通。也许这就是代价吧。凡·高说过:"我为艺术献出了自己的青春、健康和自由。"我觉得做人就要做得最好,做事就要做到极致。我特怕辜负别人,观众喜欢你,肯定你,那你只能以努力的工作来回报。

记者:刚才你提到,导演们认为你临场发挥能力强,据说你是最让他们放心的主持人,是因为你肯做内功,与众不同。然而,与众不同和做到极致,是近乎苛刻的自我要求了,对智慧、洞察力和知识结构都是一种考验。

董卿:我要求自己做到。每天下午一点钟我进演播室,那时候所有的选手刚刚到达现场,准备排练走台。在这个过程中我就找选手一一采访。我与每一

董卿(图右)主持第十四届青歌赛

个选手沟通，从各个角度尽可能地挖掘出现场直播时可能出彩的素材。但3个小时分配到15个人身上，每个人也就是十多分钟。选手们的经历往往类似，泛泛提问没什么意思。因此我尽可能地走"偏门"，有时问到最后，脑袋瓜都麻木了，人变得特别僵硬，几乎要崩溃，但还是要接着干，这是工作！这些采访决定着晚上的表现，决定着晚会现场的节奏和气氛。这些并没人布置的任务我得把它们做好。

我是个较真的人，做人做事都要出品质。在180分钟的采访中没有挖掘到有价值的东西，就会感到沮丧和不安，开始为晚上的直播担心。其实简简单单说几句也能把节目做完，可是我会觉得对不起给我机会的人，对不起观众。这么多年来不就是梦想有一天能站在这个舞台上吗？而当有一天终于可以站在这里了，我怎么可以不倍加珍惜！我真不认为自己比别人聪明，只是比别人付出了更多的辛劳罢了。

记者：——比如你在主持青歌赛时的英语口语？

董卿：（笑）网上有人说我具备英语同声翻译的能力，这实在有些夸张。我的英文口语只是能进行一般交流而已。综艺节目主持人为什么就不能会外语？大家不要对此有过度关注。

◎ 央视春晚：水到渠成

记者：你头一回主持第十一届青歌赛之后，不久便亮相中央电视台的春节联欢晚会。之后你是每年春晚的当家主持，到今年已六载。主持春晚和青歌赛有什么区别？

董卿：主持第十一届青歌赛后，水到渠成地上了那年的春晚。主持春晚，要把握一个共性和个性的问题。春晚对于主持人来说是一个最难的挑战，虽然并不很复杂。从排练到正式直播，前前后后主持人介入共有半个月的时间，中间有六到七次排练，每次都像真的演出一样。主持人的台词量不是很大，而且大都是比较通俗直白的话，但是巨大的压力来自于这是个万众瞩目的舞台，任何台前幕后的东西都可能成为一个话题，在这样的时候每个人都希望做到完美。

春晚没有更多展现自己个人特色的空间，要服从大局，要以绝大多数人都能接受和喜欢的状态出现：大气、端庄、雍容不迫，是洋溢着喜庆与祥和的

董卿写真

形象。在这个时候我不会刻意寻求差异。而青歌赛不同，它的每一场直播都不一样，没有预演，需要现场发挥，主持人带有更多的个人色彩。

站在春晚的舞台，我更注意的是心态的平和，不会因为自己站在这里了，就沾沾自喜。这是一个新的高度，需要自我调整。就像跳高运动员，不断挑战自己的极限。这个高度是属于他的高度，也是别人要追求的高度。所以到了一定的高度后，最后挑战的就是自己。

◎ 底蕴：来自知性

记者：青歌赛也好，春节晚会也好，它们都是综艺类节目。你对综艺节目的主持理念是什么？

董卿：我在主持中对自己有这样的要求：有信息量，有情感，有趣味，有思想。有人认为综艺节目主持人可以随意，想说什么就说什么。我不赞同这样的主持风格。有时看似随意，但要有足够的准备和积淀。电视是受众获取信息的重要平台，好的主持人不会浪费大家的时间。真诚的态度、风趣的语言才会引起观众的兴趣。当然最好还是予人启迪。别人没想到的你想到了，别人没说出来的你能表达出来，这是一个主持人水准的体现，主持艺术到最后无非就是语言的艺术，而语言的价值在于能引发人的共鸣和思考。综艺节目主持人特别要掌握分寸，太闹让人觉得浅薄，太刻板给人距离感。因此要在动静庄谐之间掌握平衡，说什么、怎么说、什么时候说、说多少，都是技巧。

记者：与那些靠外在形式取悦观众的主持人不同的是你的知性，落落大方、机敏与睿智。你全年上百场节目要主持，仍坚持回上海戏剧学院深造学习，并于去年获得艺术硕士学位。工作已经很有成就了，为什么还要继续学业？

董卿：工作了之后再返校园，感觉如此静心安恬。外人看我功成名就，好像已经不是当年的那个"我"了，但是有一个"我"在骨子里始终没有改变过，那就是对学校、对知识的渴望。学习给了你一个缓冲，让你有时间反思自己，进行能量补充。那时差不多3天就有一场节目在等着去主持，经常下了

董卿写真

飞机直奔课堂，下了课又连奔带跑地往机场赶……

修养的东西需要日积月累。无论再忙，再累，我每天都要保证一到两个小时的阅读。只有不断地吸纳，才能不断地释放。

记者：你曾说，如果让你到一个荒凉的岛上，只让你带一样东西，你选择带书。为什么"书"在你的生命中占有如此分量？

董卿：我觉得没有比看书更令人惬意的事情了。书能带给你心灵的宁静、内心的充实和精神的愉悦，这是用多少钱都买不到的。我一直对古典文学感兴趣，喜欢随笔、杂文、文艺评论、电影评论和人物访谈。这两天在看一本解花语的书，品味中国古诗词中的花意诗情带来的浪漫情怀。

我一个月至少得飞4个城市，有时甚至是8个，有很多时间是在飞机上度过，在飞机上我会翻一些杂志：《三联生活周刊》《人物周刊》，也有一些时尚健康类的杂志，晚上关了手机、关了电视躺在床上时，会选一本"安安静静"的书。

看到好的段落和语句，我会圈圈画画，甚至把它读出来，觉得这是一种特别美的享受，有时甚至在飞机上都忍不住念出声来。把思绪转化成文字后再进

行表达，这样的语言更有逻辑感染力。受父亲的影响我也订阅《人民日报》，有人认为《人民日报》太严肃，其实《人民日报》上有很多高品质的文章。我那天看到陈祖芬写的一篇有关杭州交响乐团的文章，非常棒！我用红笔把好的段落画出来，在画出来的段落里再把好的字句圈出来，就像小时候老师给我们改作文一样。

◎ 品位：触类旁通

记者：综艺节目主持人常常为服装发愁。央视的领导说你是在任何场合都不会穿错衣服的人，而你的化妆也都是由自己完成的。服装服饰体现人的品位，展示人的内涵。你如何包装出属于你的"味道"？

董卿：我觉得首先要了解自己，懂得扬长避短，我也不是所有的衣服都能穿。其次是尽可能地借鉴时尚元素。大的国际品牌和知名设计师每年都有两次时装发布，尽可能地多看多想，见多识广就会形成自己的品位。另外，最重要的是，不要单一地把眼睛盯在服装上面。艺术是触类旁通的，要尽可能多地在各个艺术领域里汲取养分，这才会使你形成有品位的审美。我喜欢音乐、文学、戏剧、电影、建筑……这些都是对我的陶冶和丰富。

我的妆都是自己画的。我选择自己完成，这与我的个性有关：有主见，能不求人就不求人。

记者：你觉得你的成功与父母和家庭背景有着怎样的关系？

董卿：我首先要感谢家庭对我的影响，我父母是传统的知识分子，从小就注重对我进行阅读习惯的培养，每个假期我妈妈都要给我开书单。我父亲曾是某报社的副总编，现在退休了，但还是每星期写评论文章，非常勤奋。他心脏不好，我劝他不要写了，但他不听。我觉得家长对孩子的影响是耳濡目染的。现在有很多家长怪孩子不爱看书，只喜欢上网，其实家长需要反省自己：你有多少时间在阅读？家长的生活方式直接影响孩子。我想给孩子们提个建议：除了课本之外，要多看一些经典名著，这会在无形中唤起理想、点亮心智、锤炼意志。我得益于此。

芳秀印象：

《媒体人访谈录》要求对每个被采者面对面采访。与董卿的访谈，是个特例——电话访谈。电话那头传来的声音，在夜间空旷的办公室里，显得尤其清脆。作为曾是中央电视台西部频道的同事，我对她并不陌生。那是 2002 年，她刚到央视不久，我俩的办公室仅咫尺之隔。央视美女主持人如云，那时的我想不到身边不远处喜欢安安静静坐着的会是未来的"一姐"。我们在电话里畅谈了近两个小时，直到凌晨，电话信号不好，几度中断。

她说，《新闻战线》杂志父亲经常看，父亲是老一代报人，曾任嘉兴日报社副总编辑。她有时也会翻翻，所以对《新闻战线》并不陌生，甚至可以说是"老朋友"，电话那头传来她爽朗的笑声。

8 年前采访她时，她身上的标签，除了春晚主持人，更是青歌赛主持人。那时她从主持第十一届青歌赛始，到主持第十四届青歌赛，每届赛事都要直播 20 余天，每天直播时间达 3 个多小时。这对她是极大的考验，但也能持续、全方位地展现她的个性与风采。也正因为她在青歌赛中的出色表现，才被圈定为春晚的主持人选。可以说，她是从青歌赛走出来的春晚主持人。

所以，那晚我们的更多对话，围绕青歌赛展开。主持青歌赛期间，她每天下午一点进演播室，找选手一一采访，挖掘有价值的东西，之后一直到凌晨两点，她的工作才算完，这样高强度的工作，连续几个月。其实她也可以选择不这么辛苦，"简简单单说几句也能把节目做完，可是我会觉得对不起给我机会的人，对不起观众。我是个较真的人，做人做事都要出品质。"这些话，时隔多年，仍清晰地回荡在我的脑海里。

她说到的一个细节，没有写进稿子里，但一直刻在我的心坎上。她说，每次主持完回到家，都要坐在地上背靠沙发，闭上眼把整个过程在大脑里像放电影一样回忆一遍，再反复推敲，哪些地方还没做到位，下次可以更好。她还说，很多主持的台词是自己写的，妆也是自己画的，尤其是出差，从不带化妆师。董卿是一个喜欢掌控自己命运的人，自己能做的事自己做，不愿意求人只是一方面，另一方面，是因为事必躬亲，能释放最好的自己，因为只有自己最了解自己。

如此令人省心的主持人，哪个导演会不喜欢？在采访央视春晚总导演哈文的时候，她直言不讳："我喜欢董卿，她能完全驾驭住整台晚会。"所以，董卿连续13年主持央视春节联欢晚会，也就不足为奇了。当后来董卿作为制片人兼主持人的《朗读者》火遍大江南北，引得习近平总书记点赞，我一点都不觉得惊奇。以她的才情与性格，不做则已，一做必然出彩。

登有本期访谈的杂志出刊后，她派司机过来取走了一百本，留作纪念。同时，也托司机给我带来了礼物：一本她的形象宣传册和一盒U盘。U盘有五六个插口，打开就是一把精美的小扇子，下面还坠着一个漂亮的蝴蝶结。司机年轻而帅气，举止彬彬有礼。"物以类聚，人以群分"，走得近的人，往往有着相同的气场。

董卿用优雅的气质、深厚的学识、执着的追求，成就了人生的精彩。

发声只是一种技巧，在实际工作中，真正能帮助你的，不仅仅是这个技巧，而是更深的东西——对人命运的关注。

失误谁都难免，但对待失误的态度更重要。不要试图掩饰、辩解，错了就是错了。很诚恳地承认错误并且纠正的时候，你才能得到谅解。

在央视《新闻联播》坚持下来的那些前辈们，看起来很风光，其实都很不容易。大家不要只看到我们在镜头前好像光彩惬意，其实这个工作给人精神带来的压力很大。每天做同样的工作很烦，我有个最低的水准线：没有理由让观众承担你的情绪，不一定每天能做到最好，但绝对不能不认真。

人物简介：康辉，1972 年生，1993 年起从事电视新闻工作，现任中央电视台新闻中心新闻播音部主任，《新闻联播》主播。是中共十九大代表，全国青联常委，中国文联全委会委员，中国电视艺术家协会理事，中国文艺志愿者协会理事。曾获第四届全国中青年德艺双馨文艺工作者、2008 年度中国广播电视节目主持人金话筒奖、2013 年度"全国五一劳动奖章"获得者等荣誉。

康辉：与现场同步

记者：直播报道以与事件同步的速度生动呈现现场，给观众带来了一道鲜活的信息大餐。但同时，因为事件发生的不可预料性，给主持人带来了挑战。你主持过不少大型直播报道，时间长、场次多，可谓打了一场场"硬仗"。

康辉：直播的形态越来越成为中央电视台新闻频道的常态。每当有重大社会影响的事情发生的时候，新闻频道都会集整个频道之力，以直播的方式报道。这种播出方式对主持人的要求相当高。但随机性和现场感，反而会激发激情。不确定性越多，新闻从业者的应变能力及技巧、知识、能量越能被调动起来。所以有人开玩笑说："做新闻的人唯恐天下不乱。"

新闻是什么？说

康辉报道 2017 年 G20 汉堡峰会

康辉报道朱日和阅兵

到底，新闻就是记录新近发生着的事情、人们有意愿知道的事情。记录和关心新闻，实际上已经是人的一种生活方式。我在和中国传媒大学的同学们交流时曾说过："发声只是一种技巧，在实际工作中，真正能帮助你的，不仅仅是这个技巧而是更深的一些东西。"我理解这些更深的东西就是对人的命运的关注。

记者：在网络等新媒体迅速崛起的时代，有人说，电视的最大优势就是直播了。在你看来，怎样才能使电视更好地发挥直播的魅力？

康辉：电视是一个大平台，集中了可操作大规模现场直播报道的力量。与网络相比，电视更像是一支正规的集团军，在大规模的战场上占有绝对优势，而且完全可以实现将网络资源优化利用。

我们新闻频道在提倡一种理念，直播要"此时此刻"，也就是说，我们的方向是永远呈现给观众同步的现场。越是接近于同步，直播越会彰显出它的魅力。

记者：你在同事当中是出了名的"严谨派"，少有差错。那你曾有过失误吗？

康辉：我希望在工作中该是什么样子就什么样子，不希望在工作当中掺杂一些随意的东西。失误谁都难免，但对待失误的态度更重要。如果在播出过程中出现了原则性的错误，比如把很重要的新闻点说错了，那一定要及时地更正。如果这种失误还伤害到了某一部分群体的情感，那就应该在更正的同时表达歉意。对于任何一种失误都不要试图掩饰、辩解，错了就是错了。只有很诚恳地去承认错误并且去纠正错误的时候，你才能得到观众的谅解。虽然有些观众可能会在网上对某些失误进行调侃，但更多人是从这些大大小小的失误中感觉到直播的真实和主播的诚意。

记者：作为新闻人，不仅要有捕捉新闻的敏感，而且要积累尽量厚重的学识，在播出中做到彰显功力，旁征博引。每天面对不同领域的新鲜的人和事，要想使报道有深度，具备速学的能力就显得很重要。

康辉：应当多留心，注意从日常工作与生活中汲取养分。白岩松曾经说过，充电并不是要去学校上课。我很赞同他的说法。工作涉及某方面问题的时候，应当在尽量短的时间内，尽可能地把相关知识装进脑子。当然最好是持续地关注，使自己尽可能不说外行话。如果假以时日能成为这个领域的专家，当然更好。这个要求对我们来说确实很难，因为新闻工作涉及的方面实在太多，

康辉生活照

范围实在太大了。

记者：主播《新闻联播》节目后，如何感受承载与创新？

康辉：《新闻联播》的确很特殊，它负载的东西很多，所以我要求自己首先心态必须要调整好，不能太松懈，也不要把自己压得喘不过气来。在《新闻联播》坚持下来的那些前辈们，看起来很风光，其实都很不容易。说到对主播素质的要求，只要是新闻节目，基本的要求是一致的，不过加入《新闻联播》这个团队后，我更进一步认识到，从播音的专业角度来讲，以前的一些传统理论，其实是很有价值的。回想起刚参

康辉主持五一劳动节心连心

加工作时，年轻气盛，有些轻飘飘的，认为传统的东西过时了，其实是自己很可笑。像《新闻联播》这样的节目，确实需要用一种非常严谨、庄严、很有权威性的方式去传达，你是否具备成熟的技能？恐怕需要学习的还有很多。所以，对我来说，目前的任务还是传承前辈们赋予节目的风格，之后才能谈到是不是可以融入一些个性的东西。传承然后创新。

记者：作为一个日播节目的主持人，每天都精神饱满地出现在镜头前，哪怕当天有着很不愉快的情绪。怎么才能保持长久的激情？

康辉：这也是一个学习的过程。大家不要只看到我们在镜头前好像光彩惬意，其实这个工作给人精神带来的压力是很大的。工作了几年后，我也曾经出

现过一种情绪，认为每天做同样的工作很烦，也曾在节目中有意无意地流露出这种情绪。幸好我的一个同学跟我说了一句话，我记得特别清楚。他说：如果今天你有情绪，表现在节目里了，在众多的观众当中，很可能有几个观众是第一次看你的节目，第一次见你这个人，他们就会留下这个人工作不够认真的第一印象，或许以后他们就有可能不再选择你的节目了。这话真的有如当头棒喝，让我觉得很震撼。所以从那以后，我对自己有个最低的水准线，这个水准线就是体现对职业的尊重。你没有理由让你的观众承担你的情绪。总之一句话，你不一定每天都能做到最好，但你绝对不能不认真。

记者：一个富有人格魅力的主持人，除了精湛的主持艺术，更需要深厚的人文素养，做好"人"字文章。平时你愿意帮助别人，也很会帮助别人，应学会怎样帮助别人？

康辉：我觉得做人首先得有爱心。我是中华骨髓库的爱心大使，从2001年到今天为止，常用业余时间去骨髓库做义工。在一次慈善拍卖会上，还拿出纪念品拍卖筹款，尽量做一点力所能及的对社会有益的事情。

我希望在帮助别人之前，可以问他一声："你需要帮助吗？"其实这是对对方的一种尊重。我想对人的尊重应该是时时刻刻的，对任何人都一样，你要帮助别人，首先要学会用平等和尊重的眼光去看待他人。

记者：听说你养了两只猫，喜欢小动物。

康辉：我有两只猫，大白猫叫"波波"，小花猫叫"妞妞"，兄妹关系。我觉得人与动物同样有缘分。波波和妞妞已经成了我难以割舍的"亲人"，它们给了我很多快乐，也让我有不少烦恼。有了它们，我才知道了人与动物之间可以有那么丰富的沟通方式。我觉得动物最可爱的，是它们凭着永远不做假的天性和你交流。我喜欢这种没有伪装的交流，我希望人与人之间的交流也可以做到这样。

芳秀印象：

采访康辉，他的严谨与从容，让我感受到了"大国之窗"主播的稳重与大度。

采访前，我提前在央视演播厅候着，他正在主持一档直播，而我，希望做点现场功课捕捉些言语之外的信息。当他从演播室出来，来到访谈的小会议室时，给我的第一印象，从上至下，从里到外，都是严谨的，好在严谨中没有压力，他脸上时时挂着微笑。

采访中没有侃侃而谈，回答采访时的问题，可以用惜字如金来形容。虽然言语不多，但句句掷地有声，对视的双眼让你读到的是一份亲切与睿智。康辉是主持人中出了名的"严谨派"，在他身上少有犯错的时候，体现出了《新闻联播》主播应有的老成持重。他说，每次录节目前，都要提前赶到，找个安静的地方闭上眼睛静一静，把状态调整到最好再进演播室。

与他采访的时间很短，仅约一个小时，那时他母亲生病，得赶回去照顾。

严谨的康辉有着为人热情的一面。他是央视新闻中心播音组组长，后来我想采访别的播音员、主持人，联系他时，他很快帮我做好协调沟通工作。再后来，我向他主持的一档国际新闻深度报道栏目《世界周刊》约稿，希望写写栏目的运营理念时，他又很快给我协调好，并让我与制片人潘林华联系。与他的交往，每次他都很客气，没有一点儿"大腕"的气派。大道至简，大爱无形，真正的"大腕"，是平实的、坦诚的、友善的、平等的。

这次出版此书向他约个人照片和简介，他热情依旧，认真对待。联系几年前的采访感觉，一个淡泊名利、孝母爱妻，知名度很高、为人却很低调的形象印在我的脑海里。

我终于明白，为何康辉能成为亿万国人熟知的"国脸"，在央视新闻中心播音组当上组长，是因为有严谨的作风、扎实的基本功、博学睿智且谦逊平和。

这不是一次轻松的采访。

梅地亚咖啡厅。一袭黑黄相间的连衣裙，柔发披肩，措辞考究，身上弥散着名牌香水的馥郁味道——很难把眼前的这个品质女人与电视屏幕上那个穿梭于阿富汗、跋涉在罗布泊、奔波在汶川地震灾区的风尘仆仆的女记者联系起来。

没有侃侃而谈，只有快速而简练的回答，似乎更期待着下一个问题。

她说，通常她是一个感性的人，但只要进行表达，就会变得理性起来。为了说明什么是思维把控现场和语言叙述的逻辑，她很认真地画了一张图：矩形、三角形、圆形，还有点和线。画面简练抽象，我一时无语。

她解释说，先分析整体，再从细节入手，弄清楚整体与部分、部分与部分的关系。我醒悟：原来抽象可以变得如此具体，复杂亦能变得相当简单！直播现场亦如此。

人物简介：张泉灵，1973 年生，毕业于北京大学德语语言文学系，曾任央视《中国报道》《东方时空》《人物周刊》《焦点访谈》《新闻会客厅》等栏目主持人，2008 年获得第十九届"中国十大杰出青年"、全国"三八红旗手"、"中国职场女性榜样"等荣誉，获 2009 年度中国广播电视节目主持人金话筒奖，2010 年获得第十一届长江韬奋奖。2015 年从央视离职，以顾问形式加盟傅盛战队。

张泉灵：我爱直播

◎ 走进直播

——那时的主持人认为坐在演播室里是一种待遇，不愿意到一线去。我正好钻了这个空儿，选择现场直播这个别人不屑于做的事。

记者：你大学就读于北大德语系。可以说，那样的语种，沿着那样的专业路线，你也会有一个不错的职业。是什么原因使你转而做了新闻、做了电视主持人呢？

张泉灵：读大三的时候，北大和央视计划做一个系列片——《中国文明之光》，我抱着可以免费旅游且有北大教授当导游的期望加入到这个团队，作为学生主持人做了9期节目。我一下子就爱上了电视，如醉如痴。没有任何一个行业可以像电视一样如此充分地满足一个人的好奇心。

在北大，我上的选修课要比专业课多，所以我从来不觉得自己只修德语。我选修有动物心理学、电影欣赏、旅游山水与地理……我觉得自己是一个对周围世界充满好奇心的人。

记者：电视现场直播是合成、播出同时进行的播出方式，它的零时差、零距离、原生态充分展现了电视媒介传播特质。因为事件发生现场与播出同步，因此，现场直播这一方式对主持人的情感把握、语言功力、综合素养以至个人体能等方面的要求很高。非科班出身的你，怎么会接受这样的挑战？

张泉灵：我觉得做新闻直播和是否科班出身并无关系，因为新闻传播是一门实践性很强的学科，只是到了这些年大学才开设了电视直播现场报道课程。当时各电视台做直播的人非常之少。我不过是捷足先登而已。

直播有两种不同的形式，一是在演播室做直播，二是在现场直播。10年前，我国电视现场直播类节目还属鲜见，主持人坐在演播室里是一种待遇，不愿意到一线去。我正好钻了这个空儿，选择这个别人不屑于做的事——现场直播。一方面，我是一个好奇心超强的人，想离新闻更近些，更充分地感知新闻的魅力。另一方面也是为寻求差异性定位。当时我在央视第四频道工作了3年，记者、编辑、主持人、策划这几个工种混着做，26岁时已坐到了该频道最好栏目的最好位置。未来30年我的工作目标是什么？新的成长平台在哪里？于是我来到了《东方时空》工作室。这个团队的主持人有白岩松、水均益、敬一丹、崔永元……他们都是我的前辈，都拥有太高的声誉。要是按照既定的成长轨道，我看不到自己的突破在哪里。因此我选择现场直播这个别人还没有特别关注的领域去做。

记者：现场直播的即时性和不可预测性，使得在国外一般都是大牌主持或者资深记者来担当，而你却有这样的勇气，颇有些初生牛犊不怕虎的味道。

张泉灵：可以说，我以一种无知者无畏的状态做了第一次现场直播——《张健横渡英吉利海峡》。当时通讯系统出了点毛病，按说我只能听到调机导演一个人的声音，可是当时我能听到七路不同的声音：调机导演在说话，各直播点的导演在说话，所有摄像之间在说话，甚至还有播出的声音。直播前有人问我耳机的声音是否正常，我以为能听到所有的声音才是正常的，所以就说"正常"。虽然这很干扰我，但我努力从七路声音中辨别哪路声音是我该听

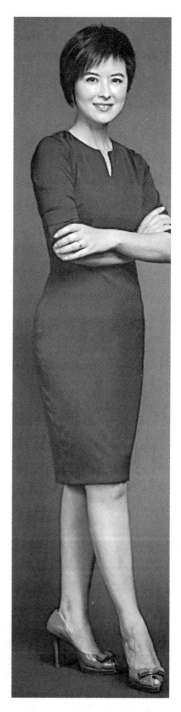

张泉灵写真

的，听的同时还要与嘉宾交流、向观众传达。我以那样的状态完成了一场 12 小时的直播。之后，直播团队希望我长期加入，他们说没见过一个具有如此强的抗干扰能力的人。这件事情给我的一个重要启示就是：做直播节目主持人不但要有做记者的功底，还要懂得技术系统。

记者：在直播现场，主持人既要统筹全局，又要深入发掘现场，并快速过滤、筛选信息。尽管是现场的即兴报道，但仍需逻辑清楚、表达缜密、张弛有度。

张泉灵：把最新发展的事情以一比一的方式呈献给观众时，要通过你的提炼与选择，你的视野是 360 度的，感受是五官俱全的，而观众只有视觉和听觉感受，且视野仅限摄像机所摄范围。所以，新闻直播要通过主持人的传达和表述才能得到全方位呈现。在我看来，现场报道过程就是回答问题的过程。我经常不断地问自己，大多数人会提出的第一个问题会是什么呢？当他看到了现场的第一个画面时，好奇心会集中在哪些方面？会对哪里有疑问？适当做这样的训练大有益处。我通常会在心里对自己先讲一遍，检验是否清晰准确地反映了现场的情况。如果不是，换一个方式。这里，往往侧重于事物的逻辑关联，而不是感性本身。在报道中，我会不断地问自己，你所说的话有事实支撑吗？结论的依据是什么？其中的逻辑链条是不是有断裂呢？

怎么说清楚是需要训练的。写作能提高整体的创作感和分析综合能力。我要求自己不间断写作，一些工作总结是写给自己看的，其他方面的也写，主要是进行思维训练。

◎ 乐在其中

——对事业有多爱，付出努力就有多大；我不认为自己吃了多少苦，相反这是我的乐趣之所在。

记者：如今，电视新闻现场直播快速占领市场，走进大众，这无疑给你提供了更大的舞台和自我展示的空间。常常看到你马不停蹄地奔赴各个新闻现场进行直播报道，你的那种现场感使人印象颇深：戴着眼镜、不施粉黛、素面朝天……

张泉灵：我是记者，经历是记者最大的财富。捕捉新闻的强烈冲动驱使我

张泉灵（图右）报道现场

从一个现场到另一个现场，从一个未知到下一个未知。不仅自己清楚明白，而且要把我知道的东西，把感动了我、使我兴奋的东西传递给别人，点亮别人。

记者：好奇心、求知欲，其背后是否蕴藏着社会责任感？

张泉灵：社会责任感是记者素质的另一个维度。在现场用什么样的方式，以什么样的态度，付出多大代价来完成它，体现了社会责任感。在面对艰难困苦的时候，你有多爱这个事业，才能付出多大的努力去完成。好奇心和责任感是两个维度的事情。我相信绝大多数获得诺贝尔奖的科学家们都是本着好奇心开始他们的研究的。

记者：在海拔5200米的高度主持珠峰报道，连续工作一个月，强烈的高山反应使你的脸一直浮肿，需要安眠药才能入睡；在汶川灾区几天吃不上饭，一跋涉就是十来个小时，还得预防随时可能发生的余震和意外事故；在直播援救幸存者时，在只够一人站立的空间里一待就是十几个小时……这展现了一种职业精神。

张泉灵：别诱导我说出"职业精神"或"社会责任感"之类的大话来。我并不认为自己吃了多少苦，相反这是我的乐趣之所在。如果说我们苦，那受灾的老百姓苦不苦？我们只是一个旁观者和记录者，报道十天半个月之后，我们可以离开让体力和精力得到缓解，而他们却要在那里承受一辈子。与被报道的他们比，我没有权力说苦。那些登珠峰的运动员即使冻坏了双腿还继续着攀登，我又有什么理由放弃？

记者：更多的女性乐于在舒适的环境工作、生活，而你却似乎喜欢挑战艰险与极限？

张泉灵：我倒认为女性有更强的坚韧力。危难时，女性的承受能力更强。如果你留意震后 72 小时内被救出来的性别比例的话，就会发现女人的数目更多。我很奇怪经常有人问我这个问题："那么危险的地方，为什么要派一个女人去？"难道在地震灾区，女性比男性面临更多的危险吗？地震灾区有一间房子倒塌了，你觉得男人比女人有更多的逃生机会吗？不是的。其实做新闻不见得是最适合男性的职业，但却是女性的最佳职业。放眼世界，优秀女性从事新闻行业的满眼皆是。

◎ 本真自我

——作为主持人，让观众赏心悦目固然重要，但现场直播的魅力不在于此。新闻是本色的东西，风格是本色的自然流露。

记者：都说"风格即人"。现场直播节目主持人风尘仆仆，与演播室的主持人有所不同。作为现场节目主持人，你追求的风格是什么？

张泉灵：风格是去雕饰的自然流露，做新闻更强调本色、本真。作为主持人，让观众赏心悦目固然重要，但现场直播的魅力不在于此。

现场直播的主持人，是一个原生态的人，而新闻现场会还原原来的自己，掩饰不了性格，没有必要去"扮演角色"。

新闻是一个可以做到老的职业，新闻主持人不单纯因年轻靓丽而具魅力，相反，随着阅历的深厚与知识的积累，她会越来越完美沁人。

记者：你属于走知性路线、靠内涵取胜的女性主持人。镜头前，外表的光鲜靓丽显然不是你所追求的。

张泉灵：我觉得靠内涵和知性才能真正树立个人的独特风格，这需要不断充实和丰富自身。采访即是学习过程，可以接触各行各业的优秀人物，感受他们的阅历、体悟其工作方式与成功经验。采访也是个找老师的过程，积累人脉，随时讨教。另外，还要有强制学习的欲望——面对新的话题，增加文化底蕴，拓展知识面。需要看大量的书，我更喜欢历史书籍，此类书给我一种梳理感。对于做主持人来说，终要明白什么人曾说过什么话，是在什么样的环境下以什么样的口气跟什么人用什么样的方式说出的，这些话带来了什么结果……要有这个概念演义，而不仅仅拘泥于某句话。如此，对提高新闻的把控能力特别有好处。

记者：你在播报的时候，喜欢把下巴扬起来，还有你的朴素风格，似乎传达出一种自信。你是不是一个特别自信的人？

张泉灵：我有基本的自信，没有特别的自信。人到了现场，重要的是信息与时间，其他就顾不上了。在罗布泊好些天没水洗脸，我把脸上的土自我安慰为天然的防晒霜——我是一个很会自我安慰的人。扬起头来是因为我颈椎不好，没有曲度，什么"特别自信呵"！（笑）

记者：最后，恭喜你获得第十一届长江韬奋奖（长江系列），这是业内个人的最高荣誉。在这之前，你曾获全国抗震救灾英模、全国十大杰出青年、全国"三八红旗手"等荣誉称号。这两年，大奖接二连三地青睐于你，怎么看待这些荣誉？

张泉灵：如何看待这些荣誉是我面临的又一大考验。直播报道是一个团队完成的，我不过其中的一员。获长江韬奋奖，我自然深感荣幸，但内心却是惶恐的。我是这个团队里最好的吗？我是这个团队里付出最多、贡献最大的那一个吗？完全不敢肯定。所以我一直在想，在央视和中国电视界有很多人做得比我好，我拿了这个奖，只当是对我的鞭策吧。

得奖像考试一样，得有一点技巧，我从来不是按那个要求做的。我在按我的乐趣做，我乐在其中。中国人说"武无第二，文无第一"，不像世界冠军，第一就是第一，很确定。电视最讲究合作，我的同事们在同样地付出，我只不过替他们领奖而已。

芳秀印象：

对张泉灵的采访，远没有想象的轻松。她以直播的思维在与我对话，语速快且没有一个多余的字。一个话题结束，我还没完全吃透，她就似乎期待我的下一个问题。她强大的气场在压迫着我，不仅是她的美，更是她的思维之敏捷，让我有点赶不上趟儿。眼前的她比在电视屏幕上要漂亮很多，时尚而不失知性，身上散发出的香味显得高贵、典雅。

张泉灵每做一件事都是认真的，哪怕接受我的采访。为了证明她的思维把控现场和语言叙述逻辑，让服务员拿来纸和笔，画了些三角形、圆形、矩形、点线之类，她用直播的语速向我做出解释，凝练而跳跃，我似懂非懂，满脸茫然，而她那双清澈而略带点居高临下的眼睛，盯着我，似乎要把我整个儿看透。

她是一个悟性极高的女人。刚参加直播那会儿，不知道多路信号中有些是要关掉的，直播中全部打开着，多路信号同时传进了耳朵里，她就在多路嘈杂的信号中努力辨识着属于她的信号。当终于圆满地完成了长达十几个小时的直播任务后，领导一听说，后怕得打了个寒颤。

在我印象中，张泉灵的节奏属于奔跑状态的。她坦言，事实就是如此。作为爱美的女人，每年她只买两次衣服，夏天一次，冬天一次，因为没有时间逛街。也许是长期这样的状态，终于有一天累倒了，当医生误诊为肺癌，虚惊下的她思想受到极大触动，才有了告别新闻界的举动。或许，"悠着点"是她给新闻同仁们的另一重意味。

蓝底碎花的披肩下，一袭黑裙流淌着优雅。

曾经，一个小女孩，用稚嫩的嗓音与在北京人艺做演员的父亲对台词；多年之后，作为凤凰卫视的当家花旦，主持和经营着一系列谈话节目。许戈辉的人生轨迹，难道有着某种天作的巧合？

曾经为在谈话中提升自我分量，背大量专业术语，以至夜不能寐；如今，追求深入浅出，开合自如，享受着对话的收获与快乐。

十余年，文化学者、商界翘楚、著名科学家、演艺界名流……探索上千心灵的奥秘，展现鲜为人知的心路历程，一如邻家姐姐，温文尔雅，娓娓道来。

她说，好的主持人应该做到思想像刀锋一样犀利尖锐，但同时，胸怀又像棉被一样温暖宽厚。在心与心的对话中，她是充分包容的，又是不失主导的。"我钟情于'谈话'。与众多嘉宾的对话，使我的心胸更大了。心变大了，烦恼就变小了。"

在京东的上岛咖啡厅，品着淡淡的菊花茶，许戈辉柔声说道。

人物简介：许戈辉，1968年生，毕业于北京外国语大学英语系，后读取英国赫尔大学MBA。曾在中央电视台主持过《正大综艺》《东西南北中》和春节联欢晚会、国庆晚会等。1996年加盟凤凰卫视，主持《名人面对面》《公益中国》等节目，与上千位国内外名人深度对话，此外还曾主持博鳌亚洲论坛、影响世界华人颁奖典礼等大型活动。

许戈辉：温婉对话人

◎ **我喜欢 我选择**

记者：戈辉你好！值凤凰卫视开播 15 周年之际见到久约的你，真是高兴。作为凤凰卫视开播时的当家花旦，你与"凤凰"一起走过了 15 个不寻常的冬夏春秋。

许戈辉：甚是感慨！这一条与凤凰卫视的缘分线看得到起点，却没有终点。15 年前，对凤凰卫视毫无概念的我只是被当年台长王纪言的激情所感染，凭着年轻人的冲动和热情，决然加盟，和文涛、鲁豫、梁永斌、李辉等同事成为开台的第一拨主持人。15 年，弹指一挥间，就这么历经了职业生涯最重要的里程，凤凰卫视也因此成了我人生中最为重要的一个舞台。

记者：央视是国家大台，凤凰卫视还只是一个呱呱落地的小婴儿，取舍的原因是什么？

许戈辉：非常感激央

许戈辉写真

许戈辉采访贝克汉姆

视给了我很高的起点，但央视是一个成熟的大台，人才济济，我在其中仅是一名小卒。而当时的"凤凰"，可以称得上是一张白纸，让人充满未知的想象和探索的欲望，对于喜欢挑战、张扬个性的年轻人来说充满着诱惑。

直到现在我还是这样，着迷于挑战充满未知的事物。前些天，听说张家口举行所罗门杯滑雪比赛，不经思考，我马上就去报名参赛。我先生说："高手如林，你瞎凑什么热闹？著名主持人若成了'垫底'，那多寒碜？"不顾劝阻的我还是去了，不出所料，得了倒数第二，但我却没有丝毫的后悔和懊恼的情绪，反而觉得这是一份很有趣的体验。人生最重要的是选对目标，成功或失败，或许根本没有什么恒定的标准，一切都在于自己的内心。我喜欢，我选择；我选择，我坚持，这就是一份巨大的、珍贵的自由。

记者：盘点你在"凤凰"的工作，从最开始主持《相聚凤凰台》到重头栏目《名人面对面》，再到和 IT 有关的《联想计算机新纪元》和网络有关的《戈辉梦工厂》，以及和奥运主题相关的《携手2008》，这些节目无不采用"谈话"

形式。你钟情于"谈话"吗？

许戈辉：是的，每个主持人都有自己所擅长的节目形态，每个人的"谈话"又呈现出不同的风格和特色。我的节目以人物访谈为主，仅《名人面对面》，就邀请了 500 多位嘉宾。要是把所有嘉宾加在一起，也该有上千位吧。他们的见识，以我的年龄和阅历是无法企及和触碰的，与他们对话，不但能够使观众深受感染，也极大的丰富了自己。在与他们的对话中倾听、思索、反省，并期待能把我所体会到的感受和情绪传递给所有人，这无疑是一份宝

许戈辉写真

贵的财富。比如数学家吴文俊，70 多岁到泰国访问，一看到大象就想骑，一看到过山车就想坐，工作人员个个提心吊胆。这看上去虽只是趣味小插曲，却凸显出了一个科学家最宝贵的特质，那就是对这个世界保持着一份强烈的好奇心、一份真挚又纯净的童心。

◎ 工作着　享受着

记者：《名人面对面》是你这些年来精心经营的品牌栏目。可以谈谈该栏目发展情况与 THE PRESS 制作风格吗？

许戈辉：《名人面对面》栏目是我第一次独立承担的一档重头访谈节目，在 2000 年刚起步时，人手少，每个环节都需要事必躬亲。带着摄像师，既做

主持也做编导，以至剧务打杂。事情的烦杂不怕，怕的是心里没谱。2000 年亚洲杯，我带着一个摄像师飞到越南采访新上任的中国足球队教练米卢。我是足球盲，米卢的英语说得非常不标准，节目要做成什么样子心里根本没谱：往专业上靠，很吃力，走非专业路线，又怕球迷不解渴。这样一来，节目就做得很纠结。

面对嘉宾，起初我觉得提的问题越复杂，越能凸显我有学问。记得有一次，在采访一位搞基因的科学家之前，我非常用心地记了很多有关基因的专业术语，其中有不少是英文词汇。在访谈中叽里咕噜地跟他说了一通，当对方说"你还懂这些"的时候，一种奇怪的感觉和难言的困惑便出现了。实际上，观众根本不需要听我们说这些。慢慢地，我就开始放平心态，尽量选择那些深入浅出的语句去发问。这样不仅自己觉得轻松，观众也觉得有看头了。

记者：谈话类节目因制作成本低、制作简单而不断地冒出来；又因嘉宾线条断裂、不合观众胃口等原因很快消失。央视曾经红极一时的《实话实说》节目，在生存了 13 年后，因收视率不理想而遗憾终结。纵观电视荧屏，10 年以上的谈话品牌并不多。《名人面对面》在成长过程中碰到过哪些困惑？最终是怎么克服的？

许戈辉：对于谈话类节目而言，面临的主要困惑还是内容，形式反而是其次的。在探索过程中，也有过焦虑、困惑、压力，也有改革的设想和行动，但最让人感到欣慰的是我们的节目培养出了一批成熟的观众，他们知道节目的诉求是什么，不是明星的八卦热闹，而是一些经过了积淀以后的人生哲理与体验。在话题的选择上，把一段访谈节目做成一个专业对话没多大必要。观众看一个科学家的节目，不需要去了解公式是怎么计算出来、分子怎么运动的，观众所需要知道的，只是一个经过考验的道理、是一种引发共鸣的情感，平凡的念头或许才是最珍贵的。

在美国，一档栏目可以存在 30 年、40 年甚至半个世纪，如《60 分钟》的主持人麦克·华莱士主持节目 40 年后，以 80 多岁的高龄退休，这个节目仍存在。那为什么总给一个节目设定周期，好像十几年就会不行了呢？访谈节目是观众长期需要的，即便形式不变，好好地把有含金量的、引人深省的内容呈现给观众，让他们受到感染，生发出一种思考，这或许便是访谈节目的价值所在了。

记者：十多年来，你每周至少对话一个人物，没有间歇。与人物心灵的沟通是最高层面的交流，电视的放大效应使得你所言所行必须得体到位。这给人的心理带来的压力非一朝一夕，而是长年累月……

许戈辉：我不是一个面对镜头会紧张的人，但压力却一直萦绕着我。到了"凤凰"以后，我的睡眠就一直不大好，皮肤过敏……开始不知道是什么原因，医生问了我的生活习惯和职业后，便判断这是压力过大导致内分泌失调所引起的系列问题，说你应该适当减压。他说，压力是个无形的东西，你睡觉前还在看电脑和资料，做各种准备工作，记那些你所不熟悉领域的知识，这必定会形成压力。后来我发现，在某一段时间强记相关资料的话，晚上睡觉时大脑会特别活跃，不断做相关的梦，梦中会想到怎么提问更好，有些甚至在第二天早上醒来后仍很清晰。

其实身体上任何的不适，嘉宾和观众是不会察觉到的。带着高烧清醒地在镜头前说话、舟车劳顿后仍神采奕奕的主持人不是个例。人的精神可以支配肉体，大脑神经发出指令：这可是最关键时刻，不许出问题！于是就真的能扛过去。我采访过很多奥运冠军，他们能在腿筋断了或肌肉拉伤的情况下去拼搏，最后勇得桂冠，是因为人在特殊情况下，能爆发出你想象不到的能量。

压力下尤其需要通过学习提升自己，这样才能获得一份身与心之间的平衡状态。香港回归前，我到四川卧龙报道中国政府送给香港政府大熊猫。白天拍摄大熊猫，晚上就在冰冷的被窝里看书，我喜欢这种有点苦的、跟自己较劲的生活，生活中若没有苦和难，没有阻碍和挫折，就不够味，不过瘾。

◎ 虽无形　胜有招

记者：人物访谈节目，嘉宾的知名度往往决定着节目的影响力。能否采访到有分量的嘉宾有时决定着节目的成败。凤凰卫视刚刚推出时，知名度并不高，预约到各种高端资源并不容易。

许戈辉：这就需要做社会的有心人，尽一切可能争取有影响力的人接受访谈。2000 年我去英国参加 MBA 毕业典礼，偶然能与大英博物馆馆长和牛津大学校长对话，于是就拿出最大的诚意表达了想采访他们的愿望，最终如愿以偿。但当时只有我一人在英国，要从国内调摄制组，时间和资金上都不允许。在那样的情况下，只能选择在当地租了一个摄制组去拍，租的摄像、灯光、录音师都分属于不同的公司，他们互不相识，只管着自己那摊事情，我便逐一给他们提出要求，到了吃饭时间还得给他们买盒饭。为了节约制作成本，还得想着怎么买更便宜，那次还采访到了希腊船王的儿子。经常一个人跑到世界各地去专访名人，这也锻炼了我的项目管理能力。香港是一个成熟的商业社会，商业管理是他们的强项，我便在香港念了英国赫尔大学的 MBA。其间所学，在日后的工作中都派上了用场。做一档电视栏目，从来都不仅仅是简单的我问他答，也需考虑成本预算、项目进程、风险规避、利润最大化等问题，这对主持人的要求极高，无论在专业水准或是其他方面，都不能掉以轻心。

记者：人物访谈，需要体现个性，凸显人物的某些属于他本人的特色。访谈类节目即兴谈话的不可预知性使得主持人的驾驭能力尤为重要，与有分量的嘉宾对话，就需要营造一个流畅的"场"，调动起对方的情绪来坦诚沟通。

许戈辉：是的。首先需要尽可能充分地做好准备工作，然后在这些背景资料中找出某些独特的切入点来。比如说采访"老虎"伍兹，约定时说好给我15分钟，他一进门，经纪人就开始算时间了。采访时间特别短，而节目是半个小时，怎么挖掘？"老虎"这样的大牌明星接受过太多访问，面对提问，他

许戈辉对话一代大侠金庸先生

总是习惯性地应付。怎么能让他不要把我当成众多采访者中的一个呢？我特地准备了一个陕西布老虎和一张剪纸的老虎，一见面就送给他，我说："这是中国民间艺术品，送给你做纪念。不过，希望你在今天的比赛中可不要成为布老虎和纸老虎，一打就趴下。"他笑了。那时候我不懂高尔夫球，所以就用自己的方式把他的情绪给调动起来了。

提问中需要掌握技巧。例如，和"老虎"探讨天赋和后天努力哪个更重要，直接问显然太平淡。于是就选择另外的方式："迈克尔·乔丹曾经说过，如果我像'老虎'伍兹那样一天挥6000次杆，我也能打好高尔夫，甚至比'老虎'更好。你同意吗？"他说："我完全同意。如果是迈克尔·乔丹也这么苦练的话，以他打球的天分完全可能超过我。"但他马上话锋一转，强调了自己的与众不同，然后侃侃而谈为什么他才是今天的"老虎"。

要知道，嘉宾们都是"武林高手"，就算耗尽心力，我也不可能十八般兵器样样精通，所以就尽可能地扬长避短，且进且退，给自己留一点余地，也给对方多一些空间，不时的挑战和刺激他一下。

记者："刺激"也许是对待那些有一定社会影响力、习惯于被人仰视的人的最有效的"招儿"。因为你把一个高高在上的受捧者，"还原"成了一个普通人，并加以"挑衅"。除此以外，你还有哪些"招儿"？

许戈辉：我去年采访NBA的明星科比时，他说对手防不住他的原因，是因为连他自己都不知道下一步要往哪边去。因为一旦想好往哪边去了，念头一出来就会被人抓住从而加以提防。他说得有道理。我现在做节目很放松，不把它当成一种有压力的工作，而是享受这整个过程，至于"招儿"，也轻易不拿出来用了。

许戈辉（图左）与作者（图右）采访后留影

　　早些时候，我比较重视技巧性的东西，现在却越来越愿意做一个倾听者和引导者，启发他讲下去，不会咄咄逼人地把人逼到墙角，也不要居高临下地做一个审判者、定夺者，扒开了让众人围观，这实在是一种太具有侵略性的做法，是一种不尽友好的姿态。一个好的主持人，他的思想应该像刀锋一样犀利尖锐，但胸怀，一定要像棉被一样温暖、宽厚。

　　记者：有人说，许戈辉天生就具备做电视人的潜质……

　　许戈辉：18岁生日那一天，一位同学送了我一套三毛的书。在三毛的文字中，我受到了很深的触动。我想，如果能够拥有一颗自由的灵魂，或许就能看到更多的美好。那位同学同时也告诉我："你应该做一个电视节目主持人。"当时的我压根儿不知道主持人是一份什么样的职业。上了大学，参加电视节目主持人大赛，也只是觉得这事儿好玩，后来，我想我应该走出校园，去尝试一些新鲜的事，就这样"玩"上了电视。我的父亲是北京人艺的演员，小时候帮他对台词，我拿着脚本，他演他的角色，我演其他所有的角色，这对我喜欢与人交流、擅长与人沟通的性格与表达能力的形成，应该都有着很大的影响。

芳秀印象：

　　与许戈辉的采访轻松愉悦，就像开了一场小小的分享会。在上岛咖啡厅里，同坐的除了许戈辉，还有凤凰卫视品牌运维部的几个小伙伴。气氛非常融洽，在谈论一些她不是记得很清晰的话题时，她就请旁边的人补充。随着谈话的逐渐深入，我看到了柔美外表下充满激情与智慧、喜欢挑战的另一个许戈辉。

　　自从2000年以许戈辉为灵魂的《名人面对面》创建开播，18年来，她每周至少对话一位世界知名人物，从没间断，迄今被她采访的世界名人上千人。撬开一个普通人的心门尚且不易，又何况撬开来自世界各地各个领域的上千位成功人士的心门！我问她是怎么做到的，她说扬长避短，且进且退，用自己的独特方式，真诚地对待每一个人。"好的主持人应该思想像刀锋一样犀利尖锐，但胸怀像棉被一样温暖宽厚。"这句话使得一个词蹦入我的脑中："温婉对话人"，最后成了本文的标题。

电视是一个讲究团队协作的工种，但许戈辉却常一人满世界地去采访名人，把电视节目当成报纸稿件一样独立完成，这是我听到过的关于主持人的最为刺激的事情。事实上，比这更刺激的事情在许戈辉身上时有发生，在她柔美的外表下，藏着的是一颗刚毅的心！这颗心认为，人的精神可以支配肉体，只要大脑神经发出指令：这可是关键时刻，不许出问题！于是不管有多累，不管有多难，就真的能扛过去。

或许正是因为这样的执着与坚定，她，才成就了一道别样的风景。

他在澳大利亚和新西兰有 30 多年的编辑记者和播音主持经验；他是墨尔本家喻户晓的脱口秀主持人、天气预报员。相濡以沫几十年的妻子去世后，一次偶然机会结缘中国，花甲之年只身来到北京，却开启了人生的另一航程。

16 年来，作为央视首位外籍新闻播音员，他受到观众与同事的普遍欢迎。2014 年，央视评选"最美央视人"，他没有异议地当选。这是继他获得由国务院颁发的"友谊奖"等荣誉之后的又一崭获。

与此同时，描写他在中国工作、生活的新著——《找得着北》，在中国人民大学澳大利亚中心举行隆重的新书发布会，这是继之前出版的《找不着北》一书的姊妹篇。从对中国一无所知，到爱上这片热土，当中的故事耐人寻味。

在北京嘉里中心人来人往的咖啡厅，听他讲从业经历与人生感悟。瘦高的身材、端正的坐姿、磁性的声音、灿烂的笑容，总让人忘记他的年龄。

他的名字叫埃德温·马尔（Edwin Maher），今年 73 岁。

人物简介：埃德温·马尔，1941 年生，曾任职于澳大利亚广播公司 20 年，也曾在澳大利亚规模最大的大学——皇家墨尔本技术学院（RMIT）新闻系任教。2004 年，任 CCTV-9（中央电视台英语频道）首任外籍新闻主播、播音指导。2014 年，埃德温·马尔当选"最美央视人"，获得国务院颁发的"友谊奖"。他 7 次被中共中央政治局常委接见。来中国后，著有《找不着北》《找得着北》等书，颇受读者欢迎。

埃德温·马尔：洋主播的中国缘

◎ **花甲之年来到中国，西方媒体称他背叛自己和国家**

记者：马尔先生，首先恭喜您在摘得中国政府授予外国专家的最高奖项——"友谊奖"并被评为"新中国60年最有影响力的海外专家"后，于去年年底荣膺"最美央视人"称号。之前的荣誉是在外国人中产生，而这一次，则是在央视众多员工中评选产生，说明您真正融入了中国。

埃德温·马尔：是的。我很荣幸能获得这一奖项，这说明我已经成为中国的一分子。你知道，中央电视台的员工数以千计，在英语频道工作这么多年，并不太知道其他频道的人，很多都没有见过。通过这次颁奖，我认识了他们，并知道他们比我付出的多得多，有的甚至冒着生命的危险完成工作。与他们相比，我做得还很不够。

记者：您谦虚了。刚来中国时您已是花甲之年，如今，在中国的电视荧屏上向世界播报中国已达12年，风雨无阻。要知道，绝大多数人在您这个年龄是退休在家，颐养天年呢。电视播音，尤其是直播，不但考验脑力而且考验体力，对一位老人来说，是个很大的挑

埃德温·马尔工作照

战呵。

埃德温·马尔：来中国是我想都没想过的，以前我的妻子有来中国旅行的计划，我都拒绝同行。在她去世后，一天下午，我从收音机里得知中国国际广播电台在招聘播音指导，于是立马写了一封邮件。我收到了肯定的回复，不久后就来到了北京。当时只想换个环境调节一下心情，没想央视的英语新闻频道总监让我做配音培训，还打算让我做出镜主播。我很意外，很多同事也吃惊。因为那时还没有外国人在中国的电视荧屏上做过主播，我考虑了一段时间后，同意了。于是我成了当时七点黄金时段的新闻节目《WORLD WIDE WATCH》的主播。

记者：为了陪伴生病的妻子，您辞去了澳大利亚广播公司（ABC）的主持工作，之后几乎没有在荧屏上出现过。在央视第一次上镜，与您最后的主持生涯间隔了好几年，还记得播出时的情景吗？

埃德温·马尔：是的，我记得所有细节。那是2003年，第一次做节目直播。我很紧张，心跳得特别快。当我念稿子时，不确定一些中国的名字怎么读，把"波"读成了"包"。读完第一段，我耳机里出现导播给我的提示："你非常专业，但有两个地方的中文发音不太准确。"于是我立马改正了。

第一次播音得到了大家的认可，这给了我信心。英语频道的人非常热情、友善，使我很快融入了工作。我努力学习中文的拼音，但不幸的是，到现在还是说不好。从2006年开始，播音风格就放开了些，在开头用中文说"你好"，结尾说"再见"。到现在为止，我仍这么做。

记者：您成为央视英语新闻频道的首位洋面孔播音员，引起了国际社会的强烈反响。有国外媒体称您背叛了自己，背叛了国家，在中国主办的电视上充当传声筒。听到这一评价时，您是什么感受？

埃德温·马尔：当时有美国和澳大利亚的许多媒体，包括《洛杉矶时报》，总是问我同样的问题：是否背叛自己和国家？我的回答是："我的任务就是播报新闻，在有可能的时候做些评论，是公正客观的。"中国同事也偶尔问我，如果在你们国家，这条新闻怎么报道？我觉得做新闻在哪儿都一样，尊重事实即可。那些媒体的质疑没有意义。现在很多国家，比如半岛电视台、俄罗斯电视台等，都请一些别国的主持人；国际上不少知名主持人在其他国家的荧屏上工作，已成为常态。只是那时不像现在这样开放。

◎ 有个小鬼一直躲在麦克风里，随时随地会跳出来

记者：您觉得中国与澳大利亚之间的媒体差异主要体现在哪些方面？

埃德温·马尔：两国的媒体在内容生产上是差不多的。只不过，中国所有媒体都做商业广告，而澳大利亚分商业化媒体与公共媒体，有的可以做商业广告，而我所供职的澳大利亚广播公司则完全由国家资助。在中国，广播和电视是完全独立生产，而在澳大利亚，广播和电视是合一的，我那时的工作状态是给广播上一天班，再给电视上一天班，这种状态持续了几十年。但现在的广播和电视也是分开制作。

我刚来时，中国媒体使用很多国际上不会使用的词，比如，"祖国"、"台湾省"等等，这些都是很中式的表达，国际受众听着可能会觉得别扭。但现在的报道手法也相应地国际化了。

英语新闻频道这些年变化很大，2003 年我刚来时，直播很少，滚动播出的新闻即使重播也少有改编，少有海外的记者、编辑。这些年频道扩张很快，聘请了很多海外报道员，从世界各地发来报道。

记者：在播音主持风格方面，中国与澳大利亚两国的理念有哪些显著不同？

埃德温·马尔：以前的澳大利亚播音界，都是非常正经严肃的，既不随便动肢体，也不开玩笑，非常正经。但后来慢慢变得轻松随意了，可以顺其自然加入一些动作，有利于气氛活跃的元素都可以被运用。

我在澳大利亚时，喜欢在主持中加一些搞笑内容。我主持了 8 年的天气预报，有一次，一个男孩给我寄来一根宣传他们演出用的棍子，问我是否可以用来指气象图，犹豫再三后，我采用了，并对观众如实解释。没想后来全国各地观众都给我寄来了各种不同的棍子，有高尔夫球杆、棒球杆，还有其他各种棍子。我每次使用前都做一介绍，观众竟然对节目很是期待。一群中国艺术家，送给我一根刻着龙形图案的冰雕棍，非常精美，我只能戴着手套握着它，主持时冰不断融化，最后变成一摊水。我把用过的棍子收集了起来，有几百上千根，去过澳大利亚各地做展览，我还去现场解说。

我现在的风格，是比较严肃的。在中国做新闻播音，很难加入搞笑元素，但我还是尽量寻找能使节目轻松的机会。比如，中秋节我在结尾时边品月饼边聊相关的话题，营造一种轻松的氛围。2015 年春节前，接到一个澳大利亚华

埃德温·马尔骑车

裔的电话，她说每天看我主持的节目，之前在央视工作过两年，名字叫Jenny，7年前回到了澳大利亚。正好大年初一有一条新闻，是有关澳大利亚啤酒的，我把它放到最后。播完新闻后，我调侃说：在澳大利亚有一个在央视工作过的叫Jenny的观众，正在看这个节目，我用普通话结束这次节目："再见了"（音与名字相近，一语双关）。她立马打来电话，说棒极了。

记者：您说过这样的话："有个小鬼一直躲在麦克风里，随时随地会跳出来，大闹一场"。为何这么讲？碰到"小鬼"闹事时，您一般采用哪些技巧来化解危机？

埃德温·马尔：在主持直播时，可能随时面临突发事件，需要灵活的应变能力与较好的体力支撑。但做新闻的人，往往喜欢突发新闻的挑战，因为有发挥的空间。我碰到不少突发新闻，如日本海啸等等。播报突发事件，需要智慧处理，比如在直播煤矿爆炸事件时，不知有多少人伤亡，但能从现场的一些声音，如"14个、15个"等做出判断，总结出当时大概的人数。这需要非常细心的观察及敏锐的感知力。

直播突发事件，有时需要重复播出之前的内容，信息还是那些信息，但不能重复讲，得另找角度来说，组织力很重要。现场还得仔细把握文字与画面的逻辑，有的稿件写的是这个先出场，那个后出场，可当画面出来时，会发现现场并不是这样的，这时需要随机应变，不能完全背台本。

记者：您现在一天要播音多长时间？

埃德温·马尔：一天做5个时段的新闻，逢整点主持半个小时，有时是连续播出90分钟。中间休息时，得为接下来的节目做准备，或对一些同事做播音指导。主持澳大利亚广播公司的天气预报时，就只管7点的节目。

埃德温·马尔生活照

记者：工作量真不小！年纪越大，劳动强度也越大。您的精力如何得到保证？

埃德温·马尔：呵呵，这没有关系，虽然工作压力较大，但我能承受。这比无事可干要强得多。因为一旦进入主播台，就得全神贯注地倾听所有的声音，并迅速做出判断与反应。好在已经习惯了，所以也不觉得特别累。我经常锻炼身体，喜欢在北京人流车流拥挤、随时可能面临危险的路上骑自行车，这样能让我保持快速反应的能力。

◎ 从《找不着北》到《找得着北》，中国成了第二故乡

记者：您来中国后写了两本书：《找不着北》和《找得着北》，内容丰富、观察细腻、风格诙谐。做电视的人往往节奏很快，而且聚光灯容易使人浮躁。能讲讲这两本书的相关故事吗？

埃德温·马尔：我有一个习惯，把有趣的事情记录在小纸条上，并写上日期装在一个小盒子里。写这本书花了两年多时间，断断续续的。有时一天写半页就写不下去了，有时一天能写上好几页。我走过很多地方，如满洲里、厦

埃德温·马尔生活照

门、上海、西安、哈尔滨等，刚来北京时各种见闻都写下来了。我很享受一个人旅行的冒险感觉。我有 3 个儿女、5 个孙子，他们虽然很想念我，但知道我在中国很快乐，就都很支持我。

当时出版社要走了初稿，因有更急的书要出，延迟了一年多，于是我就不断地进行补充和修改，希望书中所写在出版后都是比较新鲜的内容。比如那时有马航飞机失联事件，刚刚更新完，第二架飞机又出事了。这一年中发生了很多突发新闻，我都补充了进来，使书的内容更加丰富。

记者：读了您这两本书，感觉您在中国的生活特别丰富多彩，广泛地体验了社情民俗。您还接受过中共中央政治局常委的 7 次接见。这些接见，是否给您留下一些深刻的印象？

埃德温·马尔：中国人都很友善，我认识了很多中国朋友，还认了一个干儿子，经常去他们家。与中国领导人之间，也有一些接触。记得获得友谊奖的第二天，在人民大会堂，时任国务院总理温家宝与获奖者一一握手，当他走到我身边时，我用中文说"你好"，他回以英文"Nice to meet you"。我对总理说："我喜欢你的微笑"，总理回报以更大的笑容。后来在春节团拜会上，与温总理又见了几次面。与副总理马凯见面的事儿挺有趣，他见到我时说："我与你一个姓，都姓马。"我还与李克强总理见过面，他是一个非常和蔼可亲的人。

记者：可以说，您的一生都献给了媒体。想与年轻的中国新闻从业者分享哪些感悟？

埃德温·马尔：我从小在新西兰长大，那时没有电视，我喜欢听广播。高中毕业后，在新西兰和澳大利亚的几家报社做过记者、编辑。但我的梦想是从事广播电视主持播音方面的工作。我对自己很有信心，于是广泛研听电台电视台的节目，之后反复模仿，而且决心很坚定。为了提升自己的专业水准，我还去学校学习了两年。后来终于如愿加入 ABC 工作。

作为记者，要尽量使自己具有宽广的视野、敏锐的思维，尽量国际化地处理问题，多学习国外的经验，看其他记者是怎么做的。多听多看，勤思考哪些做得好，哪些做得不好，原因是什么。听多了，看多了，就会知道标准是什么。

芳秀印象：

采访埃德温·马尔，是在 2014 年，如今的马尔 77 岁了，刚从主播岗位上退下，回到澳大利亚子女们的身边。他让我明白了一个人的职业生涯能有多长。从 20 岁出头到 77 岁，除了几年教书生涯，一直坚守在演播室里。我真怀疑，在这个世界上，是否还有人能比他在话筒前待的时间更长。一个 70 多岁的老人每天主持一档 90 分钟的直播节目，有时甚至长达两三个小时，这种体力与精力的要求，对一个年轻人来说尚且是挑战，但他每次圆满地完成了任务。他的精彩呈现，建立在对自我的严苛管理上。为了保持体力，他常高强度锻炼；为了保持灵敏的反应力，他经常做刺激大脑的活动。

尽管年届古稀，他却似乎没有疲惫的时候，只要闲下来，就记下点滴见闻，各种感受，然后整理、写作、出书，《找不着北》和《找得着北》两本书，就是在这样的状态下诞生的。

他的自我学习与创新能力让我印象深刻。论学历，只有高中文化，为了圆广播电视播音员的梦，他天天抱着收音机听，反复学习、模仿，后来又研究借鉴电视台的主持人，最终如愿以偿。当上主持人以后，为了让主持的节目受欢迎，千方百计出新招想新点子，主持8年的天气预报，就能用去几百上千根棍子，他竟用这些棍子举办全国巡回展！61岁的他，来中国前完全不懂中文，12年后，他能用中文流利地对话、写作。

在这位老人身上，有着太多的不可思议。而带来这些不可思议的，在我看来，归于不忘初心、严以律己。

白色的羽绒服，乌黑的斜刘海，灵秀、纤细，身姿优美。为了我的约访，她从城西"打的"过来，让我方便一点。

访谈进行得轻松顺畅。她时而侃侃而谈、风趣生动，时而放慢语速、陷入沉思……

被网友誉为"央视最美女主播"的她，汉中出生，西安长大，北京求学。从北京电视台的"名嘴"，到第五届 CCTV 电视节目主持人大赛冠军；同时"归零"成为"待业者"，半年后走进央视新闻节目直播间，一度沉寂，再而飞扬。

有人说，胡蝶所走的，是普通人只要肯努力就可以通向成功的路；也有人说，胡蝶脱颖而出，代表央视新生代播音员的崛起。这是一个宽容的时代、多彩的时代，有着鲜亮的翅膀，她一定会翩然起舞的。

胡蝶自己说：我不过是一个典型的 Little Potato，可以没有光环，但不能没有目标。"'80 后'并非人们想象的有那么多阴影，相反，我们很阳光、很健康。"她清澈的目光直视着我。

人物简介：胡蝶，1983 年生，央视主播、首席出镜记者，2005 年任北京电视台主持人，2008 年任央视 CCTV-4《今日亚洲》《中国新闻》主播。2009 年开始主持新闻节目《朝闻天下》，同时主持央视新闻频道《新闻三十分》《环球视线》等多档节目。获央视"2010 年度名优主持人"。并多次获优秀主持、优秀主播、优秀现场报道等多种奖项。被授予"秦岭环保形象大使""红凤工程形象大使"等荣誉称号。2015 年，获"北京市青年岗位能手"称号。2017 年被聘为公安部"中国反拐义务宣传员"。

胡蝶：飞出"80后"的精彩

◎ 赢得起，也不怕重来

——要么退赛全心工作，要么辞职全心参加比赛，两者只能选其一。我选择了辞职。

记者：有观众朋友给你总结了很多个最年轻的头衔：CCTV 电视节目主持人大赛有史以来最年轻的女冠军、中央电视台新闻中心最年轻的女主播。而你又获得 CCTV 2010 年度"优秀主持人"称号，是这个奖项设立以来台龄最短（进入央视才两年）的获得者。对于一个 27 岁的年轻人来说，捧得这一大奖，是不是有些意外？

胡蝶：真的有些意外。这次有幸获得 CCTV"优秀主持人"称号，是领导和同事们对我的鼓励，我感谢他们对我的信任和帮助，也要感谢社会大环境的改变，让年轻人呈现自我、成就自我。更要感谢观众朋友们对我的包容和期许。荣誉会不断地鞭策我努力学习与工作。我刚破茧，别人已经化蝶了，我必须拼命地鼓起翅膀去追梦。

记者：3 年前，你还是北京电视台的一名普通播音员。是 2007 年第五届 CCTV 电视节目主持人大赛给了你转型的契机，成为冠军选手。这项赛事每 4 年举办一次，年轻的精英汇集，是高水平的擂台比武。当时你在北京电视台的工作很稳定，领导也很欣赏你，怎么就不留后路地跑来参赛？

胡蝶：要说当时就是想挑战自己。2005 年我从中国传媒大学毕业，因为对新闻的特殊情结，通过北京电视台新闻中心的考试顺利进入北京台，成了《晚间新闻报道》的主持人。我那时比较勤奋，不仅播音，还采访、写稿、剪辑，进入角色快，不久就能熟练应对新闻报道各环节了，得到了领导和同

胡蝶主持现场

事的好评。

2007年，中央电视台举办第五届电视节目主持人大赛，当时有5700多名参赛选手，竞争残酷激烈。初赛阶段我获得总分第一名，这时北京电视台领导找我说，要么退赛全心工作，要么辞职全心参加比赛，两者只能选其一。考虑到这次大赛规格高，我也刚24岁，经受这样一场锻炼对自己的专业来说意义重大，即使在接下来的鏖战中失败了，从头再来也不迟，所以我选择了辞职。当时不少朋友劝我别冒这个险，我说：不后悔，所谓后悔是因为对选择后的结果不满意，如果把这条路走好了，为什么要后悔？

比赛从夏天开始，直到12月底才结束。大赛结束后的一段时间，中央电视台没有明确给出获胜选手是否录用的回复，我一时处于待业状态。为了应对这种局面，一方面我自我调整、充电学习，另一方面到别的电视台做点兼职。这样半年多后，央视四套海外中心向我伸出了橄榄枝，我成为《今日亚洲》节目的主持人。常常是晚间播完《今日亚洲》后，接着播零点的《中国新闻》。这个时段播出很容易出错，需要随时保持积极的状态，但我无比高兴，因为做上了我喜欢的工作。

记者：桂冠，等来的却是"待业"。漫长的等待，寂寞、焦虑，甚至郁闷、压抑，加之生活上的压力，不好过的。却也是积累沉淀、调整心态、重新出发的准备期。从某种程度上说是个化蛹为蝶的契机。

胡蝶：你说得对。辞职后没有了收入来源，生活发生了很大变化。从小爸妈就鼓励我自立自强，我认为不但不能向他们伸手要钱，还得让他们放心。那段时间太难熬了。生活当然也平静了许多，以前一天要接很多电话，而那时两三天才有一两个电话……那段时间我系统地自学了专业英语，同时也修了文史哲课程。回过头来想，我很感谢那段时间，调整心态，学会了从头开始。

记者：从毕业到现在，短短五年多一点时间，你已多次"归零"从头起步了。年纪轻轻的怎么有这般勇气？

胡蝶：或许因为我一直在面对选择。大学毕业时，我被列入了保送读研究生的名单之内，因为播音主持是实践性很强的专业，在工作中学习、在实践中磨砺，也许是更好的方式。进入北京电视台后，我从打杂开始做起，之后当编辑、记者，最后成为《晚间新闻报道》《直播北京》的主播，并身兼出镜记者，现场报道了奥运倒计时两周年、鸟巢钢结构卸载这样的大型直播活动。

当面临退赛还是辞职的艰难抉择时，我想，人生能有几回搏？即使失败了，从头再来也不迟。我可以去读研究生，出国留学，再应对新的挑战。当有幸获得大赛冠军，也较有定力地"失业"了大半年，等待机会的到来，呵呵。我要用实际行动证明我是父母能放心的好女儿，是不辜负老师期望的好学生！

◎ 新闻是我的"正餐"，我为新闻痴

——喜欢在主播台前语义明晰地播送新闻，表达观点。新闻与综艺，新闻才是我的正餐。

记者：观众看到你在《朝闻天下》中充满朝气地播报早间新闻。《朝闻天下》每天早上6点至9点直播，唤醒人们沉睡的大脑，输送鲜活丰富的新闻信息大餐，早睡早起，对于活泼的年轻人来讲，很不容易呢。

胡蝶：没什么嘛。中央电视台新闻频道《朝闻天下》改版时，选中了我。我每天凌晨三四点就要往台里赶。冬天的深夜离开温暖的被窝是件痛苦事。在去台里的路上，踩着落叶和积雪，咯吱咯吱响，仿佛走在一片遥远的旷野上，

世界是如此寂静。但想到几个小时后，与全国观众一起迎接新的朝阳，就很振奋了。3个小时不间断的直播，对身心是一种考验。首先，早上观众以听新闻为主，要求语言清晰明快；与评论员交流、点评时要求良好的思辨能力和语言功底，这就需要平时多下功夫锤炼。由于流动受众的收看时间不同，节目有一定的重复率，播音员要像播第一遍一样认真、准确、精神抖擞地表达出新闻内涵，这也是一种挑战。

为了早起后有好的状态，我基本上晚上八九点就睡觉了。"80后"喜欢夜生活，吃饭聚会都选择在晚上。自从在央视工作后，这种生活我很少有了。刚开始时怎么也睡不着，像烙饼似地翻来覆去。但这毕竟是自己的事业，必须从生活习惯上调整自己，自觉放弃一些习惯，包括一些业余爱好。

记者：世博会举办期间，央视推出了一个《天天世博会》板块，每天以记者探馆形式介绍各个国家馆的特色。画面干净、唯美。你作为探馆记者，每天体验现场、介绍异域风情、与外国朋友对话，流畅而自然……世博报道头绪多，时间长，有记者到后来慢慢失去了激情。你却犹如一只欢快的蝴蝶在花园内飞来飞去。

胡蝶：世博园5.28平方公里的土地上，我转了无数圈。为了完美体现馆中的展藏，有时早上四五点钟就得去馆内，趁没人的时候拍。要突出两百多个场馆中每个馆的特色实属不易，如非洲、太平洋联合馆里的每个馆都特别相似，我们得从中找出不同点，探完之后再回去查

胡蝶生活照

阅大量的资料，再提炼、拍摄。

观众看到的画面既干净又漂亮，但在拍摄过程中我们付出了很多艰辛。人潮在不断地涌动，想在馆内辟出空地解说，很难！经常正拍着，就有观众从我身边经过挡住了镜头，不得不重拍两三遍，甚至四五遍。人声嘈杂中我得费力地提高音量解说，等拍摄结束后，所有人都出了一身大汗。有的场馆还有时间等方面的严格限制，如日本馆是科技含量最高的馆，有很多看头，我只好抓紧时间快节奏地解说，好在抓住了主要的信息。这对于体力和脑力，都是严峻的考验。

结束那晚，我依依难舍，发了一条微博，写道："离别时分，难说再见。……国无论大小，参展皆为平等；馆虽有差异，美善主题相同。最后一刻，挥手沪上道别—— 不，是为明天新的建设，道一声早安！"后来有几次机会到上海，我还特地赶去看拆后的世博园。

记者：曾经，主持人只要能把稿件念得字正腔圆即可，而现在，播音员、主持人必须采写编评样样都会，还要视角独特，见解独到。

胡蝶：是的。所以不管是在哪档节目中主持，我都希望有自己的见解，可能有些见解还不够深刻，甚至"幼稚"，但这些都是我认真思考过的。现在我还在不断探索与评论员连线时，如何对话题起承转合、收放自如。

作为一个优秀的新闻主持人，还要有独立完成现场报道的能力，尤其要有节奏控制能力，我也在努力实践，只要有机会，我都申请到社区去、到农村去、到企业去。2006年鸟巢钢结构卸载时，我有幸成为唯一在鸟巢内部做直播报道的女记者。我把艰涩难懂的专业术语通过浅显易懂的语言告诉大家，也让很多人对我刮目相看。为了这两个小时，我半个多月里每天一大早去鸟巢了解情况，下午和晚上完成正常节目的主播任务后，深夜补充整理采访到的内容，不断琢磨如何深入浅出进行解说。那些天每天只睡三四个小时。

◎ 勇担社会责任：别小看"80后"

——我们已不再稚嫩，我们有自己的责任担当，更不是垮掉的一代。

记者：作为一个"80后"主持人，你希望自己的主持风格是怎样的？

胡蝶：我希望我的主持风格是端庄、大气的，同时又明快而富有朝气。朋

胡蝶生活照

友们说，你台上台下是一个人。我很享受为别人带来快乐，期望观众能从我身上感受到一丝振奋。

记者："80后"出生于一个特殊的时期，他们大部分是独生子女，社会巨变，价值观念多元，传统与现代、遵从与叛逆，在他们身上矛盾地存在，不少人表现得任性、脆弱、享乐、怕担责任……

胡蝶：千万别误读了我们"80后"，我认识的人大多像我一样，已不再稚嫩，在社会的锤炼中逐渐成熟，发挥着自己的力量。我们身上有独特风采，并不是像有人认为的"80后"是垮掉的一代，我们有自己的责任担当。比如说买房子，好多人跟我一样，父母帮忙付首付后，每个月月供坚持自己还，还会省下钱来逐渐把首付款还给父母。我们希望是独立的一代人。

在去年南方遭受旱灾的时候，我和几家卫视的"80后"主持人在一起主持了"80、90我们在一起"的晚会，希望凝聚起大家对灾区的支援和关爱。晚会比较鲜明地反映出我们"80、90"人的特点，那就是勇于担当应有的社会责任！有人说，前辈中的很多人都勇于打破传统，在现在的年轻人身上很难看到这种精神了。我觉得不是没有，而是变了一种方式，变得不那么愤青，变得更有时代感，更具个性与创新色彩。

记者：观众希望主持人更亲切，更平民化，这与你的漂亮脸蛋似乎不易兼容。

胡蝶：不是呀。我出身于平民家庭，总能从老百姓身上体会到一些温情的东西，并把这种情感带到节目中。我认同"责任、真诚、亲和"这三个概念。我觉得，无论做人还是做事，都应有责任感，真诚守信、质朴平和。做新闻工作以来，我很关注大众关心的社会问题，曾利用工作间隙，采访制作《反式脂肪酸调查》《保护野长城》《故宫里的星巴克》等新闻短片，宣传绿色生活与文物保护。同时，作为秦岭环保形象大使，我也在努力宣扬动植物保护理念。平时我尽量使用环保的东西，出差带自己的毛巾，洗澡时地上放盆接剩水，再用这些水冲厕所……我认为这些很"平民"的做法，才是真正的Fashion（时尚）。

记者：孩子是父母的影子。在你的成长过程中，家庭教育起着怎样的作用？

胡蝶：父母塑造了我的人格。父母对我要求很严格，小时候教导我要"言必信，行必果"，这句话成为我以后做人的准则。他们还教我"勿以善小而不为"，所以我小时候看到街边倒了一排自行车，会一辆辆扶起来，别人还以为是我弄倒的斥责我，我挺委屈，但下次看到相同情况还会去扶车子。像现在，我有一点经济能力了，通过"红凤工程"，资助了两个陕西贫困山区的女孩子上大学。自己少吃点少买点，长期节约下来就是一个孩子的学费。公益事业就像一盏灯，大家都尽力，灯光就会亮一些。

芳秀印象：

胡蝶是我对话的媒体人里最年轻的。她给我的印象，除了年轻，还有阳光与善解人意。为了照顾我，她从城西打车过来。我站在人民日报社南门迎候，见她穿着白色羽绒服从出租车里出来，那轻盈的身姿，那满脸洋溢着的快乐，就如一只欢快的白蝴蝶。

我们在就近的一家茶馆坐下，边吃边聊。她亲切地叫我"芳秀姐"，在大家对我的众多称呼中，这样的称呼最让我惬意。

胡蝶勇于自我破茧。24岁的她，已是北京电视台红人，却勇于放弃，重归于零，参加央视举办的第五届电视节目主持人大赛，一举夺冠。拿到冠军奖杯却失业半年多，不知道未来结果，她坦然面对，广泛学习充实自身。进入央视后，短短两年多时间，作为当时央视最年轻的女主播，她拿下年度"优秀主持人"称号。27岁的她虽有傲人的资本，但却非常低调谦逊，说自己才刚破茧，别人已经化蝶了，要拼命地鼓起翅膀去追才行。正是因为这样的不懈努力，几年后，她成为央视的首席出镜记者。

她虽年轻，但很多做法让我生出一股敬意。年轻人普遍喜欢夜生活，她却每晚八九点入睡，长年如此；力所能及地资助贫困孩子上学；主动担当环保形象大使，平时也尽量使用环保的东西，出差带自己的毛巾，洗澡时地上放一个水盆接水，再用这些水冲厕所……

"80后"，似乎很"任性"，很"自我"，但在她身上，我看到的，却是一个典型的"80后"Little Potato 的阳光、执着与自我成就。

自打三年多前开始《媒体人访谈录》这一栏目的专访以来，见过或采访过的年轻女主播们不计其数，"漂亮""机敏""亲和"……诸如此类的评价已不足为奇了。

富力会馆。晚九时。对央视名主播紫凝的采访，似乎在复制着对女主播们采访的程式。

大部分时间，我只是倾听，想努力勾勒出属于她的线条，脑中却是一片混沌。谈话将要结束时，她递过一本台历，指着上面一张张颇见功力的油画，说是她的作品。我惊呆了。紫凝的个性，专属于这个年轻女主播的"特殊辨识度"一下子跳了出来。

再看那黑白条衬衫配灯笼裤，气定神闲的女孩，愈发显得灵动、知性，懂得拿捏生活的"虚与实"，静心于画布，超然于现实。

人物简介：紫凝，1980年生，2001年北京广播学院播音主持艺术专业毕业后，一直工作于央视新闻中心。2010年始至今，任新闻频道《新闻直播间》主播。2012年，获得北京大学高级管理人员工商管理专业硕士学位。从2014年至今，在职攻读应用经济学专业博士研究生。曾任《早新闻》《天气·资讯》《约会新七天》《晚间新闻》《国际时讯》《午夜新闻》等栏目主持人，均保持高收视率，其间，多次参与主持报道大型直播、特别节目及专题片。紫凝曾任中共中央直属机关青年联合会第四届委员会委员、国家林业局中国绿化基金会"绿色中国行"推广大使、多届中国青年志愿服务项目大赛评审委员评委、中国青年志愿者协会理事等社会职务。

紫凝：一个新闻主播的艺术人生

◎ "新闻是王道，直播我最爱"

——如果给我机会，我会评论得很好。长得漂亮的人，照样可以有头脑、有思想。

记者：紫凝你好。因为有关你的报道不多，所以对你的了解也有限。我们今晚的专访就敞开谈，好吗？

紫凝：好的。之前我很少接受采访的。如果要说我与其他主播的经历有什么区别的话，那就是我从大学实习开始就在央视新闻中心。能有今天的成就，得归功于新闻中心。

记者：你朋友介绍说，你是个蛮有见识的人，人称"百事通"。有事儿问你准没错。

紫凝：不敢当不敢当。2003年新闻频道开播后，我负责播报《天气·资讯》，即在每段新闻的后几分钟，当观众想换台时，我出来讲一些鲜活的资讯，以此留住观众。这个节目把天气预报和生活资讯结合起来，既实用又长知识。后来经常有朋友问我："衣物上沾了东西，拿什么洗？""你看今天这云，明天下不下雨啊？"如此，我成了"生活

紫凝写真

百事通"。

播报资讯服务类节目累积的知
识和经验，现在播新闻还能用得上。
谈到所谓的热带气旋、热带风暴、
强热带风暴和台风的级别问题时，
我很明白它们之间的差异，所以看
到一些我认为不对的地方，比如强
台风和超强台风，仅差一字，但我
能清晰地区分，直播时直接改了播
报出去。

紫凝写真

记者：相对直播等纯新闻类节目
而言，资讯服务类节目压力小很多，
一般属于录播节目，而且多年的经
验积累也使你驾轻就熟。为何播报 5
年后又改做直播类新闻了？

紫凝：老实说，播报《天气·资
讯》起初我有些抵触，觉得新闻才是王道。但是我接受了台里的安排，观众反
映不错，工作也比较有规律，早上录播一次，下午再录一次，5 点就可以下班。
我把心态调整好，找到了在镜头前自如的感觉，有时间攻读研究生学位，还可
看喜欢的书，画画儿。

播报新闻，一直是我的追求。刚来台里时，有领导认为以我的身材、长相
和气质，应该去台文艺中心，站在舞台上，而我没同意，不是觉得舞台不好，
而是就想做一个新闻主播。

通过竞争上岗，我现在负责《新闻直播间》每天下午 3 个小时的节目直
播。直播量变大了，一进演播室，就得持续播 3 个小时一贯到底，人始终坐在
主播台边，只有播出四五分钟的长新闻片子时，在导播允许后我才能去洗手
间，边上边数时间。如果没有长片子，就得忍着了。洗手间只能供男女两人分
别使用，当女洗手间里有人时，我只能占用男厕了，没少进过男厕。（大笑）

记者：直播对人的考验，来自方方面面。随着网络媒体的兴起，受众选择
面的不断拓宽，电视在抢夺第一时效方面的优势会慢慢弱化，而新闻主播也不

再只是简单地播报新闻，更需要展示出个性与观点——对深度的追求。

紫凝：我们的努力方向是：从新闻主播变成新闻主持人。长得漂亮的人，照样可以有头脑、有思想。没有评论，只是过去没有给我们机会，一旦有了机会评论的时候，我们也可以评论，也可以做得不错嘛。

当网络出来时，有人说电视没人看了。那么，电视新闻怎么做，主持人将来怎样做才是到位的？随着竞争的加剧，主持人替栏目领导者考虑的因素也会越来越多。

◎ "与人沟通——主播的另一种能力"

——作为新闻主播，每天不仅要抓紧时间和事情接触，也要和人接触。我交的朋友，因为彼此的信任与欣赏，而能保持长久的友情。

记者：作为一个优秀的新闻主持人，除了职业上的要求，你觉得还有什么能力是特别需要培养的？

紫凝：我认为是与人沟通的能力。新闻主播不仅要在演播室内完成播报，

紫凝写真

也需要在外出的采访现场完成采访与评论。要想完成一次好的报道，除了对新闻事件本身的关注，还考验着新闻主播对于复杂事件的掌控力。在我职业生涯中，有一次破冰之旅——跟踪连线直播报道大熊猫团团圆圆赴台湾行的实况，那是我第一次在外地做现场直播的连线记者。

到现场后，两眼一抹黑，既没有团队，也没有转播车跟着我，只能用电话连线。为了能够获取到比其他媒体更鲜活更有价值的新闻，我用最快的速度，疏通各种关系，找到了这一新闻事件相关单位的核心人物，获取许多第一手信息甚至是内部资料。那次从雅安大熊猫基地到机场，我一共做了5段连线，非常详细生动，当包括我台其他频道在内的多家媒体各路记者，还端着长枪短炮挤在停机坪外翘首企盼的时候，我手上已经攥着专机上陪同人员的名单，甚至饲养员在护送团团圆圆登上飞机后，还接了我的电话并介绍了里面情况，而此时，舱门正在缓缓关上。我的连线报道被台湾几家主流媒体引用。

记者：随着新闻主播向新闻主持人的转化，主播经常成为出镜记者，深入新闻事件现场采访。除了要有较高的智商，充分理解新闻事件，对之准确表达、深度分析外，也要有较高的情商，善于交朋友，整合社会资源。

紫凝：是的。记得做《约会新七天》时，最初台里那些大型节目并不配合采访，经常在现场一耗就一下午。白岩松第一次对我有印象是在他和台湾女主播卢秀芳对台湾水果引进大陆这一主题进行访谈的活动现场。我避开常规思路问他："两岸一衣带水，卢秀芳代表了一位优秀的台湾女性，从一男人的角度，在和她的接触中您觉得台湾女性和大陆女性有什么相同和不同？"白岩松马上来了兴致："这问题问得太好啦！我突出地感受到台湾女性对优秀传统的继承做得比大陆女性好……"他认为我提的问题很到位。以后我只要出现在他的大型活动现场，他自己会走过来问我："你想问点什么？"

在平日，我会有意结识一些政治、外交或者军事方面的朋友，与他们保持一定的联系。人是该多读书读好书，但穷其一生也不能成为通才，而与各领域的专家学习交流，恰恰可以在短时间内了解和领悟到他们积累多年的"宝典"。主持人太需要这些。好的朋友可能几年都不见面，不见是零度，见面就是100度。

记者：细心的观众注意到，你出镜着装很精致，说明很用心。

紫凝：我在出镜服装上的投入是偏多的，因为想让观众觉得我是尊重他们的，想向他们表达这样一种心迹：我尊重这次上镜的机会，有如我珍惜跟你见面的这次机会。虽然是一对多的传播方式，但在我心里却是一对一的。

所有服装都由我自己设计。我学过美术，这方面的要求就更高一些。我会带给所有给我做服装的人一种理念的颠覆。播音员上镜用的衣服，面料、颜色和设计，与平时职场不一样。花钱多买的未必好，毛料相对会暗淡，丝和麻的材质挺括度不好，上镜时显得人不精神。反倒是衣服面料用化纤的，效果好还成本低。

◎"重拾画笔，找到了生活的品质"

——油画，让我回归了自我。工作头两年，因为没有作画，明显地生活状态差，性子也急，生活老磕磕碰碰的。后来重拾画笔，发现生活有条理了，心态也平和了许多。

紫凝：送一本我作品的台历给你和你们老总吧。

记者：哇！这本台历上的作品都是你画的？挺见功力的嘛。一个在聚光灯下从事紧张而快节奏的新闻人，何以能在喧嚣中静下心来创作？

紫凝：这是我这几年的作品。假如我哪天不上班，想画的话，一早起来就画，如果一整天没大事儿，只要不累，就接着画。画画儿的时候我不接手机，再大的事儿也不理会，完全融入其中，生怕思绪一旦断了就接不上。

平时采访、上镜压力大，回到家时面对画板，情绪会得到很好的释放。工作头两年，因为没有作

紫凝写真

紫凝油画作品《童年》系列之一

画，生活状态明显不行，性子也急，生活老磕磕碰碰的。后来重拾画笔，发现生活有条理了，心态也平和了许多，我也由衷地享受这种心灵自由的感觉。

尽管有诱惑，我的作品没有流入市场，我怕会被经纪公司牵着鼻子走。我不能接受过于商业化的包装。

记者：艺术养人、养心。创作需要美的驱动。

紫凝：生活中的美很多是意外得到的，你只要捡拾起它就可以了。你看，这幅油画，表现的是一个宁静的夜晚。这是有次晚上，我靠路边接个电话，突然感觉前头的幽静感不错，便用手机拍摄下来了。几年后，这种感觉一直留在我心里，后来便把它创作出来了。

我画的每幅画都有一个故事。这幅带点意识流风格的画，就是在我家餐厅看北京 CBD 的情景时产生的灵感。当时，我家黑着灯，从背面看那一片楼，高低错落的感觉，月光从天空洒下来，光与影的感觉很梦幻，宁静而温馨。看着看着，我突然觉得，该画一幅画来留住这种感觉，于是我便创作了这幅虚实结合的画作，这幢高楼，就是银泰大厦。

记者：油画，给你的工作和生活带来了什么？

紫凝油画作品《童年》系列之六

紫凝：让我回归了自我。主持人这份工作会让人产生一种错觉，就是把屏幕上的光环带入生活中，忘记了自己是谁。对我来说，工作时很紧张，所以更需要在生活中学会放松自己，画画对我来说，就能起到这种平衡作用。10年前上早班，半夜起床，所有的事情都围绕着避免播出事故而进行，紧张中没有任何生活品质可言。现在想，那么较劲是不对的。

我遵循中性前进的路。不会为了博人眼球而刻意做些什么。我是摩羯座，这一星座的人，需要一步一步付出非常艰辛的努力才有可能获得事业成功，就像手工师傅做一个盘子那样，需要一点点地敲打。画油画要一笔一笔慢慢画，做事也一样。我比较享受这种感觉。

记者：与美术结缘，是从什么时候开始的？

紫凝：4岁吧。我从小就喜欢音乐、舞蹈、美术，父母都是高级知识分子，在给了我良好家庭教育的同时，也激发了我的绘画天赋。家里就给我请了两位老师，学习国画。一位叫刘临，现在是清华美术学院教授；另一位是著名国画家李巍，现任鲁迅美术学院的客座教授。当时有一日本代表团来考察东北师大附小，我现场作画，送二十多名代表一人一幅画。校长目睹了全过程，说几年都没招这么好的孩子了，把我招进了这所当地最好的小学。我在校期间没有愧对伯乐对我的赏识，参加过很多比赛，获过多种奖，甚至还拿过一枚全国金牌。在代表学校一次次为外宾和省市领导表演绘画等交流活动中，也让我在小小年纪，就拥有了一份超越年龄的自信。

◎ 附：紫凝的艺术感言

幼年时，诸多爱好中，唯独不能割舍的是绘画。绘画是与我朝夕相伴的朋友。

从3岁开始涂鸦，5岁崭露头角，获省少儿绘画比赛铜牌，8岁摘得全国少儿绘画比赛金牌。

少儿时，玩对于我来说是一种奢侈。那时的我，主攻国画。业余时间或是学画和练画；或是接待来校访问的外宾，为他们现场作画，赠送画作；或是代表学校参加全国、省市举办的各类赛事。可以说，我的童年和少年时代是在墨香、掌声以及疲惫中飞逝而过的。

大学时代，全新的城市，陌生的环境，8人一间的集体宿舍，局促的空间里无法施展，绘画便成了奢侈，只能幻化做笔记本上的插图。然而它却时常在我的梦里，深深地埋在我的心底，在流淌的青春中轻轻吟唱。

工作后的这些年，我与新步入社会的很多年轻人一样，在探索与彷徨中缓慢前行，用每一天的努力细细编织着人生。绘画又重新从灵魂深处走出，淡淡然回归入我寻常的生活。像紧握久违的朋友的手一样，满心甜蜜地和她走得更近。这里没有围墙与束缚，没有无奈和疲惫，她让我从各种复杂的心绪中平静下来，找回自信与淡定。在她的表达中，有我的快乐忧伤；她懂得——我的思考、我的人生。

芳秀印象：

紫凝不只是漂亮的人，更是美丽的人。

她的美，美在笔端。她创作的画册中，每一幅画，是如此赏心悦目，如此

功力深厚，太不敢相信这些作品出自一个非专业
人士之手。这位有"童子功"的"美术爱好者"，
在繁忙工作之余，不断潜心提升创作技艺。本想
在此书中放入之前发给我的作品，她却又发来几
幅新作，说之前的作品已不满意了。我惊讶之余，
不禁感慨：艺不压身，人人都该有点专业的爱好！
绘画给紫凝的，除了生活的调剂，美学的熏陶，
还有职业的出彩。当她把美的理解带进直播间，
以自己的眼光来设计与呈现时，观众感受到的，
除了信息，还有美的享受。

她的美，美在心灵。紫凝喜欢的，除了新闻，还有公益。目前，她是第三
届、第四届中国青年志愿服务项目大赛评审委员、评委，是中国青年志愿者协
会理事，还是中国青年志愿者协会基金管理与社会合作工作委员会副秘书长。
在采访完她很长一段时间后，有一个罕见病组织要开展一次活动，找到我，希
望帮忙寻找一位知名主持人来主持，以便引起社会对罕见病群体的关注。我邀
请她友情主持，她二话没说就同意了。活动从早上6点多开始，一直到下午6
点，中间只短暂休息，她一直坚守在活动现场。

紫凝的美，还美在静谧与灵动的高度融合里。油画一笔一笔慢慢画，云淡
风清，闲适优雅；但做起节目来，却是风风火火，分秒必争。在紧张的工作之
余，她还攻读博士学位，读的是应用经济学专业，这对女性来说，是并不容易
驾驭的领域。艺术，赋予了她紧张却不失浪漫与深刻的人生特质。

只要值得去做，就要以十分的热情、十足的韧劲坚持到底。我经常提醒自己，很多时候迈出勤奋的一小步，就是实现人生理想的一大步。

从开播第一天起，《法治进行时》就把贴近性、服务性贯彻到每个节目中，不做孤芳自赏的小众节目，也不做替人出气的打手。努力快速地说、纵横交错地说、相互印证地说、调侃跳跃地说，从而把一个关乎千家万户的法制话题说足说透。

在多年的实践中，我努力培养两种能力：一是把握全局的能力，在瞬息万变的现场进行即兴创作，带来不同于同类报道的灵气；二是捕捉细节的能力，这些细节使得程式化的案件报道引人入胜，从而一次次抓住观众的兴奋点。

人物简介：徐滔，1968 年生，第十三届全国人大代表，中国著名记者、主持人、电视策划人，首都终身荣誉民警，现任北京电视台副总编辑，主管北京卫视节目生产和经营工作。从一线记者到频道总监再到副总编辑，见证并推动了首都新闻舆论工作和电视艺术创作的发展，创办了《法治进行时》《养生堂》《档案》《生命缘》《向前一步》《跨界歌王》《传承者》等一批家喻户晓的优秀电视节目。荣获范长江新闻奖、中国新闻奖，中国青年五四奖章、全国百佳新闻工作者、全国德艺双馨电视艺术工作者、中国电视播音主持"金话筒奖"，入选"中国电视 50 年 50 人"，并享受国务院特殊津贴。她多次深入前线随警采访，独家报道了多起大案要案，并以谈判代表的身份协助警方参与人质解救工作。

徐滔：七分记者　三分警察

◎ 好节目：生命在于服务

记者：今年12月，《法治进行时》将迎来10周岁生日。北京电视台的这档老少皆宜的午间节目收视率一直稳居全国前10名。作为栏目创办者兼主持人，你如何考虑和把握栏目的定位？

徐滔：每期节目我们都把宗旨定位在：贴近百姓、服务社会，使其成为首都法制宣传的窗口。所以，《法治进行时》除了第一时间反映北京的政法动态外，还集中力量推出了《为了明天的太阳——预防青少年犯罪系列节目》，现在北京市各中、小学校对学生开展法制教育时都要观看这个节目的光盘。另外，为配合北京市预防打击经济犯罪展览的开幕，我们也推出了系列报道，介绍经济领域犯罪的类型和国家法律的规定，这个节目的播出引起了参观展览的热潮，在节目播出期间，组委会共定出了100万张门票，很多观众都说从节目中受到了深刻的教育。

节目初期，在人力资源、采访资源都不足时，《法治进行时》立足公安新闻，从公安新闻入手，尽最大努力拍摄到别的记者拍不到的新闻。渐渐地，栏目要求用大规模、高速度、多层次的覆盖，全方位地反映北京政法生活的全貌，进而形成自己在法制节目中的权威性、垄断性。如今，栏目与政法系统建立了牢固而广泛的合作关系，素材资源非常丰富。正是这些丰富的新闻资源使《法治进行时》从残酷的电视竞争中脱颖而出，并使其无法被克隆。

在表现手法上，从栏目开播的第一天起，《法治进行时》就把贴近性、服务性贯彻到每个节目中，以百姓生活为切入点，不做孤芳自赏的小众节目，也不做替人出气的打手。努力快速地说、纵横交错地说、相互印证地说、调侃跳

徐滔主持平安北京政法春晚

跃地说，从而把一个关乎千家万户的法制话题说足说透。

从 2005 年至今，《法治进行时》的广告签约额每年都在 1 亿元以上，是目前全国唯一一档创收上亿的午间栏目。在这个栏目更新越来越快的信息爆炸时代，《法治进行时》能持续 10 年受到观众欢迎，我认为得益于独有的新闻资源和独到的表现手法。不管做什么新闻，只要能够做到极致，就能形成特色，就会受到欢迎。

记者：富有动感的现场主持给观众一种共时空的体验，以及这种体验所带来的情感和理智上的共振。你的现场主持也为节目加分不少。

徐滔：《法治进行时》一直强调主持人的主心骨作用，强调主持人不离开现场。每逢大案要案的侦破，我一定会去现场做采访报道，所以，在节目里观众看到的不是带着习惯性微笑或者严肃表情的播音员，而是活跃在法治案件现场，穿行在各大案件侦破过程中的有灵魂的主持人。因为没有离开现场，所以主持人总能够深入案件本身给观众带来生动的解读与深入其中却又置身事外的独特评析。

在多年的实践中，我努力培养两种能力：一是把握全局的能力，在瞬息万变的现场进行即兴创作，带来不同于同类报道的灵气；二是捕捉细节的能力，这些细节会使得程式化的案件报道引人入胜，从而一次次抓住观众的兴奋点。

记者：收视率是一个容易令人"走火入魔"的指标，如何清醒地对待收视率，标志着一个栏目的品位。有人说，越血腥的法制频道越有收视率，你是如何看待这个问题的？

徐滔：到今年，我做一名政法记者已经 18 年的时间了。通过这么多年的工作经历，我深深地感觉到观众爱看的并不是血腥的法制节目，观众真正爱看的是能够讲解清楚法律知识的，能够真正给自己的生活带来指导和帮助的法制节目。所以在《法治进行时》栏目中，观众从来看不到血淋淋的案发现场，我们想带给观众的并不是感官刺激，而是心贴心的帮助。事实证明，《法治进行时》照样取得了很高的收视率。在选题和制作节目的过程中有这样的共识："拿不准的事情，不说；政策法律不允许的事情，不做。不追求片面的轰动效应，不干杀鸡取卵的短期行为。"这样，既得到了京城政法各单位的信任，又得到了观众的尊重。

京视卫星公司在人民大会堂举行成立发布会，徐滔致辞

◎ 是记者，也是民警

记者：深入法制新闻的现场有一定危险性。观众们还清晰地记得2001年，一名嫌疑人手持炸弹和尖刀，在北京西站候车室劫持了一名女售货员，提出想见记者。这时，正在现场采访的你毫不犹豫地站了出来，在民警的狙击枪口与嫌疑人的炸弹间，与嫌疑人整整周旋了9个多小时。最后这个嫌疑人终于被你诱出柜台，并被特警生擒。在这样的险境中你不害怕吗？

徐滔：其实像这样与死神擦肩而过的采访经历不止一次。曾有一个夜晚，北京刑侦总队在大兴设伏抓一个黑恶势力团伙，突然一犯罪嫌疑人驾车逃离，民警鸣枪追赶。我和记者马上跃上了第一辆警车，并以每小时160公里的高速在夜路中飞奔追赶犯罪嫌疑人，在这惊心动魄的20分钟时间里，子弹从我们耳畔穿过，而我们的拍摄镜头从枪响到嫌疑人被擒，一刻未断，记录下了真实的一幕。事后，我也非常害怕，双腿哆嗦得下不来车，但做出生动的节目是那一刻唯一的心愿。这种经历，的确不是轻而易举就可以应付的，但我热爱新闻事业，也正是这种热爱，让我一次次地克服了胆怯与顾虑。

记者：正是这种与民警们的零距离接触，使你在首都政法系统很有人缘。听说后来你获得了唯一的"首都荣誉民警"称号？

徐滔：授予我"首都荣誉民警"称号是对我的极大奖励。经常和忘乎生死的民警同志们在一起，他们的精神不断地激励着我，使我疾恶如仇。一天，我在商场的门口，看见一个警方寻找的犯罪嫌疑人高某正在购物，便马上报警，并买了一个墨镜戴上追踪。很快，高某离开了商场，打了一辆出租车准备离去，我一步上去拉住车门，高某对司机谎称，她和我之间有债务纠纷，让司机马上开车。我一下挡在了出租车的前面说："你要开车，就从我的身上开过去。"高某嚣张地对司机说："你开车，我给你1万元。"就在出租车缓缓移动时，警方赶到了，高某被抓捕归案。这似乎超出了一个记者的职责，但只要有利于社会安宁，我就会一管到底，所以有人用"七分记者 三分警察"来形容我。

记者：听说你的一些行为遭到误解并使你受到委屈？

徐滔：有一天，我正在街上走着，突然一名妇女怒气冲冲地朝我走来，并给了我两个耳光，当时我莫名其妙。后来我知道她的丈夫是一个贩毒团伙首犯，被枪毙了。我曾经采访过这起案件，而她把丈夫的死归咎于我的报道，对我充满了怨恨。有人立刻报了警，赶到的民警要把她带走。我拦住了民警说："她只是由于不理解才会这样做。"于是我同她一直聊了 7 个小时，分析案件的前因后果及她丈夫所作所为的危害性，她虽然还没有完全被说服，但我的以德报怨的精神感动了她。那一年春节，她给我寄来一张祝福的贺卡。在贺卡上写道："从你身上我知道什么叫为别人着想。"

徐滔在中国记协组织的《我是演说家》研讨会上发言

◎ 敏锐把握社会热点

记者：2009 年以来，北京电视台科教频道的收视份额有了很大提升，作为频道负责人，能谈谈原因吗？

徐滔：2008 年 7 月，我担任北京电视台科教中心主任后，在 5 个月内撤下了 13 档旧节目，上了 11 档新节目。科教频道栏目整合为三大板块：午间的法制时段、晚间黄金时段的"八点非常故事汇"和傍晚的"健康养生"。

改版后，蔡国庆、韩红、郭德纲、于丹等名人成为我们"八点非常故事汇"主持人阵容中的一部分，展现了他们多才多艺的另一面，为节目增色不少。而彰显名人效应、挖掘明星潜能的方式使科教频道受到特别关注，这一时段不少栏目的收视率增长已超过 300%，改变了以往晚间节目收视无强档的局面。

同时，我认为一个电视工作者必须具备很强的职业敏感性。当年法制节目在国内荧屏尚属空白的时候，我们捕捉到观众对这一领域的需求，创办了当时国内第一档真正意义上的民生法制栏目《法治进行时》，并占据了北京地区午间荧屏的绝对优势地位达 10 年之久。当我负责北京电视台科教频道后，将《法治进行时》成功的秘诀带到了整个科教频道。2009 年，这种对社会热点的敏锐把握，已经普及到全频道的常态栏目中。当然光有创意还不够，还需要有"落地"的能力。我认为只要值得去做，就要以十分的热情、十足的韧劲坚持到底。我经常提醒自己，很多时候迈出勤奋的一小步，就是实现人生理想的一大步。

记者：团队管理得当是一个频道制胜的根本原因。你认为什么是保障频道快速成长的机制因素？

徐滔：我上任时曾承诺，让每一个想干事的人在频道有事干，让每一个干成事的人在频道里能够得到尊重。比如对每个季度收视率前10名的编导除奖励外，还要在大会上送给每个人一棵象征"蒸蒸日上"的向日葵以示鼓励。

我希望在频道中形成一套崭新的创新机制，鼓励大家敢于创新，善于创新。现在我们频道栏目研发已不是仅靠个人积极性，而是变成了一种机制：有专门从事研发的人员和监控预警体系；频道根据收视数据分析、竞争对手分析，及时给栏目提建议。完备的决策流程、良好的沟通艺术、严格的奖惩机制和及时的用户反馈是我管理中比较看重的方面。

记者：你28岁获得全国百佳新闻工作者称号，34岁获得范长江新闻奖，今年又获得广播电视主持人的最高荣誉——中国电视播音主持"金话筒奖"。在诸多的荣誉称号中，你最看重的是哪项？

徐滔：我获过的奖的确不少，18年的新闻从业生涯中共获得100多项奖励。要说我在这么多奖中最看重的是哪个，我觉得是老百姓评出的奖。北京广播电视报曾请观众们评出北京电视台自建台以来最受欢迎的节目，评选的结果是《法治进行时》位列所有栏目的第一名。《法治进行时》能获得如此殊荣，我作为栏目的创办者真的很高兴，这种来自观众的肯定，是任何奖励都不能取代的。

芳秀印象：

2009年8月，在去往北京电视台的路上，我心忐忑，荧屏上严谨、工作中不怕死的徐滔，打开她的心扉会难吗？该怎样挖掘她丰富的内心世界？

工作人员把我带到《法治进行时》栏目组，敞开的大办公平台中间摆着多张办公桌，徐滔就在靠墙一侧用玻璃隔出的办公室里。听说我来了，她热情

地说了一声"宝贝，请进吧！"未见其人，先闻其声，一声"宝贝"把我叫得心里暖暖的。后来才知道，"美女""宝贝"是她惯用的口头禅。当时，她劝服犯罪分子时，也用的是"宝贝"称呼。可以想见，一个心理长期阴暗、对爱极度渴望的犯罪嫌疑人，听到这样亲切的呼唤，会是怎样一种反应！

坐在并不宽敞的办公室里，听她绘声绘色地聊着，风趣活泼，坦诚真切。在她身上，除了警察的豪爽，记者的敏锐，更有女性的温柔与细腻。

临别，她送我一个礼物——一个刻有"杨"字的双层玻璃水杯。联想起她的那些以德报怨的事情，那些本不在记者职责范围内，她却真诚勇敢地做了的事情，除了感动，还是感动。

在她心目中，新闻人从来不意味着鲜花和掌声，有的是艰辛与付出。所以，不管干什么，她都倾注满腔激情与真诚。《法治进行时》之所以多年能够"新鲜如故"，里面有着作为灵魂人物的她太多的付出！开播6年多时间，她3年住在办公室，3年住在台附近的简易楼，一到冬天半夜回家不时被楼道的大白菜绊倒。正是这样的拼劲，她踏平了事业道路上的重重障碍，成就了"徐滔现象"。如今，在她率领下的北京卫视，通过"跨界"，在竞争白热化的电视红海里，闯出了一片属于自己的蓝海。

看到有文章这样形容她："灵气——永远开放的视角，霸气——舍我其谁的精神，热气——活力四射的激情"，我很有共鸣。

主持人要想做到集采编播评于一身，需要经受各种磨炼，最好是做做编辑，做做采访的记者，然后有机会再做主持人。得心应手地驾驭直播，是一场场直播磨砺出来的。如何做到不紧张？最重要的是有底气。如果你只是背几个词儿，对所谈的东西不甚了了，自然会紧张。

只会播音的主持人不够，因为很难驾驭个性化的表达、访谈现场的节奏与话题的设计，从而实现与嘉宾的良好沟通。

一路走来的最大经验就是做个有心人，点点滴滴地不断积累。我的长处是善于总结与学习。订了很多杂志，平时一有时间就看，并进行理论梳理和提升。我只是一个比较认真、不会偷懒的人。

人物简介：成洋，1964 年生，福建省广播影视集团总编室副主任，曾任福建广电集团电视新闻频道常务副总监、东南卫视《海峡新干线》和《海峡论坛》栏目制片人兼主持人。被香港观众评为"内地最值得赞赏的主持人"和"福建专访台湾政要第一人"。曾获"第九届长江韬奋奖（长江系列）"和"全国优秀新闻工作者"称号，是中宣部确定的全国宣传文化系统"四个一批人才"，享受国务院政府特殊津贴。2013 年被选拔为中宣部、国家教育部实施的"卓越新闻传播人才教育培养计划"中首批兼职任教人员，于厦门大学新闻传播学院授课，并被该院聘为兼职教授。

成洋：踏踏实实走过来

◎ 倾力关注两岸关系

——坚持"对我有利"原则，正确把握舆论导向，巧妙把握敏感话题。

记者：两个月前，你从东南卫视调到了福建电视台新闻频道，据说有 4 个人来接替你的工作，意味着你一人干着 4 个人的活，是这样吗？

成洋：在东南台欢送我的时候，我调侃地说，今天晚上这个会有点像送"瘟神"，现在就业那么困难，我一个人占了 4 个人的位置。可想而知，这些年来我每天都处于紧张的工作状态当中。

记者：东南卫视以《海峡新干线》为代表的涉台新闻节目，大容量报道两岸交流和台湾政经民生资讯，成为众多观众爱看的栏目。作为这个栏目的创办者，你认为怎样才能打造节目的影响力？

成洋：东南卫视涉台新闻节目有《海峡新干线》《海峡论坛》《海峡午报》等，这些节目有资讯，有观点，信息量大，尺度把握好，在涉台新闻节目创新上取得了很大突破。

我认为这些栏目取得成功的主要原因，是坚持了以下几条原则：

首先，坚持"对我有利"原则，成为正确把握舆论导向的标杆。东南卫视在传播涉台新闻时严格遵守中央对台宣传精神和报道口径，在遇到突发事件时，灵活运用多种电视手段，调整节目编排，营造"对我有利"的舆论氛围。如 2008 年 10 月 21 日，以学者身份在台湾参观访问的海协会副会长张铭清在台南遭民进党籍市议员王定宇及绿营支持者暴力袭击。《海峡新干线》《海峡论坛》栏目及时反应，用心编排，做了充分报道和评论。除了事件的来龙去脉和新闻背景，还有国台办和海协会谴责暴力的严正声明，张铭清本人的正面表

成洋与同事讨论工作

态，以及马英九、连战、吴伯雄等台湾政治人物和主流社会舆论对暴力行为的谴责和岛内相关司法单位的反应，并连线岛内专家点评，揭露肇事者意图通过破坏两岸关系谋取个人政治利益的险恶用心，牢牢把握住了舆论引导的主动权。

其次，倾力关注两岸关系最新进展，开创涉台新闻报道新局面。2005年，《海峡新干线》《海峡论坛》首先全程跟踪报道了连、宋大陆行，让众多省级卫视的同行为之眼前一亮。之后，"全程跟踪报道"成为东南卫视涉台新闻节目对两岸交流重大事件常用的报道处理方式。

最后，以文化为载体，搭建密切闽台"五缘"的重要平台。闽台间地缘相近，血缘相亲，文缘相承，商缘相连，法缘相循。一脉相承的"五缘"，为东南卫视涉台新闻节目在沟通两岸、密切闽台"五缘"关系上作出媒体人的贡献提供了得天独厚的地理、人文优势。

记者："台湾问题"是个敏感话题，政策把握的难度大，你是如何处理与把握这些敏感内容的分寸的？

成洋：福建开展对台报道有优势，在地理位置、文化传统等方面，有传承关系。这些年我们在这方面做得很不错，《海峡新干线》在省级的卫视台中是最早涉及有关两岸话题的，具有突破性的意义。创办当初，很多话题不敢碰，我们是在与中央和福建省相关部门一步一步的沟通中，取得了信任与支持，之后才慢慢地实现某种突破。我们推出这一档节目可以说富有前瞻性，2004年栏目创办后，接下来几年两岸关系的变化非常快，观众希望有获取这些相关信息的平台，由于不断地积累与关注，这栏目一下就成为热点栏目，同时，还带动了频道的其他涉台栏目。

的确，节目中随时都会碰到一些敏感话题，但我觉得只要积累丰富的相关经验，吃透相关的文件精神就能很好地把握住。我兢兢业业，20年如一日地积累，这没有什么窍门。因为长期积累，有一些职业的敏感，对某些问题的判断是职业意识的体现。

及时了解把握党和国家对台的方针政策，同时不断地留意来自各个方面的信息。比如在国台办举行的新闻发布会上，针对记者提出的两岸热点话题，新闻发言人怎么回答，外面的人或许只是听听而已，但对于我们，就要善于听出一些话外音。通过对一些细节的观察和学习，从而把握住一个准确的度。当然，度的把握还牵涉到方方面面，往往体现在你日常节目的各个操作环节中，如怎样编排，比例占多少、篇幅占多少等等。

◎ 做个全能型主持人

——只会播音的主持人不够，最好是先做编辑、记者，有机会再做主持人。

记者：采编播全面发展的复合型广播电视人才是广播电视的培养方向。你作为节目主持人，兼任栏目制片人，对节目制作各环节、各方面驾轻就熟。能谈谈你在这方面的体会吗？

成洋：我自己不是学电视专业的，懵懵懂懂地来到了这个行业当中。多年的积累与努力，我收获了长江韬奋奖等荣誉。我高中毕业就去当兵，4年后退伍回安徽老家。从部队转业回地方，很多战友都选择进了税务、中国工商银行等单位，而我选择进了县里的广播电台。

年轻的时候我比较喜欢文学，后来参加自学考试获得中文大专文凭。1991年海峡之声广播电台招人，我便考到了这个电台。当时播音员不够，有领导说我的

成洋生活照

声音和普通话基础不错，在播音员休息时给替一替，我不断地琢磨，慢慢地就进入到了这个行当中了。

我后来调到了福建电视台。当时福建电视台由于新闻改革需要从编辑记者里挑一个人做主持人，我被选了出来。但我更多的工作还是采访、编辑，主持人只是兼做。到了2004年，东南卫视要创办《海峡新干线》这个栏目，因为我有涉台报道的经验，便把我从新闻中心调过来，开始创办《海峡新干线》和《海峡论坛》，既做主持人，又做制片人。

我是靠自己点点滴滴积累，一步步踏踏实实地走过来的。我觉得做主持人，要想做到集采编播评于一身，需要经受各种磨炼，最好是做做编辑，做做采访的记者，然后有机会再做主持人。播音这一块要向专业播音员、主持人学习，主要是学些技术性的东西；但主持人要想把自己塑造成集采编播评于一身的话，需要经过长期的积累和锻炼，没有捷径可走。我的成绩都是在一天天的磨炼中、一条条的新闻跑出来的，吃一堑长一智，不断总结，不断进步。得心应手地驾驭直播，是一场场直播磨砺出来的，要说如何做到不紧张，最重要的是有底气，对你今天要传递的内容要胸有成竹。如果你只是背几个词儿，对所谈的东西不甚了了，自然会紧张。

记者：目前，电视界流行主持人兼制片人热，制片人与主持人不同的职业要求和功能定位决定两者之间有差异，如一些主持人兼任了制片人后，精力顾不过来，你怎么认为？

成洋：我觉得这个要辩证地来看，第一从现在社会分工来看，当然是越细越好，电视行业也不例外，如果说你能做一个主持人，你就专门做你的主持人好了，你如果做一个制片人你就专心地做制片人，但是因为我们现有电视媒体体制的原因，这种过细分工会让他的角色承担一些无法承担的东西。在西方电视媒体中，栏目确定了他这个主持人是有决策权力的，他掌控这个节目，甚至

成洋（图中）在播控室指挥抗台风"尼伯特"的现场直播

掌控制片人，与之并肩作战。如果你有足够的能力担当主持人与制片人的双重角色的话，是可以身兼二任的；如果你不兼这个主持人也能很好地体现你的创意，那制片人不一定要当主持人，你可以把更多的精力用于管理创新。但是如果主持人有制片人的水准和能力，同时又没有专职的主持人来保障节目质量，那最有效的办法就是兼任主持人。我们现在新闻频道有好几个栏目都是主持人兼制片人，做得很出色，且他们都不是学播音出身的。在我们电视新闻频道，只会播音的主持人不够，因为很难驾驭个性化的表达、访谈现场的掌控、话题的设计，从而达到与嘉宾的良好沟通。

◎ 专业精神是必需的

——我一路走来的最大经验就是做个有心人，点点滴滴不断积累，善于总结与学习，做，就要尽量做好。

记者：有人说你是个学者型的主持人，香港观众评价你为"内地值得赞赏的主持人"。

成洋：为什么叫我学者型的主持人？因为我在对台报道方面虽不能算专家，但是我积累的经验非常丰富。我有一个比较好的习惯，几乎每做一件事情都会总结一番。如我在新闻中心主持直播新闻节目的时候，我不断总结分析主持人到底是个什么样的角色，自己与这个角色有哪些距离，哪些是我目前能做的，哪些我会在半年以后再做，等等。

我在《海峡论坛》几年，采访了将近一二十个台湾的显要人物。我在想，采访台湾的这些人物跟采访大陆的知名人士有什么不同？有一些什么基本规律在里面？经过梳理后我发现，很多台湾人士都是两岸隔绝了几十年以后才回到大陆，他们更多的是谈亲情，谈乡情，因此，在采访前进行问题设计的时候，要更多地考虑到两岸关系的大环境。我从台湾各界人士身上感觉到，中国传统文化在他们身上传承得很好，他们的表达有时引经据典，张口就来。引用的一些词汇，我们有时感觉很冷僻，但都有根有据。这提醒我在与他们对话时要加强国学的修养。

我觉得一路走来的最大经验就是做个有心人，点点滴滴地不断积累。我的长处是善于总结与学习。我订了很多杂志，平时一有时间就看看，哪怕人家是为了评职称发表的文章，我也会琢磨消化，因为里面有些经验值得借鉴。在实践当中，就得多看别人的节目，关注其新发展的态势。当你有了一定的实践经验的时候，就要进行理论的梳理和提升。我并不是一个事业心特别强的人，只是一个比较认真，不会偷懒的人。

记者：听说有的时候你连续好多天每天只睡三四个小时，4年多来没有完整休息过一天。这么高强度的工作，你是怎么调剂的？你怎么看待职业精神？

成洋：做电视是件很耗人的工作，很苦。专业精神是必须具备的，做任何一件事情，都要尽量把它做好，不能因为今天情绪好就好一点，明天情绪差就差一点。今年4月，在到新闻频道之前，有一场海峡两岸服装博览会直播，按说与我没关系的，东南台的领导让我去做一场。我们一男一女两个主持人，直播时长两个半小时。头天晚上，我看博览会的相关材料到半夜，不断琢磨第二天早上的直播，想哪些材料是可以运用得上去的，一丝不苟地做着准备。后来一块主持的那个女孩跟我说，挺佩服你的，你都主持那么久了，还这么认真，对这样的事情还有一种新鲜感，这就是一种职业状态，一种专业的精神，做，就要尽量把它做好。我没有明确的人生规划，但我踏踏实实地一步一个脚印地走，分配给我的事情，认认真真地做，不会认为自己是一个老资格了就懈怠。人有自尊心，职业也是有自尊心的，当你做的东西不好的时候，会伤害自尊。你要对得起这个职业，尽你的最大努力，使你主持的作品、率领的团队不要被人说三道四。

在福建，很多对台湾政经人物的采访，尽管有很多同行在场，但主管部门还是指定由我主访，给了我这样一个地位，这就是实力的体现。想当初栏目创办时采访一些人很费劲儿，但我都坚持到最后一刻。就是这种坚持，使这个栏目影响力不断提升，而我也确立了这个地位。我常和年轻人讲，很多时候，你再坚持一下，最终就会有收获；如果在这个过程中你放弃了，就功亏一篑。这么些年，因为坚持，我从一个无名小卒走到了现在。

芳秀印象：

在见到这位被香港观众评价为"内地最值得赞赏的主持人""学者型主持人"前，我很想知道，成洋是何以被如此首肯的。

当衣着正式的他坐在我面前娓娓道来时，我才知道，这个"学者型主持人"，原来学历并不高。高中毕业去当兵，退伍后回安徽老家的广播电台，自学考试获得大专文凭，应聘成为海峡之声广播电台的一员，在播音员休息时替班客串进入主持行当。即使做主持人，也是一边做记者编辑，一边做制片人。纯粹是靠自己点点滴滴的积

累，一步步踏踏实实地走了过来。在广电领域，他历练不少，仅在福建电视台，就在新闻中心、东南卫视、福建新闻频道工作20多个春秋。在福建新闻频道时应对突发事件多，他每次都是身先士卒作表率。每年的防抗台风大时段直播，吃住在单位，彻夜抗台，从记者调度、新闻资源调配到直播环节推进、嘉宾邀请，全面掌控指挥。五六个小时甚至更长时段的直播，记者编辑有轮换，而他却一直坚持在播控一线。近9年时间，组织指挥实施了上百场直播

报道。同事说，他这种忘我的工作状态坚持一年两年可以，但像这样坚持数十年，真难能可贵。

2013年，他被选拨为中宣部、国家教育部实施的"卓越新闻传播人才教育培养计划"中的首批兼职任教人员后，一边坚持日常工作，一边不辞辛苦多次往返于福州与厦门两地，承担了厦门大学新闻传播学院的授课任务，得到了师生们的高度认可，并获聘厦门大学新闻传播学院兼职教授。

当出版此书联系他时，他刚刚被任命为福建广电集团总编室副主任。如今，他已成为一位精通电视采编播业务、懂管理的现代复合型高级新闻人才。他说，人有自尊心，职业也是有自尊心的。是啊，正是因为有这样忘我的自尊心，所以他才赢得了观众、同事、师生们的心！

男孩般的率性，眉梢上的笑意，咧得大大的嘴巴，冷不丁冒出的小幽默……

在美女如云的湖南电视台，貌不惊人的张丹丹摘得各种桂冠："金话筒奖"、金鹰奖、全国妇女代表……湖南卫视最有人气的主持人，人戏称"丑女无敌"。"看上去没有那么多优势的女孩，偏偏有别人没有的可爱。能自嘲但不自卑，把我当成这个意义上的'丑女'，挺好的。"她说道。

稻田里的禾苗看上去每天都一样，但把根扎在泥土里对着阳光拼命往上长，便每天都是新的。"良苗怀新，我努力做这样的一株禾苗。"

她的博客，取名"把脚踩在泥巴里"。

人物简介：张丹丹，1976 年生，任湖南卫视《晚间新闻》主播 10 年，被中国电视艺术家协会评为"2004 年度最佳新闻主播"。之后，任湖南卫视大型谈话节目《背后的故事》主持人 10 年，访问了近 300 位全国各行各业的精英。获得 2006 年度中国电视播音主持"金话筒奖"、第 24 届金鹰奖优秀电视主持人奖。以总导演和制片人身份策划制作并担任主持人的有《岳麓实践论》《辨法三人组》《星剧社》《噗通噗通良心》《七夕之夜——撒娇女王》《永远的誓言》及第十一届、第十二届金鹰艺术节开幕式晚会等。多次被湖南台评为年度最佳员工、先进员工，并立一等功、二等功、三等功各一次。2018 年被中国电视艺术家协会评为"第十届全国德艺双馨电视艺术工作者"。

张丹丹：“丑女”无敌

◎ 初出茅庐：终于坐在了镜头前

——猛地想起住过的小村子，每天大家吃完饭后围坐在一起，抽烟的抽烟，摇蒲扇的摇蒲扇，小孩子追追闹闹……这种场景感让我一下子找到了感觉。

记者：观众初识丹丹，应该是从 1998 年湖南卫视的抗洪报道开始的，一个年轻的女记者，活跃在抗洪抢险的第一线，不知疲倦地每天奔波在泥泥水水的堤坝上。激情与敬业属于你。

张丹丹：那年我非常投入与专注地做了一个多月的前线记者，但这并不是我的初衷。我毕业于中国传媒大学播音主持系，分配到湖南电视台的时候，大家认为我更像技术员。因为我大大咧咧，胖乎乎的，不上镜，不像一般的女孩那样爱打扮。在以巴掌脸、大眼睛作为审美标准的年代，我自然被打入另册。但我心里不服气：凭什么主持人不能通过脸蛋和声音以外的更重要的东西和观众进行交流呢？

那年，湖南碰到了百年不遇的洪灾，我被作为记者派到一线。前线任务急，大堤上女记者上厕所特别不方便，所以那段日子我就只吃米饭，不吃菜，菜有盐，吃了就会想喝水，就想上厕所。我就想着把每天的片子做好，其间有位退休的老台长找到我说："年轻人，好好干！你的报道我们都看了。真诚，自然，非常好！"电视就是这样，你的激情与执著，都会在一分钟、半分钟甚至是几秒的画面里传递出来。你埋头干活的时候观众和领导们每天都在给你打分，在这个分数的背后蕴藏着机会。湖南卫视推出《晚间新闻》，制片人跟我说欣赏我在抗洪时的表现，觉得我可以在新改版的节目里表达一些东西，于是我这个差点因为不上镜而当不了主持人的人，转了一圈又回到了主播台。

记者：湖南卫视《晚间新闻》是用说新闻，甚至是侃新闻的方式播报的，在当时的电视界算是另类。作为一个接受传统理论训练的新来大学生，怎么想到了要打破陈规、出新出彩？

张丹丹：《晚间新闻》不只是一档节目，我把它看作是一个人。一个好人、一个有趣的人，一个有时候穿西装说正经事的人，一个跟大家一样也有不顺心的人。它在说了9分钟好玩的事儿后，会用1分钟告诉观众一个道理："做一个善良的人。"这是包裹在节目的可看性、趣味性、适用性、故事性之内的核。

开始好多人对这样的节目形态不认同，认为这种节目是个四不像，根本不能叫作新闻。我个人一开始也有条条框框在脑子里，所以我和节目总是有点两张皮，

张丹丹写真

别别扭扭。压力很大。好在我是生长在小山村的孩子，一个有着男孩子脾气、有好奇心的家伙，不服输，凡事爱琢磨。

我是"厂矿子弟"，18岁考上大学离开家之前一直住在一个小村子。村里最热闹的地方是池塘边的一个小铺子。大家每天吃完晚饭，就聚在一起，抽烟的抽烟，打纸牌的打纸牌，女人们聊天，小孩子追追闹闹。大家用各种方式说着各自的这一天。这种场景最终让我开了窍，演播室就是那个小铺子嘛。当我用一颗平等、真诚、快乐的心在跟大家交流时，很快被观众接受了。

◎ 与心灵对话：从父老乡亲身上寻找突破

——高水平的访谈，取决于你如何做人，而不是谈话的技巧。主持人只不过是工作标签，而人格才是你活生生的存在。

记者：除了主播《晚间新闻》，你还在《背后的故事》舞台上一站就是7

年，访谈了200多个精英人物。作为一档人物深度访谈类节目，能力要求和角色定位与新闻主播大有不同。

张丹丹：事情是这样开始的。有一次，《背后的故事》主持人临时有事，请我帮忙主持一期，我答应了。节目要录两场，上半场表现特别不好，录到夜里12点，制片人、编导都傻了。录下半场时，嘉宾是来自三峡的船工，三峡被淹后他们的命运发生了很大的变化。

怎么打开话匣子？这么多的灯光设备、摄像机对着他，现场还有100多个他不认识的人望着他，他紧张极了。我又想起了小时候村里那个小铺子里聊天的乡亲。这个吹我女儿去哪儿了，那个吹我儿子又怎么怎么有出息，要是坐趟飞机，要跟村里的人吹上一个星期。我突然觉得，老李肯定跟他们一样，是属于船工中为数不多的坐过飞机的人。为何不从他是怎么来的谈起呢？而我，不再是演播室里的化着妆的主持人，只不过就是他身边的一个好心听众而已。我问："你今天是坐飞机来的？"他一笑，不好意思地"嗯"了一声。我接着问："坐飞机好玩吗？"他一下就笑了，并用地道的四川话说："当然好玩，但就是不能天天坐呀！很贵的！"他的实在让现场观众喜欢上了他，一下子他的心门也打开了。这期节目录得出奇的顺利。对我而言，主持这期节目的上半场是个地狱，下半场是个天堂。自此以后，我与这个节目结缘，找到了一把打开心扉的钥匙。

记者：我想对话节目的嘉宾有几种，有的是并不情愿，只是出于礼节，不能缺席才坐下跟你谈；有的愿意配合，但却很忙，聊天的情绪未必高，需要你调动；也有的嘉宾深谙表达之道，可以放开来聊。但不管怎样，对于谈话类节目的主持人来讲，心与心的交流，是最高境界。

张丹丹：我同意。对谈话类节目主持人来讲，感受力和观察力很重要。天下书分两种：有字书和无字书。有字书相对易读，难读的是无字书，即生活。

我很幸运，因为做《背后的故事》，我和很多人谈，感到人和人之间的谈话有三种状态：一是嘉宾是人在心不在，谈得表面和敷衍。二是嘉宾能坦诚相待，也有故事和情感，只是细细品来少了点韵味。三是掏心窝地谈，而两个初次见面的人要掏心窝子谈很难，除非你可以一下子能说到他心里去。《背后的故事》是我的老师。

高水平的访谈，一定是一个人如何做人的问题，其实跟技巧关系不大。

张丹丹采访金庸先生

◎ 杂交有优势：当上总导演

——相信做各档节目能触类旁通。面子重要还是干好事情重要？我骗不了自己。

记者：你现在的身份，除了主持人，还有总导演。

张丹丹：做总导演，以前想都没想过，很偶然的。当时《晚间新闻》停播改版，我们这个新闻团队要推出一台在端午节诵读中华经典诗词的晚会。团队里只有我曾以主持人的身份参加过晚会。我这个人好奇心重，每次彩排的时候，都从头至尾地参加，并爱跟这个导演聊聊，向那个导演问问。老话讲，"艺不压身"，多学点总是好事。有了这样的基础，我就自然而然地成了这台晚会的总导演。

做完"端午诵"，马上我们就做"改革开放30年"及"大地的丰收"等大型晚会，这样，新的任务就接踵而至了。

记者：袁隆平先生有一句名言："杂交有优势。"做过了新闻记者、主播、谈话节目主持人，再做总导演，你算是一个比较全面的新闻人了。这些工种之间相互有所促进吧？

张丹丹：做总导演涉及团队怎么搭配、外宣怎么开展、与台里其他的部门及舞美、灯光、音响等方面又怎么协调。好在我是一个不耻下问的人。有朋友说，你好歹也算是个公众人物，别傻呵呵地问，要偷偷摸摸地问，不懂装懂也可以嘛。但我没法不懂装懂。你能骗自己吗？面子重要还是干好事情重要？不懂就学吧，我跟很多人请教，以至于那段时间说话的语气都会不自然地加上问号。术业有专攻，不怕不会，怕的是不钻！我付出了比别人多很多的时间，看、问、查证、寻找规律、寻找创新突破口，这种专注大有收获。以前做谈话节目主持人时有一个很难突破的问题，那就是控制力。可做了两期大型活动总导演后，再主持节目时，制片人说："丹丹，你与以前不太一样了，应对一个复杂局面更周到了。"因为做总导演，必须对节奏、对全局、对核心有更深的理解与把控。真可谓功夫在诗外。所以我经常跟同行说，别老盯着自己那点事，要不断地向外拓展。

张丹丹写真

◎ 笨鸟先飞："丑女"无敌

——做个"丑女"挺好的，无不无敌那不是我的目标，做到最好才是目标。我很笨，也不漂亮，但是我很美丽。

记者：有人开玩笑说湖南卫视"丑女无敌"，在众多美丽女主持人中，你貌不出众，朴素得有点过头，可是你却坐上了以时尚与娱乐为主打的湖南电视台"一姐"的宝座（不少网友这么说）。你是否认为自己是一个实力派主持人？

张丹丹：我是以勤补拙的那种人，靠下笨功夫的方式取胜。在学校期间，为了掌握播音主持人的复式呼吸方法，有一两个月，吃饭、打水、睡觉满脑子都想着这件事，以至于同宿舍的人觉得我有点不正常。直到有一天，想起在乡下看到的两人对骂时的运气与老师说的方法很像，才找到感觉。做《晚间新闻》主播是单线条上的最后环节，照理说可动的空间不大。但我往往从很早的环节就跟编导沟通，问10个甚至20个问题，补充很多稿件背后的信息，把被动的环节变成了主动的、环环相扣的链条。后来主持《背后的故事》时，每个嘉宾我都要做足功夫，写下至少七八页纸。我下的都是笨功夫。

我不在乎别人说我不漂亮，但是我希望观众觉得我美。对于一个女性来讲，美比漂亮更重要。吴冠中先生在法国念书的时候，导师评价学生的画会说两句话："你的画好漂亮""你的这幅画真美"。吴先生一直记得，当他的导师说"漂亮"一词的时候就得小心了，这说明作品有做作的成分，有某些强加的东西，技巧太多不够浑然天成。"美"，我觉得是对人、对事的最高概括。我希望自己成为一个很美的人。

记者：美是要有内涵的。对于主持人来说，气质美更持久、更具优势，比如谈吐、举止、一颦一笑，能一下子征服观众。如美国著名脱口秀节目主持人奥普拉。

张丹丹：涵养品质是需要学习的。而充实和完善的最佳方式就是读书，读书能涵性养心，趣味盎然。

我喜欢看陈寅恪、黄永玉等老先生的书。黄先生的《那些忧郁的碎屑》，我翻了很多遍，书都翻烂了。当你飘飘然的时候，马上就会打一个冷哆嗦，就会想到他们的谦逊、他们的包容，还有他们的礼数和真诚。这些都会刻在你的心里，矫正你的行为。我把各种奖杯放到了办公桌的最下层，其实是在告诉自己，结束了。有比获得荣誉更重要的事！

芳秀印象：

与张丹丹谈话，感到特别亲切。她1976年生，我也是。她1998年去的湖南电视台，我1999年时也在湖南电视台，是互不相识的同事。后来她主持湖南卫视的《晚间新闻》，我被她那种特别的播报方式所吸引，很长一段时间，因为她而喜欢上了湖南卫视《晚间新闻》。记得当时媒体有不少关于她创新主持风格的报道。后来，我离开湖南电视台，去广州读研究生，对湖南电视台及她的关注就少了。

直到主持《媒体人访谈录》，想在湖南电视台找个影响力比较大的访谈对象时，台领导推荐了她，我才知道，丹丹这些年发展很快。在以时尚与娱乐为主打的湖南电视台，美女主持如云，外表并不出众的丹丹，却坐上了"一姐"的宝座，用实力展现出她不只是出色主持人，更是优秀制片人、管理者的独有魅力。

丹丹是个有独到主见的人，那时主持人出镜每天换不同的衣服，但她偏不，一样的衣服买上几身，每天穿着相同的衣服录制节目，表达出以内容来吸引观众的播报理念。她用勤奋与笨功夫赢得了一个个"战役"的胜利。做《晚间新闻》主播，她从很早的环节就介入，问 10 个甚至 20 个问题，补充很多稿件背后的信息，确保在屏幕前能自如发挥；后来主持《背后的故事》访问了近 300 位全国各行各业的精英，对每个嘉宾她都下足工夫，写下至少七八页纸的访谈资料。如今，以总导演和制片人身份策划制作并担任主持人的节目可不少：《岳麓实践论》《辩法三人组》《星剧社》……高强度的工作使得她没有喘息的机会。为出版本书与她沟通相关事宜时，她嗓子哑得说不出一句完整话来。"我得休一下假了"，电话那头传来的嘶哑而微弱的声音让我有些心疼。

高水平的访谈，取决于如何做人，而不是谈话的技巧，主持人只不过是工作标签，而人格才是活生生的存在。类似这样的话，从其他主持人那儿也似乎听过，但就是没有从丹丹口中说出来这么过瘾。

新浪网联合北京电视台、北京移动共同打造以"七天看春晚,天天过大年"为主题的新春晚——"2010年新浪—北京电视台首届网络互动春节联欢晚会",很为全国网友所期待。

徐春妮,这个多次主持北京电视台春晚的当家女主持,毫无悬念地成为这台晚会的主角。"我永远是'春卷'""妮子,期待你的春晚"……在她的博客里,网友们的留言字里行间流露出眷念和期盼。

春妮,春晚,有着怎样的不解之缘;春晚,春妮,二者又有着怎样的天然情愫?

在北京电视台的化妆间,这个洋溢着"春"的气息的上海姑娘,轻声道起了她与春晚的一层渊源。语速很快,笑得很美,灿如春花。

人物简介:春妮,原名徐春妮,1978年生,毕业于中国传媒大学播音系,北京电视台文艺节目中心主持人,全国五一劳动奖章获得者,全国妇联十二届委员会执委,北京市第十三届政协委员,全国青联委员。曾获2006年中国播音主持金话筒奖,也被评为北京十大杰出青年,是青年五四奖章获得者、北京十大志愿者、北京市三八红旗手、北京市优秀新闻工作者,获得首都精神文明建设奖。

春妮：我和春晚有个约定

◎ 网络春晚不一样的春晚

记者：春节将至，网友们愈加期待。看了这么多年的电视春晚，终于在2010年的春节可以看到属于网络的春节晚会了。作为北京电视台网络春晚的旗舰主持人，你主要承担其中哪些工作？

春妮：我主要承担网络春晚的大开场和结尾，由我一个人主持。另外还承担了两档很感人的温情故事的访谈。导演把这两个重头访谈交给我，希望给情意浓浓的春节带来更多的感动。

记者：媒体评价，网络春晚与电视春晚的区别，后者以我播你看为主，而前者强调的是与观众的互动。在录制过程中，两者的区别是怎样的呢？

春妮：网络春晚更讲究随意性与互动性。节目录好后都被打散，各种形态的节目放在网上，由观众自由点击，愿意看哪些内容就自己选择。观众有很大的参与感，网友更能发挥自己的主动性。

网络春晚是一个单元一个单元地

春妮写真

录制，而不是像电视春晚一样，一台节目由几个主持人担当，从头录到尾。虽然网络春晚也要邀请嘉宾，也要外景采访，也要演播室访谈，但是更灵活。我们共录了6天，每天从一大早录到半夜。网络春晚有很多的主持人，甚至很多明星都串场当起了主持人。网络春晚追求的就是一个"乐"。

春妮写真

记者：在内容和形式上，网络春晚有何特别？

春妮：这次网络春晚的节目形式很独特，比如，向全球网友征集"中国红"，全球的华人可以拍摄各种红色并随时发到网上，所有的这些红都可以在网络上集中呈现。再比如，有一个通过网络征集"父母让我们最泪奔的一句话"的节目。当时很多网友留言说了很多感人肺腑的话，导演选择了10段最感动的对话，有母女的、父子的，也有父女的、母子的。由我扮演女儿，另一个男主持人扮演儿子，方子哥老师扮演父亲，中央戏剧学院的程力老师扮演母亲，4个人在台上分别站一个地方，谁叙述时灯光就打在谁身上。录像那天，我们深深被这些话语感动了，录一遍就OK了。当时，导演、工作人员、灯光师也都被感动了，全场都在抹眼泪。

记者：我理解，所谓的网络春晚"七天七台春晚"的宣传口号，只是打了个比喻，相当于有七台晚会的节目量。你参加过中央电视台的春晚，也多次担任北京电视台的春晚主持，主持春节晚会和其他晚会的主要不同点在哪里？

春妮：春节是中国人最重视的节日，热闹、温馨、其乐融融。春晚的主持人的情绪要更饱满、热烈、由衷地开心，更需要营造气氛。春晚要的就是热烈——划一根火柴空气都能够燃烧的浓烈氛围。总之，做春晚的主持人，最重要的是一种状态的把握，找到一种和大家一起过年的兴奋。

记者：你的名字——春妮，有什么含义吗？

春妮（图左）与记者（图右）采访时合影　王向令（摄）

春妮：是的，我生在这个节日里。今年我的阳历生日就是农历大年三十。这似乎意味着我与春节有一种情结——也许我注定和春晚有如此缘分吧！我主持过多年春晚节目。一般春节晚会都会提前录制好，每到大年三十那天，我就早早地催我爸妈吃饭，然后等着看我的节目。那种"约会"的心情……好开心啊！

◎ 生命有坚持，生活则随遇而安

记者：你主持节目有一个特点，喜欢笑，笑得特别爽。

春妮：我就是一个特别爱笑的人。一天到晚都嘻嘻哈哈的，一副自然松弛状态。

记者：春晚，中国最隆重的传统佳节，成千上万的家庭经过长途"大春运"团聚起来，其乐融融，追求的是"快乐"和"亲情"。既然你身上充盈着快乐元素，那么主持春晚正好契合了你的天性。

春妮：可以这样讲。在节目中我竭尽全力营造一种浓浓的过节的团圆气氛：过年了，拜年呵、饺子呵、香槟酒呵、鞭炮呵……我们提前感受到了春节的气氛。特别来劲儿。

我要说，我的快乐因子是父母遗传给我的。所有去过我家的人都对我妈印象很深，说："你妈真好！没进门就听到她咯咯的笑声啦！"

2004年我爸妈遭了一场车祸，受伤非常严重，但是却奇迹般地康复了。医生说我妈之所以能挺过来，跟她的乐观有很大关系。每次医生问她，尽管她很难受，她都乐呵呵地说没事，不愿意给人增加负担，让别人担心。当时为了照顾父母，我请了半年的假。小时候他们为我撑了一片天，我想我现在要为父母撑一片天。看着他们伤得如此严重，自己实在撑不住了，躲在病房外的台阶上哭，或者中午他们睡觉时我去医院的小饭馆，一边吃饭一边哭，哭完了抹掉眼泪，再回到病房。我面带微笑不断地鼓励父母说很快会好起来的，不让他们看出我的难过。只要是和他们在一块，我一定是笑的。

记者：通过经历磨难而体悟生命的本质，看破喧嚣尘世，感悟亲情的珍贵。回到演播室，回到舞台，就会像吸足了水的水母那样光彩熠熠，把幸福、欢乐、真情传递给观众们。

春妮：是的。经历了灾难以后，我感觉没有什么难事可以让我愁眉苦脸的，没有过不去的坎儿。我不觉地有些顿悟有些淡定了。有一句话我深有感触，就是"生命中应该有坚持，而生存可以随遇而安"。做主持人这一行，有时候很容易浮躁，读庄子的书，超然很多。在做节目之外，我的生活简单。工作之余，转换角色由一个主持人回归到我自己的时候，我就特别愿意安安静静地一个人待着。

◎ 动静皆宜：时尚先锋，淡泊恬静

记者：人在舞台上或者演播室的灯光下往往是非常张扬、光芒四射的；而走下台或者走出聚焦，往往静不下来，耐不住寂寞。古人讲心灵清静，即所谓"每逢大事有静气"。名人、明星，贵在超越名利，保持一种淡泊恬静的心态、一种内心的定力。所以，我欣赏你的"特别愿意安安静静地一个人待着"的态度。用于丹的话讲，就是"欣欣的感性与清明的理性"俱在，一个人是要有这两面的。

春妮：我坚持写博客，目的是为了使自己能更加"静"。我的博客更新的时间一般是凌晨一两点，有的时候三四点甚至是五六点，以至到天亮。忙起来

春妮生活照

的时候，回到家卸完妆就凌晨了，一大早还要往台里赶，每天的睡眠时间很少。我的生活很简单，因为空余的时间太少了嘛。从 1 月中旬开始直到春节之前事情很多：录网络春晚，录电视春晚，录我的周播节目《五星夜话》，还要录一台双拥晚会；拍春晚的宣传片，去上海做嘉宾主持，还要去韩国出差一星期……每天也就只能睡三四个小时。

除了工作和学习，我好像没有其他爱好。刚才你问我有没有 MSN、QQ，对不起，我很 out。没有。经常看到同事眉飞色舞地描述上开心网今天偷白菜，明天炒人之类的，很快乐，但我对网络上的游戏一窍不通。我用得比较多的就是搜索引擎，查找我所需要的资料；其次就是新闻网，浏览一些资讯；另外就是我的邮箱，用来收发邮件；还有就是我的博客。

记者：很多时候，看书能使一个人静下心来。为什么有人睡觉之前要捧一本书，看着看着就睡去。因为看书的时候人能够松弛下来。你在《阅读会》当嘉宾时，给大家推荐了一些书。你最喜欢的书是什么？

春妮：我最喜欢《庄子》。这部书我看过很多遍。我觉得《庄子》是适合

春妮采访成龙

现代人阅读的。读庄子的书，可以超然很多。如"逍遥游""齐物论""庄生梦蝶"等等，讲故事，极富想象，但寓意很深。"子非鱼，安知鱼之乐"这个故事告诉我们要有一种自足的心态：不需要那么多，只要有一小盆水就足矣。那种超然大度的思想告诉我们，做人做事不要很刻意。在做节目之外，我将大把的时间用来读书。

记者：电视是一种娱乐功能比较强的媒介，而主持人，尤其是晚会类大型活动的主持人，往往需要在思想上新锐开放，在穿着打扮上靓丽时尚。你在芭莎时尚大片中夸张的造型，让人感受到热烈奔放。

春妮：这是我第一次尝试这么一种风格，当照片挂出来后，我都没认出那就是我。高高的帽子，重重的烟熏，多酷呵！从内心来说我并不是一个前卫时尚的人，但是我不拒绝时尚。

◎ **取舍之间寻超越**

记者：前一阵你突然宣布不再主持《SK 状元榜》了。是因为太忙了，所以给这档你深爱的节目画上句号？

采访结束后，春妮摄于化妆间　王向今（摄）

春妮：我在大学四年级的时候开始主持《SK 状元榜》。也许是缘于这档节目我才得以进入北京电视台工作。我刚入社会、开始职业生涯时遇到了这档节目，它包容了我的错误和失误，宽容了我的青涩和幼稚，让我找到了一个很好的心态。10 年过去了，我希望在不同的年龄段给人以不同的感受，超越自己！希望自己能有突破，所以作出这样的决定。在做最后一期节目的时候，我非常地不舍。开场前我在演播室里一个人待了 5 分钟，我告诉自己一定要平静，不准哭。当他们问为什么我不再主持的时候，我只能用点头或者摇头来回答他们。我怕一说话就忍不住掉眼泪。

记者：找到一种属于自己的突破很不容易，尤其是在既定轨道上春风得意的时候。

春妮：工作 10 年了，有了一些人生的经历，接触了不少人，看了不少书，感觉自己的阅历在增长，情感也在丰富，所以很希望自己静下心来，做一档与人对话的节目——与人的心灵对话。这更适合现在这个年龄段的我。正像《庄子》所言："独与天地精神往来。"我希望能更深地走入人的心灵。2008 年 1 月《五星夜话》开播第一期就由我主持，这是一档高端的文化评论类节目。两年了，我和这个节目一起成长。为什么叫《五星夜话》呢？有两个含义：每期的嘉宾加上我正好是 5 个人，分别坐在各个角，像个五角星；另外我们请的嘉宾都是五星级的，他们都是在各行各业有话语权的权威人士。与他们对话，是需要功力的。可我是个年轻女孩，最初大家都不看好，认为这种节目我并不占优势。但好在我是一个用功的人，我愿意去下功夫，尽我所能做到最好，所以还是得到了大家的认可。今年 1 月播出的一期节目，创下了北京卫视在全国的收视排名第一。在新的一年得了个"开门红"，是个好兆头，以后我会争取做得更好。

采访前，台里安排先观摩春妮主持的一档活动，作者（图中）在现场观看　王向令（摄）

记者：对于谈话类节目而言，其最高境界是做到润物细无声，一切水到渠成，没有任何痕迹。

春妮：我很不喜欢为了一定的节奏，生硬地打断嘉宾。如行云流水般地掌控节目，这是我想要的。像庄子所说的："虚无恬淡，乃合天德"，就是朴素一些，自然一些，就合了宇宙的这个"道"。当一切发自内心，就会少一分刻意，多一分情感的沟通。

芳秀印象：

在我的惯有印象中，央视的周涛、北京台的春妮，她俩颇有些相似。风格相似，以主持综艺节目见长；长相似乎也相似，有着端庄大气的瓜子脸；在台里地位也相似，都是综艺节目主持人中的"大姐大"。

按照安排，采访春妮前先参加她主持的一个活动，现场感受后，再去化妆间深度对话。那是时尚芭莎的一个发布会，主持台上，只见春妮穿着非常时髦的白色单肩礼裙，优雅得赛过贵族公主。这是与电视上不同的另一种主持风格，前卫中带着俏皮，俏皮中不失典雅。

两个多小时结束后，我们坐在了四周全是镜子的化妆间，换上了生活装的她，清丽中显得有些娇弱，尤其是面庞，似乎有些瘦窄，明显的双眼皮下，扑闪的大眼睛漂亮而有神韵，充满灵气。常听说，脸庞窄的人上镜效果好，因为电视有把人拉宽的放大效果，细看春妮，此言不假。

　　春妮外表是时尚新锐的，但内心却是沉稳淡定的。她是一个非常喜欢读书的人，而且最爱读庄子的书。为了使自己远离聚光灯下的喧嚣，她坚持写博客，做完节目回到家时往往近12点，还要写作，更新时一般在凌晨一两点，有时更晚。一大早还要往台里赶，生活简单而充实。春妮为何有如此多"春卷"？因为她一只脚踏在现代，另一只脚踏在古代，她身上汇聚着古与今的美丽传说。

如果说在 2005 年，以湖南卫视《超级女声》为代表的选秀类节目让国内观众初识了"真人秀"的话，那么 2010 年，以江苏卫视《非诚勿扰》为代表的相亲类节目则将"真人秀"演绎到了极致。精美的舞台，时尚的装扮，紧凑的环节，鲜明的个性，尖锐的问题……《非诚勿扰》在全国刮起了一股"相亲风潮"，连节目本身都成了热议的话题。

　　惜字如金，这是采访孟非的过程中我脑子里不断浮现出的一个词。不论之前的邮件和电话预采，还是面对面的交谈，孟非都是一种与在电视上完全不同的淡然态度。而与孟非的"淡"形成对比的是乐嘉的"浓"，特别是当谈起他的专业——性格色彩学的时候，显得精神饱满，情绪激昂。无论"浓"也好，"淡"也罢，节目录制一开始，两个人都马上进入工作状态，配合默契，应对自如。

　　是节目成就了主持人，还是主持人成就了节目？一档收视率最高的综艺节目，两个当红"光头"主持一台戏，给你搭舞台，帮你找幸福。

人物简介：孟非，1971年生，江苏卫视著名主持人，主持过《南京零距离》《绝对唱响》《名师高徒》《非诚勿扰》等节目。2003年被评为"中国百优电视节目主持人"。2010年主持《非诚勿扰》收视率在全国同时间段获得第一，2011年6月起开始主持《非常了得》。2012年获第九届中国电视"金鹰奖最佳主持人"奖。

　　乐嘉，1975年生，主持人，作家，中国性格色彩研究中心创办人，演讲家和培训导师。2010—2013年乐嘉担任江苏卫视《非诚勿扰》节目嘉宾，并因此在电视荧幕上为众人所知。2013年7月担任安徽卫视《超级演说家》导师。2015年11月，担任CCTV《了不起的挑战》节目主持人。2016年8月，成为YY（互动直播平台）首位两性情感导师。

孟非、乐嘉：非诚勿扰，进退皆有诚

◎ 收视率背后的"文章"

记者：《非诚勿扰》开播不久就成了全国综艺节目收视冠军，收视率最高达到了 4.5 以上，甚至在海外华人圈里都有相当的观众缘，想过这是为什么吗？

孟非：没特别去想，可能是很多偶然的因素集合而成就的吧。因为我很少看其他台的同类节目，所以没法儿比较。灯光、舞美、节目设置、主持人、来的男女嘉宾……可能有多种因素吧，莫非是每个环节都比其他节目好那么一丁点儿，攒在一起就胜出了？我是这么想的，也没什么依据。

记者：国内的娱乐节目，一个走红之后，往往跟风者众，导致审美疲劳。同理，这样的情况也会出现在相亲类节目中。

孟非：大家都做，我觉得这样很好，蛋糕做大了，而且有比较、多选择，对观众来说是一件好事儿。社会在进步，媒体在发展，怎么可能有一个节目形态，只许我们做，别人不许做，这真不合适。这是封闭思维，不符合社会需求，也不符合广大观众的根本利益。大家一起做，老百姓用遥控器选择他们爱看的。也没说哪个节目就一定好，过两天这个节目不行了又有别的节目顶上来，受益的是谁？观众嘛！

记者：主持人对于节目的成功起着什么样的作用？

孟非：主持人都是在节目成功的表面起作用，在背后起作用的都是其他工作人员。

节目的成功靠整个团队的努力，而表面上

《非诚勿扰》栏目标识

103

只有主持人站在了聚光灯下。最后大家看到的节目是一个多小时，但为了每一期节目，从嘉宾的甄选到资料解读到后期制作经历了相当漫长而艰苦的过程。主持人只是把所有人的工作表现出来而已。

孟非写真

记者：观众们对这个节目的程序已经相当了解了，甚至有的人在男嘉宾一出场，就能预测到他是否能牵手成功。那么，若无悬念，又怎么能抓住观众？

孟非：从最近的收视来看，大家对《非诚勿扰》的喜爱非但没有减少，还有增加的趋势。有预测得准的，也有不准的。预测准了，对自己有了肯定，于是就想去预测下一轮；预测不准的，或是有惊喜或是不服气，还会继续关注。节目的成功就在于有人关注。

乐嘉：这样的危机不仅是对节目的考验，也是对我的考验。作为专业人士，我必须对性格属于同一种类型的不同嘉宾作出不一样的点评，我也面临着不能重复自己的问题。从节目的角度，编导们会选择具有各种特点的男女嘉宾，男女之间的碰撞又会呈现很多不同的可能性。我只能更加入微地体察，发现每一个人的个性展现出的细微差异。另外，更重要的一点是，对于很多观众，未必是为了配对的结果而看节目，更重要的是节目过程中的碰撞、对话、启迪。所以，悬念并非一定在结果。

◎ 场景、流程与嘉宾设置

记者：有观众发现《非诚勿扰》与英国婚恋交友类节目《Take Me Out》场景与流程有很多雷同之处。在最初设计时，是否有对国外同类节目的模仿？节目的规则是如何设计的？比如"女选男"模式是建立在什么样的理念基础上？

孟非：很多节目在形态上都有雷同，比如我们的新闻节目跟国外的 CNN、BBC 的新闻在形态上也都差不多嘛。节目形态可以创新、允许借鉴，关键是老百姓爱看。

2009 年在进行节目策划的时候，大家写小纸条投票，多数票都预测"剩男剩女"将成为这个时代最受关注的话题，于是节目进入到研发阶段。其实《非诚勿扰》最初的形态是江苏台之前的一个选秀节目《绝对唱响》中的一个环节——男女歌手的配对，形式上是借鉴了那个节目而延伸扩展出来的。

至于为什么是女选男，我觉得这里面可能考虑到习俗和心理承受力吧。一群女人注视一个男人，大家还挺能接受的。换过来想，上面站 24 个男人，下面一个女生被选，再稍微说点儿女孩不爱听的话，全国的广大观众尤其是女性观众，会不会觉得女性不被尊重？现在台上的气场，女性比较强势，人们好接受。反过来，大家会是另外一番感受了。

记者：孟非说过，《非诚勿扰》节目中的女嘉宾是连续剧，男嘉宾是系列剧，这也是观众爱看的原因。那么请问你：选择男女嘉宾的标准是什么？怎样排除一些本意是前来作秀的嘉宾，从而保持节目的真实性？

孟非：目前节目组在北京、上海、广州、重庆、南京设置了报名点，现场对嘉宾进行审核。每名嘉宾在现场需要填写一份报名表，随后节目组编导对嘉宾进行简短的面试，内容主要涉及兴趣爱好、家庭背景、感情经历、择偶标准等等。一般来说，编导会在面试的时候，对职业特殊、身份特殊和经历特殊的嘉宾做相应标记。最后，在核实了符合条件的嘉宾的资料后，便会着手拍摄短片了。由于报名想上节目的嘉宾人数太多，我们的导演最多的时候一天要面试几十个人。选择嘉宾，表达能力是必需的，其次是婚恋观是否具有代表性，还有本人是不是有特别的故事等等，其实没有什么特定的标准，我们希望更加多元化。

乐嘉（图左）与孟非（图右）合影

我们的制片人说过，如果编导团队认定某个女嘉宾不适合，投票之后就可以不让这个女嘉宾有上场资格，以此保证节目的真实性。但是像 11 号许秀琴，她在场的时间是有点长，可前一个月谁都没注意到她。她长得也不是特别漂亮的那种。突然有两次我连续问她问题，她的风格就表现出来了，大家也觉得挺好玩的，所以关注度就比较高。像这样的女孩观众特别喜欢，一直没找到合适的人选，即使在场上的时间长了点也不会招人反感。

而有的人站了很长时间也没找到心仪的人，节目组也考虑时间那么长，你这也不合适那也不合适，这也不要那也不要，差不多就可以离开了。我们会做些平衡，不会让她无休止地站下去。

栏目组也会评估每个人的心态。比如曾经有个女嘉宾，我每回问她问题她都说生意上的事儿，很快我们就建议她不要来了。因为观众会质疑：你到底是来征婚的还是来寻找生意伙伴的？

记者：孟非你曾说："《非诚勿扰》不仅仅是一个相亲节目，更是一个展现人生的舞台，是一个价值观互相碰撞的地方。"《非诚勿扰》节目果真能够如实反映当代男女青年的爱情观、价值观吗？

孟非：非常真实。你见过哪一档节目的嘉宾如此直率而理智地表现自己的喜恶吗？节目本身不是价值取向的输出，而是不同婚恋观的展示、交流和反思的平台。我喜欢主持这个节目，因为它很值得我去思考。人们说人生就是舞台，其实我觉得反过来说也成立，舞台也是人生。

乐嘉：节目的规则设计，容许了多元价值的表达和选择。至于这些参加节目的男女嘉宾是否可以代表现代男女青年的全部，答案也是否定的。

记者：婚恋交友节目的创意应该不算新鲜。在《玫瑰之约》走红的那几年里，全国曾经如雨后春笋一样地冒出了很多婚恋交友类节目，江苏卫视本身也推出过《欢乐伊甸园》，但那股热潮很快就因内容乏善可陈、形式雷同或低俗不堪等原因而渐渐退去。《非诚勿扰》的火爆，难道说明相亲类节目又卷土重来了？

乐嘉：不不不，这个类型火了，未必注定了2010年是做相亲节目的好时机。我个人认为，如果有另外一个类型的节目，能像《非诚勿扰》那样因为内容和形式的独树一帜而带来受众的强烈共鸣，并且容易复制，就可能会掀起另外一股收视旋风。

记者：传统的综艺节目以明星为主角，老百姓看过之后最多是增加了茶余饭后的谈资，而讲述老百姓真实的故事却能够让观众产生心理感应。如今，就连身边的很多中老年人也热衷于收看这个节目呢。

孟非：不少阿姨、大妈甚至比小年轻自己都更加关心年轻人的婚恋、感情问题。我觉得一档成功的节目就应该是各年龄段、各类人群都喜欢。既反映社会现实，又传导主流价值；既提供好看的节目，又引发深度的思考。我们在向这个方向努力，但永无止境。

乐嘉：听说很多父母守着看《非诚勿扰》，就为了了解他们的儿子和女儿在想些啥，增进两代人之间的沟通，这就是现实意义。上节

孟非写真

目的男女嘉宾，无论是否牵手成功，我都会给予个性化的建议，希望以此让他们通过做节目有所领悟，有所成长。

我不是一个境界高的人，做节目也不追求高境界。在我看来，一档节目，在让大家开心之余，能有所思索，有所营养，并能延伸到节目之外的现实生活中，足矣。

◎ 两个"光头"一台戏

记者：我感觉《非诚勿扰》对人们理解的"主持人"的概念是一种颠覆，比如主持人的形象、语言风格都不那么"正"，主持人也不是"好好先生"，不怎么留情面，甚至可以"冒犯"嘉宾……

孟非：我没觉得颠覆了什么呀，挺正常的嘛。我这形象，从当初做新闻主播时就是这样，现在还是这样。普通话说得不好这个我承认，也有一些说的还不如我的。我跟乐嘉的光头都是天生的，我们也很无奈。我也经常打圆场。老

实人说老实话，就这么简单，也没有想太多风格之类的问题。做节目要事先预判，因为不知道男女嘉宾在场上会说出什么。不像话剧剧本，台词到谁了谁说，那样的话就不是电视了。

记者：你们两个人的风格很不相同，经常一个唱红脸一个唱白脸。是特意做这样的分工吗？每期节目录制前，两个人有没有沟通？

孟非：可能我们俩的性格就是这样吧。我比较善良，乐嘉比较机敏。而乐嘉本身就肩负着点评的重任，加之对人的性格挖掘有独到之处，有些时候会比较直接而尖锐。我们俩都属于不太喜欢照本宣科的人，录制前对嘉宾的资料做相关了解，也会有一些交流。

乐嘉：经常在录节目之前开会时，我们为支持或反对某个观点，会激动地辩论起来。到了实际录制时，很多偶然因素，嘉宾临场表现是我们无法预料的，我和孟非的所有碰撞都是临场的火花一现。合作久了，我们对彼此的为人、性格、处事方式都很熟稔。

记者：听说你们两个人在《非诚勿扰》搭档之前是根本不认识的，而现在经常一个人的问题还没有问完，另一个人就把答案说出来了。如何能做到这种默契？

孟非：时间嘛，做长了都会是这样的。你如果看最初五六期的节目，就会发现和现在比是有不小差别的。就像观众喜欢这个节目，他不是因为哪一天节目中的哪些呈现突然就喜欢上了，都是一点一点培养起来的。

乐嘉：孟非的功夫之高在于，再下里巴人的语句一经入口，便会正义凛然刚直

孟非写真

不阿，很雅；我的悲哀在于，再荡气回肠的话语经我说出，也可让人粉黛顿生，很俗。他比我豁达，我比他较真；他比我放松，我比他紧张；他宽容性比我强，我批判性比他狠，认为唯有痛才能使人成长。总而言之，孟非更注重"人情"，我则更注重"人性"。这种互补的性格，是默契的重要支点。

另外，我们两个在很多问题的看法观念上是非常一致的。比如我们对那种生来条件无比优越又不学无术的人，在骨子里都很排斥。大家在节目上后来就慢慢形成了彼此默契的分工，从来都没特别明确说过你一定要干什么我一定要干什么，就是时间长了以后大家都觉得这样是最得体的。

记者：如何把控场上的局面和时间——当出现一些超出预想和特殊情况的时候。

孟非：现场把控有能动性。主持人要观察每个人的情绪，了解每个女嘉宾：她们的背景、与上场的男嘉宾会有哪些关联度——比如说上来一个男嘉宾是海归，我要知道台上哪个女孩有海外留学背景，就会优先让他们交流。

乐嘉：相对而言，孟非在流程的进度和大方向的把控上更多，我在人性的挖掘和人物关系的推进上更注重。

所谓"真人秀"最主要的特点，就是所有的一切都是不可预料的，而正是不可预料，才使得一切具有挑战性，充满玄机和亢奋感。

◎ 不崇高，却真实

记者：按照专业教育，主持人需淡化自身主观上的好恶。

孟非：我认为主持人可以表达自己的想法。我比较平和，有些时候表面看起来是淡化了评价，其实大部分人对于好恶的评价标准都比较统一。观众的眼睛是雪亮的，

参加节目的女嘉宾

无须过多评述。

记者：乐嘉老师往往出口惊人且一语中的，有棱角甚至有些尖刻，以至于场面尴尬，嘉宾下不来台。您说孟非更注重"人情"，您更注重"人性"，是这样的观念支持了你在节目中取那种比较直接、一针见血的风格吗？

乐嘉：孟非是主持，我是嘉宾专家，我的任务就是分析嘉宾的真实性格，为人们彼此的认知提供更深入的参考。我研究的性格色彩学里面有一个比较重要的原则，就是只有看清真正的自己，知道自己的优点缺点，知道自己为什么是现在这个样子，才能找到快乐和幸福。

再就是，我在这么多年的教学过程中，觉得真实、自然的流露最能够打动人，对矫揉造作的东西有本能的排斥。直接的风格，与我的性格有关，也与电视节目的特性有关，因为没有时间和机会和你转圈儿。

我个人认为，对于参加节目的男女嘉宾而言，洞见真实的自己比盲目地跟一个不了解的人牵手更有价值。至于年轻的嘉宾们，不用为他们担心，他们的抗打击能力比观众所认为的要强。

记者："不崇高，却真实"，敢于触碰人心灵中最柔软的东西。听说你在加入《非诚勿扰》之前，基本没有"触电"经历？

乐嘉：原来也参加过两个节目，但是觉得不合适就马上离开了，相当于打了一个照面就告别了。

这次能坚持下来，主要是团队的原因，跟制片人王刚特别有关。前几期《非诚勿扰》我做得不是很顺，蛮有压力的。台里面不了解我的强项在什么地方，我自己也在犹豫、彷徨。最早的时候，我在《非诚勿扰》中的责任就是帮女生挑男生，不评价女生好或者不好，男生选女生之前，我什么话都不可以说。最后一个环节，我出一道题目，测试一下男生的性格，给女生提点建议就行了。

如果当时没有王刚顶下来，我绝对走不到今天。有一次我跟王刚说，你今天不要给我限制，大家换一个方法。于是才有了这样一个转变。规则发生了一些变化：我可以在整个过程当中任意发言、与嘉宾对话等等，这样就把我的强项发挥出来了，价值显示出来了。

记者：乐嘉老师说过，走进《非诚勿扰》，是为了推广性格色彩学，达到这个目的了吗？性格色彩学的研究在节目中是否体现出来了？

乐嘉：参加这个节目给我带来了两个影响：一是大量观众认识了我，把我当作一个电视人，却忽视了我的专业，尤其是我在企业经营管理方面的研究；二是一部分观众从认可我的看人能力，开始好奇我背后的支柱——性格色彩，萌发了探索的欲望。对于推广性格色彩而言，可以说好坏参半吧。

我的工作就是给企业、政府、学校、社会组织做性格分析培训，怎么样去挑选合适的员工，团队怎么来沟通，和谐的人际关系怎么来处理……性格色彩不是理论，它是工具。像这么一种大众化的工具，从传播的角度来看，让更多人知道的最快方式除了培训以外就是电视了。我的梦想是能够专门做一个关于性格色彩的谈话节目，在这个节目当中我可以就性格色彩谈各种各样的话题。这是一个长远的规划，但是有那么一天机会到来的时候，如果我不太擅长电视表现的话，可能就错过了。培训、演讲、写书、做咨询、做电视，其实都是为了让性格色彩被更多的人知道，有越来越多的人能够意识到它的价值。

每一期节目中我讲的每句话，其实都是性格色彩，洞察台上人们的内心和想法，给予他们在婚恋交友乃至人生成长方面的建议，这就是性格色彩的洞察和影响。

记者：孟非成为名人是从《南京零距离》开始的，而成为中国红人是从《非诚勿扰》开始的，从新闻节目主持人到交友节目的主持人，怎样实现完美转型？

孟非：这中间还漏了一个——

我还主持过《名师高徒》。那时候是娱乐主持人，只是不够娱乐罢了。不同类型的节目对于主持人的要求当然是有很大不同的。谈不上完美转型吧。其实工作内容没有太大的变化，只不过是从坐着说话改成了站着说话而已。

大部分的主持人都是科班出身，也说明这个职业对专业的要求非常严格。优秀的媒体人除了接受专业的教育和训练之外，对事实的渴望、对社会和人文的关怀都比较重要。我之前做过很久的体育采访，对新闻、对信息的捕捉在敏锐度上有比较好的训练，这都算是专业培训吧。成为成功的主持人，如果我能算作成功的话，是因为我对这个专业有着无限的热爱吧。

我觉得每个人不管从事什么职业，他之前的人生积淀和经历都会对现在有一定的影响，都会形成他现在所表现出来的特质。我不觉得我的人生比谁更坎坷，因为有过这样的经历的人太多太多了，只不过各自的故事不同罢了。这个其实不重要，重要的是你和这个节目想要呈现的东西之间的契合度有多少。从现在看起来，至少现在观众觉得我这个主持人能够带给观众想要看到的和节目想要传达的东西。

记者：到今天，《非诚勿扰》正好播出了一年零一天，从开始到现在节目形式并没有出现过太大的变化，说明节目形态和程序设计是经得住检验的。

孟非：形式上变还是不变，这也是我们考虑得比较多的问题。也有很多声音说，应该做某些变化。我是这么想的，现在电视竞争不可避免，大家都在思考这个问题。我觉得节目形态上的变化，就国内的现状来看，空间真的是有限的。怎么在内容上持续保持新鲜度和吸引力，这可能更考验一个团队的能力。打个比方，像新闻类节目，还能怎么变呢？站着播，坐着播，唐装播，西装播，一男一女播还是一个人播，背景板还是透明玻璃……不就那么多嘛。最终吸引观众的不是舞美灯光有没有摇臂，是什么？还是内容嘛。

像《非诚勿扰》这样类型的节目，24 选 1 还是 100 选 1，男选女还是女选男，仅仅这样的变化对观众的吸引力恐怕还是有限的。在多大程度上能够呈现给观众保持持续新鲜度的东西，最终还是靠内容本身。比如男女嘉宾呈现出的状态，他们是否能展示健康、阳光的时代和时尚的特点，是否具有触动心灵的社会话题，主持人和嘉宾能不能让人感觉有趣、有益。

孟非写真

乐嘉：其实，电视节目的改版就好比整容。你见过美女整容吗？顶多保养再做个微整形。据说奔驰公司只要市面上的老车还在畅销，就不推新车。俩月一小改，半年一大改的，多数是先天不足的节目。刚播出就改版，无异于自我否定，没人会这么干。

芳秀印象：

《非诚勿扰》在 2010 年暑期档一开播就收视率爆红，映得两个"光头主持人"光彩照人，万众追捧。

这档备受观众瞩目的节目，在爆红之时也受到网络舆论的质疑，不少观众认为嘉宾造假，有故意作秀之嫌。本着探个虚实的目的，我们来到南京进入《非诚勿扰》录制现场。现场观众足有上千人！整个秩序的维持，气氛的调动，节奏的把控，主持人如果没有足够的气场是根本驾驭不了的。

节目录制过程持续五六个小时。两个"光头主持人"一唱一和，整个过程并不沉闷压抑。节目录制结束后，我们随着《非诚勿扰》工作人员一起来到化妆间，孟非与乐嘉也很快进来。孟非抓起笔把桌上几十张自己的照片全部签上名交给工作人员，同时也送给我一张，作为这次采访的见面礼。

采访中，孟非沉稳而寡言，乐嘉却显活跃和洒脱。在乐嘉眼里孟非更注重"人情"，他更注重"人性"。人情与人性相得益彰地呈现，节目便有了血肉与筋骨。对于喜欢怎样的男女嘉宾，他们表达同样的观点：很排斥生来条件优越又不学无术的人。正因为相同的价值观与默契，两个"光头主持人"，搭起了这台创下天价收入的"大戏"，写下了中国电视史上的又一个辉煌篇章。

别人可能会用"知性""睿智""专业"等等来评价我，但我觉得这一切都源于"真"。在电视上呈现的就是我自己，可能会抢话、会开玩笑、会手舞足蹈，那是我真实的一面。我尊重对方的知识、背景、观点，同时，也很真诚地对待观众，把有价值的东西呈现给他们。

我始终是一个战战兢兢的人，做什么事情一定做足功课，不然我会特别不自信。怕别人小看我，也怕观众觉得看我的节目浪费时间。

照相的时候，最难受的姿态拍出来的照片最漂亮，而在你感觉特别舒服的姿态中拍出来是最丑的，因为人舒服的时候一定是勾着腰，躬着背的。人是需要修炼的，你做什么工作，工作做到什么程度，在于你做一个什么样的人，你把自己这块材料打造成什么样子。

人物简介：李南，1971 年生，国家高级理财规划师，首席家族传承规划师，中国第一代家族办公室专家，京华世家财富管理公司合伙人，北京大学经济学硕士。曾任湖南卫视《听我非常道》制作人、主持人，国内第一档财经脱口秀节目《财富非常道》制作人、主持人，北京电视台《财经五连发》《点击年关键》主持人，采访过数百位国内外经济界人士，著有《我最想要的理财书》《女人财富非常道》《十问中国金融未来》等多本畅销书。获中国电视白玉兰奖，"中国百佳魅力女性""2007 年度十大传媒新锐人物"等多项荣誉。近几年来，一直致力于家族财富传承理念与知识、实践的传播和推广，成为中国第一代家族办公室的开拓者和家族传承理念的践行者。

李南：呈现真实

◎ 行走财经的零点线

——离真实近一点，你说话的分量会重一点，你的底气会足一点。

记者：最近你播出了一期叫作《行走财经》的节目，展示与分析在金融危机中波罗的海三国的所见所闻。为什么推出这样一个节目？能谈谈"行走"的体会吗？

李南：我们曾推出一个"财经X.0"的概念：在"财经1.0"时代，我说你听，听众没有发言权；在"财经2.0"时代，观众可以参与短信互动、电话聊天；而到了"财经3.0"时代，观众则可以去体验、感受。有人撰文说波罗的海的金融危机比较严重，真是这样吗？人们真要破产吗？那些写文章的人有几个去过呢？为什么要信他的呢？于是我们决定亲自去看一看，还原一种真实。我觉得财经是可以用来行走的，信息是可以体验的。我们被无数的几经倒手的信息所包围，却往往还在这样一个离真实越来越远的情境里判断、推理，这是一件非常可怕的事。我们邀请几位专家一起去波罗的海三国看了之后，觉得不像有的人说的那么严重，波罗的海三国的经济是泡沫的破灭，却也只是回落到了一个正常的水平而已。之前的高速增长是不正常的，然而，很多人都把不正常当成正常。

现在信息太多太滥，有些人为了引起轰动，便危言耸听，"语不惊人死不休"。我觉得应该多接触一些真实的东西，离真实近一点，你说话的分量会重一点，你的底气会足一点。

记者：湖南卫视推出的财经类脱口秀节目《听我非常道》安排在零点播出，为什么安排在这个时间段？对这个特殊时段的节目，你们在选题上是怎么把握的？

李南写真

李南：我主持的湖南卫视零点财经节目《听我非常道》之所以安排在零点播出，是希望在零点时段打造一个高端节目带，因为很多高端观众很习惯在零点时分看节目，他们晚上有应酬，回到家之后，这个时间点正好躺在床上可以收看。在经过对收视市场的这种分析之后，我们觉得这是一块财经节目的处女地，建立一个抓住高端观众的节目带，可以把晚间黄金时段延长。

《听我非常道》是想道出跟别人不一样的东西，激发大家的灵感和智慧，而不是简单的涨、跌、买、卖这种雕虫小技。我喜欢的是那种"道"的东西，"正常反为非常，非常实是常道"，就是"非常道"。我们的节目推崇一种快乐投资的理念，不是为了投资而投资，为了财富而财富，而是为了寻求一种幸福的生活，一种快乐的感受，这一点与湖南卫视的精神气质是吻合的。

选题独到，主要基于我们对于财富的理解。我们是一支很专业的财经节目制作团队，做了 10 年的财经节目。最近的一期有关儿童理财的节目播出后，在新浪的点击率达几十万次。选择儿童理财这个话题，是因为作为现代人，财商、智商、情商三者缺一不可，财商的培养要从儿童抓起。在国外，财商的培养有很成熟的一套模式，而我们一谈钱就好像玷污了一颗幼小心灵似的。其实不是，尽早地让孩子理解金钱的含义，知道付出、得到，成本、收益的关系是好事。财商的培养可以促进人格的发育。比如"延迟快乐"，就是你不能及时行乐，为了买一个玩具，需要攒钱，甚至为了这个玩具，去勤工俭学，在这个过程中，孩子得到一种正确的认识。这种对金钱把握能力的培养，对其今后的生存非常有好处。

记者：随着金融危机的不断蔓延，财经节目发生了哪些变化？作为一名资深财经节目主持人，你对金融危机将给财经类节目带来的影响如何看待？

李南：股市、房市很火的时候，大家都很看好财经节目，收视率很高，关注度也很高，于是各地都纷纷上财经节目。但是这样对财经节目的发展不一定是好事，因为很多新上的节目是一些低端产品，像商业股评、咨询类节目都没有成长。为什么我们的节目火了呢？因为我们的节目是评论型的，我们一直没有放弃过财经评论员的职责。

金融危机给财经节目带来了影响：一方面这是普及财经知识和金融知识的良机，关心经济的人都来看了，所以从某种意义上说，其实是提升了财经节目在大众中的地位；另一方面是市场不那么热了，关注度会降低，这个时候可以去创新，在大家对节目众星捧月的时候创新是很难的。

做财经节目通常都很寂寞，得做很多功课。而且财经节目本身很枯燥，全是数字、报表、公式、名词，搞清楚一个名词就得看好几页教科书。做一个节目要搞清楚很多名词，还要把它们用通俗的话说出来，这样的准备很艰苦。真正能够坚持做财经节目的人并不多，现在就有不少台停播了财经节目。等牛市再来的时候，又会出现一个财经节目的鼎盛期，那些被关掉的节目到时还会复苏，关关停停，停停关关，老在原地踏步，缺少战略眼光。而我们这么多年来一直坚持，所以我们就显得与别人不太一样。

◎ **关注数字背后的逻辑与思想**

——如果把"涨跌"比喻为"水"，那么"逻辑"就是"水蒸气"，而我要的是"云"。

记者：枯燥的财经数字你总能用生动、富有哲理的语言去分析，对纷繁复杂的经济现象，怎么才能逻辑而形象地表达呢？

李南：我说的东西大家基本上都明白，是因为我有一个让所有人都能听懂的美好愿望。另外，热爱是最好的老师，我在做一个纯粹的证券节目时有一句话："沪深两市股票有900多只，我觉得它们都是我的朋友。我每天向你们叙述的就是发生在它们身上的故事。"我对几百只股票名称和代码倒背如流。股是有股性的，公司是有运数的。什么都是有灵魂、有生命、有故事、有曲折的，当你用这种眼光去看待它们的时候，它们是生动的，生动的东西很难用刻板的语言去描述，自然你的语言也就会生动起来。

另外，在分析经济数字时，要关注数字背后的逻辑关系及其蕴藏的人性和哲理。我觉得如果把"涨跌"比喻为"水"，那么"逻辑"就是"水蒸气"，而我要的是"云"。从单纯关注市场的涨跌，到后来寻找涨跌的原因，再到分析涨跌原因背后的逻辑根据，我们这个团队对财富的理解比其他人更深。

记者：在由男性主导的财经界，你作为一个靓丽的女性与之对话，会不会受到对方质疑？与财经界大腕对话，对专业和智慧的要求很高，你采访了300余位经济界知名人士，觉得自己的风格和实力是什么？

李南：不少嘉宾朋友熟了后，说一开始见到你的时候觉得可能就是一个"花瓶"，没想到你会知道那么多。我觉得我始终是战战兢兢的，做什么事情一定做足功课，不然会特别不自信。所以，每一个嘉宾我都不敢怠慢，特别怕别人小看我，也怕观众觉得看我的节目浪费时间。为了免去这些担忧，我就拼命地多做功课。

我刚刚采访过一个演讲大师，他每次演讲之前都会围着场地使劲跑，为的是让自己兴奋起来，即使

李南写真

在数千人的场合演讲也有能量去调动和感染听众。而电视隔了一个屏幕，更需要足够强的能量场才能把人们吸引住。

我觉得我比较真实、真诚。别人可能会用"知性""睿智""专业"等等来评价我，但我觉得这一切都源于"真"。我不是表演派，在电视上呈现的就是我自己，可能会抢话、会开玩笑、会手舞足蹈，那是我真实的一面。我不说假话，尽量营造出一种真实、真诚的语境，让大家能够很自然地说出真话。我尊重对方的知识、背景、观点，同时，也很真诚地对待观众，把有价值的东西都呈现给观众。我们的节目可以不说话，但是一说话就要说真话。

◎ 耐心 + 安全：跑好财富的马拉松

——股市里的机会还是有的：别人贪婪我恐惧，别人恐惧我贪婪。

记者：听热衷炒股的朋友说，经常看你的节目，因此而赚到不少钱。你天天与最新资讯、权威人士打交道，可以说你是坐在离财富最近的位置上了。作为一个资深财经节目主持人，你的"理财经"是什么？

李南：耐心加安全。人是时间的玫瑰，财富也是时间的玫瑰。一块钱的本金，每天涨 10%，200 天后就是近 1.9 亿！所以通过耐心加安全，你就会成为有钱人。只是很少有人有那个定力和耐心。

有人幻想很快积累财富。如炒股，希望几天就能翻一番。寄望那些消息，追涨杀跌，抱这种心态最终一定是走向财富的反面。而我有足够的耐心，我不追求暴利，但往往收获不错。我是做长线的，做大波段，低点买进，差不多了再卖掉。我觉得寻找股市空头的机会很简单，就是别人贪婪我恐惧，别人恐惧我贪婪。

理财是件特别个性化的事情。我的建议是，投资组合很重要。比方说在负利率的时候你觉得银行存款不划算，但它是你抵抗风险的一个部分。理财是一个特别需用心的事情，需要钻研和学习。比如说，要学会判断和分配多少钱买债券型基金，多少钱买股票型基金，多少钱买货币型基金，多少钱买房子等等。我觉得财富的积累是一场马拉松，"不以涨喜，不以跌悲"，从长计议。在我国实现年收益率 15% 或更高都有可能，在这个过程当中，不怕慢，就怕退，一退，财富的损失将是非常大的。有时候你输的是时间不是钱，保持一颗超脱的心很重要。

炒股需要技巧，需要知识，需要资源，需要你对市场的感觉。我现在看到的可复制的模式就是在低点买进，高点卖出去。为了这个低点你得耐心等待，有一个故事很有意思，说人带着小狗散步，那小狗特别活泼，一会儿前，一会儿后，一会儿左，一会儿右，到终点的时候人走了3公里，狗走了20公里。除非你享受折腾的过程，否则没机会时就等着，比你瞎蹿要强。

记者：你说过"女人要对自己狠一点，不然别人就会对你狠。"为什么？你是如何配置你的家庭、事业等"个人资产"的？

李南：照相的时候，最难受的姿态拍出来的照片最漂亮，而在你感觉特别舒服的姿态中拍出来是最丑的，因为人舒服的时候一定是勾着腰，躬着背的。为了在镜头前有良好的精神状态，几年来我每天坚持请健身教练给我上课；为了做访谈一天要消化五六万字，怕得干眼症，就不停地滴眼药水……原来对自己"狠"的时候，一天到晚飞来飞去一刻不闲。现在我对自己宽容了些，但有些要求是不能放松的：如对节目的要求不能放松，一个女人对自己的精神状态、外在形象不能放松。人是需要修炼的，你做什么工作，工作做到什么程度，在于你做一个什么样的人，你把自己这块材料打造成什么样子。我想把自己打造成有回头率的人，我的理想是我到年老的时候还能有回头率，让所有人觉得这是一个优雅的老太太。

投资和人生，是一场追求复利的马拉松，风光无限都是外人看到的，而别人看到的所谓风光跟我的付出完全是对等的。主持人只要一开灯就很兴奋，但灯一关，机器一关，那一瞬间整个人会特别疲惫。我老觉得还能做得更好，这个"能做得更好"就是我的一个动力。不确定性是很美好的，一旦什么都确定了，你就会没了激情。

芳秀印象：

采访李南是在西四环一个幽静小院的录像棚里。那天，她一直在不断地录节目，与我的对话是抽空几次完成的。瘦高的她，有着完美的S型身材，一下节目与我聊时，手里拿着一大杯墨绿色的饮品喝着。我好奇她喝的是什么，她说是自己制作的果蔬汁，由芹菜、胡萝卜等蔬菜加上一些水果搅拌而成。这样可以补充营养却少摄入热量，可以维持好的屏幕形象。

"我还每天会锻炼身体保持充沛的体能"，她说，做财经节目很寂寞，很枯燥，全是数字、报表、公式、名词，搞清楚一个名词就得看好几页资料。做一个节目要搞清楚很多名词，还要把它们用通俗的话说出来，这样的准备很苦，很考验人。

我笑着问，做节目虽然艰苦，是不是回报也很丰厚？与这么多经济界的大咖在一起，能把握住财经趋势，比如炒短线股就能大发一笔呢！她听后大笑起来，说："我炒短线几乎没怎么挣到钱，反而我父亲挣到钱了，因为父亲几年都不大去看账户的。"

我向她讨教炒股的方式，她说，追涨杀跌，抱这种心态最终一定是走向财富的反面。学会低点买进，有足够耐心，不追求暴利，就会有收获。寻找股市空头的机会很简单，就是别人贪婪我恐惧，别人恐惧我贪婪。

正是具有这种特立独行的智慧，李南在由男性主导的财经界静静绽放，芬芳美丽。

主持近两千场大型活动，创下"四个最多"：代表西安市与外地合作主持活动最多，担纲西安大型节目最多，参与公益活动最多，代表省市赴外地推介活动最多。

三年多全国人大代表履职路，深入调研，积极建言献策，关注弱势群体、丝路建设、就业创业……用手握的话筒放大民声，解读政策。

作为"爱心大使"、西部地区特殊儿童公益形象代言人、陕西省三秦善星、西安市公益形象代言人，只要是公益活动，她优先参加；作为陕西旅游形象大使，15年来，多次奔赴多个国家和地区推介宣传。

还有更多闪亮头衔：全国青联常委、全国五一巾帼标兵、陕西省政协委员、陕西省三八红旗手、西安市劳动模范、中国城市电视台新中国成立"60年60人"……

她是三秦大地家喻户晓的公众人物——孙维。主持风格沉稳澹定、气韵生动，为人处世慷慨大方、随和虚逊，与其接触过的人，都忍不住感慨：其高颜值哪只是外表，更在其内心啊！

如今，她又有一个新的身份：读诗使者。她说，用诗和远方，可以给更多人以力量！

人物简介：孙维，1972年生，第十二、十三届全国人大代表、全国青联常委。1995年调入西安电视台，现为播音部主任、节目主持人。曾先后主持两千多场大型活动。先后荣获"爱心大使"称号、"金话筒"提名奖、全国五一巾帼标兵、陕西"四个一批"人才、陕西省青年五四奖章、陕西省和西安市三八红旗手、西安市劳动模范等多项殊荣。担任陕西省旅游形象大使、环保志愿者形象大使、陕西法律援助形象代言人等。

孙维：丝路上的爱心使者

◎ 人大代表：履职路上兢兢业业

——除了做好本职工作，其他时间，我关心老百姓关心的事儿，关注国家的中心工作，并极力起到带动作用。我经常扪心自问：能给别人哪些帮助？对得起代表的称谓吗？老怕自己辜负了这一荣誉。

记者：综观第十二届全国人大代表的构成，职业为主持人的，只有几个，而您是其中之一。去年两会，您高颜值的照片被媒体广泛传播，网友给您贴上了"最美人大代表"的标签。您认可这样的标签吗？您给人的感觉，真的很正能量！

孙维：去年两会期间，有记者跟踪拍摄了我正在接受采访时的照片，他们把照片发在网上后，被很多媒体转载。给我这个标签，实在出乎我的意料，弄得我好难堪！回到西安后，我沉默了好长一段时间，连话都不怎么敢说了。作为全国人大代表，我不希望大家关注我的容貌，而是关心我提的建议、议案。

至于你说的正能量的感觉，是因为我要求自己展现在大众面前时，是阳光的、积极的、乐观的、努力的。这点，我一直都不变。也许有人会说，看孙维的微信，似乎有些刻意作秀，但真正了解我后，就知道我从内到外就是这么一个人。

记者：好吧，让我们来谈谈议案吧。今年是本届人代会的第四年，您带来了哪些议案？履职以来，您关注了哪些方面？

孙维：今年我提了《关于构筑全面科技培训体系，助推大学生可持续性创业的建议》等三个建议，去年提了两个，前年提了两个，第一年提了一个。

孙维在铜川北梁红军小学与小朋友们在一起

作为全国人大代表，这几年我一直关注大学生创业，发现在大学生创业取得明显进展的同时，也存在一些问题，主要集中在大学生创业层次较低，科技含量不高，可持续性、创造性的创业项目不多等。要想推动大学生可持续性创业，必须加大创新和科技转化对大学生创业的支撑作用，尤其要加大科技培训对大学生创业的降门槛、促氛围的作用。为此我提出此建议。

去年提了《打造四大平台助推大学生创业》的建议。2015年大学生的毕业数量面临着有史以来最高的一年。西安高校、科研院所多，但是经过调研发现，学生创业和科技创新的转化率特别低，原因在于门槛高、大学生对于科学转化技术陌生。如何让大学生的创业与科技转化和科技创新结合起来？我大量调研，提出了加大科技创新培训体系建设的建议。

另外，还提了有关青少年身心健康发展的建议。加强未成年人法制教育，提升未成年人自护能力，刻不容缓、意义重大。目前未成年人保护出现了很多新问题，需要社会各界共同努力，因此，呼吁完善未成年人司法保护，加大对侵害未成年人权益的打击力度，健全未成年人救助保护体系。

2014年，习近平总书记出访丝绸之路经济带，我就提出了《文化先行引领丝绸之路经济带建设》的建议。建议利用沿线各个国家和城市有影响力的传统节日和艺术活动，融入我们的文化交流活动和项目。比如推进孔子学院建设等。在我和很多人的推动下，近两年，陕西省也举办了一系列和丝绸之路有关的活动——西安丝绸之路国际电影节、丝绸之路万里行、陕西丝绸之路国际艺术节等。

记者：全国人大代表代表人民行使国家权力，具体说来，有提出议案的权利、提出质询的权利、选举和罢免政权机关领导人的权利、人身特别保护权、在人大会上发言和表决不受法律追究的权利等。作为全国人大代表，既有着崇高的荣誉，也有着重如泰山的使命。能否分享一些履职的感受？

孙维：当通知我当选全国人大代表时，我很忐忑，不知道自己能不能做好。人大代表，不只是一种荣誉，更肩负着神圣职责。于是我向领导、朋友们广泛请教，不敢有丝毫的懈怠。要求自己用更多的精力去关注社会，积极建言献策、履职尽责。

我沉下身子做调研。前年，在上万人次中回收了4490多个调查问卷，写成调研报告后，省委书记还作了批示，省人社厅专门为此开了座谈会。去年，我又做了一个纵深调研，研究大学生就业如何与科技转化和科技创新相结合。除了关注大学生创业，我还会经常主动找妇联、团省委、团市委，了解他们关注的话题与调研情况。去年了解留守儿童与留守妇女的情况，知道他们需要精神方面的关爱，我就在今年三八节把关爱妇女的建议推送出去，反响还挺大的。

除了做好本职工作，其他时间，我关心老百姓关心的事儿，关注国家关注的中心工作，并极力起到带动作用。我经常扪心自问：我能给别人哪些帮助？对得起代表的称谓吗？老怕自己辜负了这一荣誉。通过几年履职，从如何做调研，到如何参与审议政府工作报告、预算报告等，我有深刻的感受。今年审议慈善法，我在大会上还做了发言，建议慈善法中的几个条例略作修改，并说了理由，最后阐释了慈善法出台的重要性。

作为主持人，手里握着话筒，如果把这些精神吃透，并带给身边人与屏幕前的观众，相信能够带动大家。"十三五"规划的五个发展理念——创新、协调、绿色、开放、共享，多好啊，我希望自己好好地传播，相信下一个五年，我们的经济社会生活一定会上一个新的台阶。

◎ "e 路诗语"，一本可以听的书

——"诗是有味道的，诗是有力量的，诗是有梦想的。"向世界传播正能量，讲中国好故事，传播中国好声音，能成为一位名副其实的丝绸之路的读诗使者，这是人生当中最幸福的事情。

记者：最近，一个名为"e 路诗语"微信公众号挺受欢迎。这是一个搭建在互联网上以诗歌朗诵的形式对中国传统文化进行传播的平台，从诗经、乐府

到顾城、艾青，从泰戈尔至道格拉斯，这些经典作品在舒缓清新的音乐背景下及爽心悦目的配图中，得到了全新的演绎。从去年7月播出第一期至今已推出近两百期了，最小的听众仅3岁，最大的近80岁。你的工作已够忙了，怎么想起要推出这本"可以听的书"？

孙维：之所以做"e路诗语"，是因为提出《共建丝绸之路经济带，文化先行》议案后，我就想，除了举办各种活动，还可以通过互联网来推动。可要怎样才能介入呢？去年的一天，突然想，为何不用我的声音来表现？而且正好诗歌朗诵热在回暖。国家提倡全民阅读，中国的传统文化不能丢。西安历史悠久，底蕴深厚，大家很多。在仰望和尊重大家们的同时，可以挖掘古长安中的诗词，通过声音来传播。于是就想到成立这个微信公众号，每天选一首诗来朗诵。

听完后很多人给我发来诗评。尤其是国外的华裔，听到这些诗词能感受

孙维主持《丝路朗读》

到一份特殊的牵挂与力量，有的托人写下留言，还有的问可不可以在美国举办一个我的朗诵会。一位美国华裔这样描述"e路诗语"："每当夜色降临，我会把灯全部关掉，非常宁静地聆听。听孙维的朗诵，如沐春风、获益良多。"选诗、录诗、制作播出全是公益的，是听众给了我坚持的力量。

今年9月，第三届丝绸之路国际艺术节将召开，我将打造一场专门的"诗词中的长安"的音乐诗歌会。赵季平老师已给多首古诗词谱了曲。届时，希望能形成我主读，邀请大家来朗读，同时有演唱及诗词展示的局面。今年还将通过互联网这个平台为青

年书法家提供一个展示自我与对中国文化理解的平台，与我联手来传播正能量，讲中国好故事，传播中国好声音。

记者：打开网络，会发现诗歌朗诵者很多，经典作品被广泛吟诵，各种版本都有。那怎样才能凸显自己的特色？有人说，因为"e路诗语"，带来了诗歌朗读的春天。

孙维："e路诗语"的定位是搭建在互联网之上对丝绸之路文化进行传播的平台。首先，在选诗方面，要求是正能量的。中国古丝路上的诗太多了。过去，我的选诗范围太窄，更多的是边塞诗，悲壮和愁闷的风格。现在增加了一些能直抵心灵的能引起共鸣的，如纪伯伦、泰戈尔的诗。到了六一节，我会邀请小朋友来一起吟诵，到了教师节会邀请教师来，过年就邀请陕西籍知名主持人、演员等一起朗诵，营造一种特别的氛围。

其次，在风格上，希望形成自己的特色。因此，买了很多书来看，为了让底蕴更深厚一些，我向一些研究诗词的老师们讨教学习。做一个读诗使者，光凭声音，太薄，要有对诗词、诗人及当时所处环境的理解，这有助于吟诵方式的取舍。在读之前我还会听各种版本的朗读。希望自己能成为一位名副其实的丝绸之路的读诗使者。

去年，很多主持人都开了自己的读诗自媒体平台。陕西省音乐家协会发起"诵·乐"朗诵音乐会活动，"e路诗语"走进多所高校，通过朗诵，将诗歌文化传播进校园，为更多青年学子送去诗歌文化的艺术享受。作为团中央确定的"与信仰对话"的主讲人之一，去年我走进西安工业大学，为近五百名大学生展开一场"诗歌，与青春共舞"的主题报告，并现场诵读白居易、汪国真等诗人的经典之作。引导更多人读诗听诗，是我责无旁贷的使命和任务。

◎ 爱心使者：让主持力量汇聚更多正能量

——我是只要一说公益，两眼都放光的那种。如果有冲撞，我会推掉原来的活动，来参加公益活动。我希望主持力量汇聚更多社会进步的正能量、正动力。无论作为主持人还是旅游推广大使，我都以满腔的热情赋予每一场活动最大的传播力和影响力。

记者：在西安市未成年人心理健康教育辅导中心，孩子们亲切地称你为

"仙姐姐"（西安的全拼"xiān"，所以志愿者起了一个非常好听的名字叫"仙姐姐"）。你曾为救助白内障患者，带头主持并走向捐款箱献上爱心，和同事走进医院看望患病中学生，在汶川、玉树地震后，关注受挫孩子的心灵健康……三秦善星、西北地区特殊儿童公益代言人、陕西省、西安市法律援助公益形象大使、中国扶贫基金会授予的"爱心大使"。这些，也都是你的标签。你对特殊儿童的关爱，对公益事业的支持，何以如此执著？

孙维：融入公益事业后，发现有这么多特殊孩子，每个孩子影响着一个正常的家庭。就想着能为他们多做点事情。所以，但凡有人打来电话需要我主持或者做代言人之类，只要是各种类型的公益和慈善活动，我就特别愿意。我是那种只要一说公益，两眼都放光的那种。在主持工作中，最看重的就是主动参与和策划大型公益活动。

只要是我参加了，老百姓们就觉得这个活动是值得信任的，是有品质的。能起到这样的作用，我就觉得特别值。经常有活动冲撞到了一起，我会推掉原来的活动，来参加公益活动。这么多年都是这样。我希望能让主持力量汇聚更多社会进步的正能量、正动力。

记者：除了公益，对旅游你也有难以割舍的爱。从 2007 年开始，你一直是省和市的旅游形象大使。去年陕西省旅游局甚至给你颁发了终身旅游形象大使的聘书。在陕西，只有你一人享受这一殊荣，可见你与陕西旅游的渊源之深。

孙维：去年陕西旅游局给受聘为旅游大使的人发聘书，共有七位，其他都是聘任两年，而我是终身。他们说，15 年来我为陕西的旅游事业做出了很大贡献。回首往事，我和陕西旅游的渊源、情感都可以写一本书了，当时在现场鼻子一酸，忍不住哽咽了。

我到过国内外 80 多个地区推介宣传陕西旅游。每次推介，我都会充分研究推介地风土人情，凸显陕西的独有特色。每一场推介会，我都不会重复同样的内容。有领导就说，上百场的旅游推介每次都像听一场新的一样，所以每次都很期待，不知道我又要讲些什么了。每到一处，我都会讲一段对方的和我们的异同，然后再慢慢引入正题。我烂熟于心，不用稿子。最开始讲要用 50 分钟，后来就只要 30 分钟。

挣的钱，也很多去置办晚礼装了。比如去韩国，我就想，一定要有陕西的

孙维主持第五届丝绸之路国际电影节开幕式

代表元素，去港澳台地区，我也在服装上想怎样体现西安的元素。服装上经常有西安的市花——石榴花的元素，有牡丹花的元素，有关中民间艺术"剪纸"元素……这么多年下来，晚礼装都有几十包，没袖的、单袖的、长的、短的、拖尾的，都不舍得丢。本来推介现场对服装没有要求，我也完全可以不这样做。缘于爱，我无怨无悔，乐此不疲。现在播新闻，我制作了很多西装，生活中穿不了。但我依然坚持。我把美好的形象通过荧屏带给观众，给大家美的享受，有何不可呢？

记者：1994年你从一名小学音乐老师考入广播电视台，一晃就二十几年了。其间您主持了2000多场各类大型活动，如主持"2011西安世界园艺博览会"大型开幕式和闭幕式，主持奥运火炬手陕西传递活动、全国农运会开幕式、全国残奥会开幕式，主持"2012中国·延安首届红色文化旅游季"活动，还为国家主要领导人来西安考察期间讲解。每场活动都很成功，而且展示出鲜明的风格和非同寻常的智慧。从一个小学老师成长为优秀主持人，有哪些经验可以分享？

孙维：成为一个有思想、有品位、有特质、有内涵的主持人，离不开学习，要利用一切可以利用的时间不断地充实、丰富自己。这么多年来，每场活动，我始终抱有一个坚定信念，那就是每一场活动都是一次新的起点、新的挑战，丝毫不敢懈怠，每一个环节、每一个流程、每一块内容，都要烂熟于心，化为己有。每一场活动，我都要捕捉到现场的激情和灵感，用自己真挚质朴的表达方式，传达出善良、美好和温馨。

无论主持场面的大小，无论级别和层次的高低，无论条件的优越和艰苦，无论境内还是境外，无论现代化大都市还是偏远落后地区，在我心目中都是一样的重要、一样的神圣，始终用最好的状态、最饱满的精神去主持每一个活动。在主持中，我要求自己做到"字字千斤，秒秒政治，天天考试"，要有"在如履薄冰中拼搏"的精神，追求卓越。

我爱主持人这份职业，喜欢舞台上那种与群众息息相通、亲切交流的感觉。这是我从小的梦想。我对主持，所有的经历与情感都源于一个字，那就是——爱！无论作为主持人还是旅游推广大使，我都以满腔的热情倾诉着对陕西这片厚土的热爱和眷恋，赋予每一场活动最大的传播力和影响力。

芳秀印象：

孙维是我在参加 2016 年全国两会报道时锁定的采访对象。当时她颇受媒体关注，网上疯传一张照片，是她在 2015 年参加全国两会时被记者抓拍的，被冠以"最美全国人大代表"而受到网友喜爱。再仔细搜索她的资料会发现，她是城市台中的特例，作为西安市台的主持人，她甚至比陕西省台的主持人影响力还要大。我很想挖掘一下这位"最美全国人大代表"的所思所感。联系上老朋友——西安电视台台长惠毅，他支持我采访，并给了我联系方式。

孙维在全国总工会两会代表入驻的酒店房间里备好了来自陕西的酸奶和同样来自陕西的苹果，迎接我的到来。两会代表我采访过好些，但像她这样用心用情随时不忘给家乡做宣传推广的，还是头一位。

在孙维并不宽敞的房间里，很打眼地放着两个大托箱，她告诉我里面装着的都是衣物等。我惊讶地问，才十几天时间至于带如此多衣服吗？她说很有必要，因为，她是代表，更是主持人，除了履职，还要做好日常报道。爱美的她，要把西安元素、陕西风情展现给全国人民。

我们的采访随意而轻松。随着话题的深入，孙维在我心里的分量渐渐重了起来，她的爱心与情怀使得她的形象愈发美丽。她对公益事业的支持，远远超出我的预期。只要有活动与公益活动冲撞，她会推掉原来的活动去参加公益活动，多年来都这样，所以孙维已经成了公益活动品质的象征，活动只要她参加，大家就觉得是有品质的。"e路诗语"读诗活动，是她的自选动作，没人给她任务，她自觉每天读诗，感染了无数海内外听众。

采访结束，她把我送到酒店大堂，一大拨人已架好机器在等着，作为主持人，她还得完成节目的录制。走出酒店大门，透过玻璃，我看到拿着话筒投入工作的孙维，侧影是如此美丽……

山东电视台韩国强台长向《媒体人访谈录》栏目推荐齐鲁频道的"80后"主持人王羲。年纪轻轻的她，是山东台"双十佳"节目主持人，还曾被山东省政府授予二等功。从2004年起，她担任齐鲁电视台《小溪办事》记者、主持人，其间为观众解决难题4000件之多，包括挽救性命数十次，被人昵称"小侠女"。

我在网上输入其名后，却有她在采访中被打的报道蹦了出来。点看视频，镜头中的她，清秀干练，伶牙俐齿，年轻的面孔上一副凛然正气。

在2016年5月，她即将代表中国青年赴巴基斯坦进行外事访问的前一天晚上，我们如约相见。眼前这个穿着无袖素色连衣裙的时尚靓女，与想象中那个仗义执言、不惧暴力的记者还是蛮有距离的。她说，自己就是个矛盾的结合体，帮别人有足够的耐心，对自己的事却极其马大哈，人事档案至今还在家里搁着，工作多年的工龄为"零"。临别，她抢着埋单，终因力气不济而收手。她不好意思地说："下次我一定请你哈。"

人物简介：王羲，1982年生，山东广播电视台首席主持人、制片人，从2004年工作至今，给老百姓解决了大大小小4000多个难题。先后荣获全国"三八红旗手"、中国广播影视大奖、山东省抗震救灾优秀党员、山东广播电视"双十佳"节目主持人、山东广播电视台"爱岗敬业"十大杰出青年、山东省青少年维权先进个人、山东广播电视台首届"爱岗敬业"十佳员工等荣誉称号。她忠实履行新闻人的职责使命，致力于搭建公益平台，体现山东的"侠义"情怀，传承孔孟"仁义"精神，因贡献突出，山东省政府授予王羲二等功、三等功各一次。

王羲：齐鲁"小侠女"，温暖你我他

◎ 8 年帮助 5000 多人，市委书记成"粉丝"

——募集捐款累计 300 多万元，救助 5000 多人，这离我的目标还远呢。民政局局长告诉我，市委书记是我的"粉丝"，我的节目他经常看。

记者："小侠女"，很高兴在北京见到你！山东观众有个说法："有困难别怕，除了 110，还有'小侠女'。"作为日播节目的记者型主持人，出镜率是很高的，这些天不能露面了，观众们会不会想你？当然，也有很多人怕你，说你不好"惹"。

王羲：能被人"惦记"是件幸福的事，呵呵。我脾气倔。记得刚做记者时，去采访德州大沽河污染事件，工作人员说局长出差了。因为在院里见着了他的车，我就感觉他在躲我。等了很久，当从大门监控处看到局长准备上车时，我跑过去一把抓住他。他说这事不归他管，并不把我这个丫头当回事。我说："你如不解决我明天还来。"第二天又去了，他还是敷衍搪塞。第三天、第四天我还去，他躲不过去了，问题解决了。

有一家毛毯厂不发工人工资，拿毯子抵。我去采访时，老总见我回头便走。我在后面追，他钻进车里准备开溜。"你不能走！"我挡在车前。他踩了油门，我仍站着不动，盯着他。他服了，最终发还了工资。

记者们经常问我："采访做不下去了，怎么办？"我说："只管追踪下去，节目播了事情会有转机。"我坚信，追踪就是一种力量。

记者：好一句"追踪就是力量"！你对"半脑男孩"一追就是三年，报道百余次，并最后促成了这一手术。你还救过多个想自杀的人。前几天，你救助哮喘病男孩一事，引起山东省委常委、济南市委书记王敏的高度重视。

王羲：呵呵，我这人就有这股倔劲。"半脑男孩"的追踪报道做了三年，为了这个孩子，我前前后后跑了四十多趟北京，他的老家莒县我也去过二十多趟。在我的奔走呼吁下，为他募集了60万元，终于帮他"安"上了一个圆圆的脑袋。曾有人劝我别再报了，说这个孩子完全没有新闻点了。但我们不是为赚收视率才发稿嘛，只有事情解决了我心里才能画上句号。

事情的起因是这样的：半个月前，济南哮喘病医院向我抱怨，说一个爷爷带着重度哮喘的孙子来治病，病还没完全好，钱没交就走了。我一听，觉得这里面有故事，马上与院方去寻找他们。当我们开着救护车到他家时，孩子正在病危之中，家里的灰尘、羊毛全是过敏源。

原来他父母都是智障人，奶奶患有乳腺癌，全家就靠有残疾的爷爷种地为生。孩子成绩很好，因哮喘休学在家。晚上发病，他爷爷在邻居家借了点钱，把孩子送进医院。当时孩子的生命体征已快没了，抢救了两天才活过来。他爷爷担心交不上钱，才带着孩子偷偷跑了。见到我们时，爷爷沮丧地说再没能力治病了，孩子能活多久听天由命吧。那孩子听着眼泪不住地淌。他说爷爷没穿过一双买来的鞋，想长大挣钱给爷爷买双鞋。回到家我很难过，取了8000元钱准备送给他们。没想到，节目播出第二天，王书记看了重播，很受感动，给我们栏目组打来电话，并指示济南民政局、卫生局、慈善总会的同志赶往医院看望孩子，送去救助金。民

王羲历时两年半，往返北京近百趟，先后寻找了13家医院，为山东莒县的"半脑男孩"柱柱寻找救命的办法，在北京协和医院，柱柱安装了人造头骨，终于有了一个圆圆的脑袋。

政局局长还告诉我，王书记是我的"粉丝"，我的节目他经常看。

深度关注人的命运，并通过媒体的力量带给人温暖与希望，这是我的责任和使命。正是这种使命感，使我从死亡线上拉回了一条条生命。有个孩子患了神经性耳聋，他父母无力为他治疗，绝望中把孩子遗弃在汽车站，并把卖房子的钱寄给儿童福利院。打他手机时，也关了——种种迹象表明，这对夫妻是不想活了。于是我给他的父亲发去一条条短信，通过各种方式开导他们。当他父亲打来电话表达绝望情绪时，我立马开车赶去，一路劝解着，不敢挂机。见面以后，两口子脸色发灰，再拉开他们的布袋一看，里面有一瓶农药。急得我当时就把瓶子摔了。后来他们接回了孩子。有观众主动给孩子免费做人工耳蜗，小孩有了正常的听力。

我觉得媒体人的责任不仅仅是报道事实真相，更应该引领社会风尚、提升公共道德、促进政府机关切切实实地把为人民服务落到实处。"办事"类节目很多，竞争激烈。我认为不应去挖隐私、造噱头，而应踏踏实实地帮老百姓解决问题。

◎ 不怕挨打，不恋"主持"爱采访

——挨打，反倒增强了跟不平事斗下去的勇气！话筒就是我的"武器"。我喜欢说自己是个记者，而对"主持人"的称呼不以为然。

记者：《小溪办事》是一档为民办事的公益性栏目，记者经常需要面对错综复杂的纠纷与矛盾。所以，在解决过程中必然会碰到不少阻力。听说你在德州采访时，被前来阻挠的村支书殴打，引起广泛关注，央视也跟进报道，《南方周末》甚至用一整版报道。记不记得你被打了多少次？

王羲：推推搡搡、点点戳戳，甚至扇耳光……不记得有多少次了。有回被打得半边身子全是伤，怕妈妈担心，只好撒谎说是骑车摔的。第一次挨打是在青岛。一对老夫妻给我打电话，说他们遭遇了影楼的欺骗，服务缩水。我们过去后，那个老板说让我进一间屋子里谈。我没经验，就进去了，他们把门一关，七八个员工拿着东西往我头上砸。我一下子就晕倒了，醒时已在医院了。那对老夫妻哭着说："闺女，我们不采访了，这事我们认了。"我当时把手上吊针一拔，就去摄影协会投诉去了。

汶川5·12地震发生后，王羲赶到灾区发起"天使之翼——地震肢残儿童救助公益行动"，将孩子们带回山东免费给他们安装假肢、康复、心理辅导，如今照片中的男孩马聪已经成为四川省残运会篮球银牌获得者。

每遇到这种情况我想到的不是委屈，而是陡增了我跟这些不平事斗下去的决心。话筒就是我的"武器"，我希望通过这一"武器"帮助更多的人。

记者：听说采访的时候，你在条件挺差的地方有滋有味地吃老百姓的饭；他们倒给你的水不管看起来多不卫生，接过就喝；递来的黑乎乎的毛巾拿过来就擦。挺佩服你的。对于一个城里女孩来说，做到这些是很不容易。

王羲：我讨厌矫情。采访时，有的记者称农民朋友为"张女士""王先生"。我说，为什么不叫"大哥""大姐"呢？有次去救助院采访，流浪小女孩很没有安全感，就不说自己家住哪儿。为了让她信任我，我在救助站住下，搂着她睡一张床，尽管她身上有很重的异味。晚上，她偷偷地叫我妈妈。朋友们问我："这么脏的女孩你不怕有传染病吗？"我反问："你会嫌弃自己的家人吗？"

记者：你在大学时学的是播音主持专业，在很多人看来，主持人风光且不用受那么多苦。为何不选择条件舒适的演播室，而选择做辛苦的一线记者？

王羲：大学毕业后我做了半年多主持人，因为收视率不行，节目被停了。我一下闲着了，因为既不会写稿，也不会编片，急得直哭。哭完了之后从头做起。白天学习，夜晚在机房练通宵。出去跟老记者学采访，即使不要我写稿子，我也要求自己写一遍。那时，我从夜里12点到早上5点要给早新闻配音，之后休息一两个小时接着采访。那两个月特缺觉，但特有收获。

我喜欢说自己是个记者，而不是个主持人。我特别不甘于念别人写好的东西，觉得那是生命的浪费。即使要念，也一定把它改成自己的语言，绘声绘色，说人话、接地气。主持人应是一个内心丰富、有血有肉的人，而不是一个脑袋空空、不通人情的麻木的人。一个合格的记者必须"接地气"。我从小在城里长大，刚去农村采访时连方言都听不懂。但我下定决心：把自己变成农村人，采访时尽量穿着朴素、学说方言。现在，我对农村容易遇到的户口问题、宅基地问题等方面的政策掌握得比较好。所以，为农民办起事来，得心应手。

◎ 铁打的王羲，流水的搭档

——曾经有领导让我换岗位，被我谢绝了，前前后后换了七个搭档。一个好记者，除了有探究真相的执着，还要有关注人物命运的情感。

记者：在齐鲁台，有一句话："铁打的王羲，流水的搭档。"因为你的坚持，《为您办事》栏目做出了特色。2010 年，广电总局下文表彰该栏目，认为该栏目促进了社会和谐，体现了媒体责任感，是政府与群众之间沟通的桥梁，要求在全国推广这一经验。一档每天只播出三四分钟的新闻，得到了中宣部、广电总局的表扬呢。

王羲：这令我欣慰。栏目再小，认认真真做了，都会有成效。以此为契机，我们把节目打造成了现在的《小溪办事》。7 年多来，只有我坚持了下来，前前后后换了七个搭档。有时为了停水停电的小事跑一整天，特别熬人，中午饭经常到下午三四点才能吃上。原来经常跟我搭档的那个摄像记者，因此病到胃穿孔，我觉得特别对不住他。现在我的胃病也老犯，一年四季手脚冰凉。曾经有领导让我换岗位，我都谢绝了。能真真切切地帮老百姓办点事，我有满足感。"铁打的王羲，流水的搭档"，是句玩笑话，但我确实一直在坚持。山东有那么多老百姓信赖我，是因为我实实在在去为他们奔走，办他们的事比办自己的事还上心。

记者：以前《为您办事》就是一个小板块，每天播出三四分钟，只能帮一个人办一件事，改成《小溪办事》之后，是一档 25 分钟的独立栏目，每天有六七个特派员，一天可以办成好几件事。你的角色也转变成了主持人、制片人，可观众看到的你，依然是记者。

山东平邑发生石膏矿坍塌事故，4名矿工被困地下136米处，当时已经怀孕2个月的王羲（图右）赶赴现场，在零下20摄氏度的极寒天气下，在救援现场守候了13天，见证了4名矿工成功升井的生命奇迹，并在第一时间现场直播了升井的全过程，王羲的报道现场感十足，振奋人心。

王羲：我现在做栏目制片人、主持人，还要出去采访，每天就跟打仗似的。有人坐了演播室后就不愿意出去采访，而我特别不愿意把自己困在演播室，觉得三天不去采访就不"接地气"了，就不鲜活了，就有枯竭感。即使现在，我仍觉得演播室不是我的工作重心，应该到外面去，做记者型主持人。很多人越干越疲倦，但是我一直在认真地做，觉得要对得起所做的每一个片子。

记者：你是齐鲁台公益形象的代表，拥有多个头衔——山东省关爱留守儿童形象大使、济南出租车行业形象大使、"3·15"质量监督形象大使、粉红丝带形象大使、泰山爱心人慈善协会形象大使。"大使"有着厚重的内涵，应是孔孟的仁义精神和齐鲁的侠义情怀的体现。

王羲：我特别乐意做公益形象大使。作为关爱留守儿童形象大使，我在全省发起建立"留守儿童爱心活动站"活动，在全省已建立了51个活动站。作为出租车行业形象大使，一旦有出租车向我求助，我就像自己家人一样去帮助他们维权。"头衔"不能白得嘛。有时间各种活动我都参加，没时间的话也会

王羲深入藏区，为世界上海拔最高的小学捐赠物资，在阿里地区遭遇了车祸，但她坚持继续报道新闻并开展公益行动，被授予"西藏阿里地区霍尔乡中心小学荣誉教师"称号。

派记者去报道。我带头抽了血备放在中华骨髓库里，希望随时帮助别人。

我坚信人人都有向善之心，我们节目推广的理念就是积小善为大爱。希望通过这一平台，把社会上的爱心人士、爱心企业集合起来，让更多人得到帮助。我们还成立了"小溪书屋"，发起捐书行动，在贫困山区的小学建图书馆；建立爱心操场，给孩子们买运动器材。

有些记者把工作当成糊口的一份职业。我看着很着急，忍不住发了一条微博——"作为一个记者，能不能不这么无情，不这么冷血？能不能让我们多一点热忱，多一点激情？一个好记者除了有探究真相的执着，还要有关注人物命运的柔情。"

芳秀印象：

"小溪热心肠，有事我帮忙"，这句从2004年开始每天在屏幕上说的一句话，王羲一说就是14年。14年来，她已给老百姓解决了大大小小4000多个难题，帮助了5000多个人。

为了解决这些难题，付出有多少？恐怕她自己都说不清。每天风风火火奔波于帮忙现场，几乎无暇顾及自己的事情。为出版此书与她联系，希望能提供照片和准确简历时，她正在云南采访，答应两天后给我。两天后，我又联系，她抱歉地说："马上有直播，等直播结束后，一定发来。"当晚12点，才收到她发来的资料。她说，每天都得忙到这个时间才能自由地干点自己的事。

因为没时间顾及自己的事情，工作多年，工龄却为零；买了洗衣机，大半年了却没拆包装……全部身心扑在给别人办事上。做民生服务类节目，经常需要面对错综复杂的纠纷与矛盾，推推搡搡、点点戳戳时有发生，甚至有时被打得晕倒过去，浑身是伤，有时被迎面一耳光，有时被猛地一棍子……这么多年下来，不知挨了多少打！每次遭遇阻力后，她不害怕、退缩，反而越挫越勇。

为了及时解决问题，三四点吃中饭是常态，生活没有规律可言，胃炎常犯；一年下来，也没有休息日可言，搭档们一茬儿一茬儿地换，只有她仍执着地坚守。在她看来，报道新闻是任务，关注百姓、帮危济困是责任，一样都不能少。面对艰险，她为民办事的责任和热情从未消退过：发起"天使之翼——地震肢残儿童救助公益行动"；推动建立15个"小溪书屋"，让山区的孩子有书可读；发起"粉红丝带齐鲁行"公益活动，救助了100多个贫困乳癌家庭；深入藏区，为世界上海拔最高的小学捐赠物资；救助山东"半脑男孩"，救助白血病女孩，为耳聋考生安装电子耳蜗……

王羲致力于搭建公益平台，体现山东的"侠义"精神，传承孔孟的"仁义"美德。她把播音名取为"小溪"，我想用意就是，"集小爱为大爱"，让爱的涓涓细流汇聚成爱的汪洋大海。祝这个热心肠的"小侠女"，帮忙顺利，万事顺意，永浴爱的河流！

第二部分

记者编辑篇

我的采访是一种笨功夫，我没有那种想要的材料一去就能要到的本事，有时采访一整天，最后却只得到了一两句话，尽管只得到一两句话，但我觉得，值！

文章里面可能只写了五六个例子，但我却采访了不下五六十个例子，至少是10倍以上的量。

在采访时，伸出我所有的感官，包括心灵，就像老树的根一样，深深地扎入大地，收获原汁原味的东西，然后再把它们消化了，在写作的时候通过我心灵的每个毛孔释放出来。

我了解的新华社的那些好记者，包括那些老记者，都非常扎实，非常朴素，非常谦虚，对人民和国家有深切的关注和忧患意识。记者永远要记住，我走哪里，人家之所以对我好，有一定地位，无非是记者的这个"招牌"，所以一定要有自知之明，千万不能膨胀，不能飘飘然。

人物简介：张严平，新华社高级记者、领衔（首席）记者，全国优秀新闻工作者，第十届长江新闻奖获得者，党的十七大代表。长期从事政治、社会等领域的报道，尤以人物报道见长。曾经采写了杨善洲、王顺友、杨业功、王瑛、白芳礼等众多典型人物，在社会上有着广泛的影响。通讯《索玛花儿为什么这样红》获得中国新闻奖一等奖。她还受新华社党组委托撰写了《穆青传》一书。

张严平：27 年漫漫记者路

◎ 我的采访是一种笨功夫

——伸出我所有的感官，包括心灵，就像老树的根一样，深深地扎入大地，收获原汁原味的东西。

记者：人物通讯被人称作"吃力不一定讨好"的事，要深入下去，接触很多人，花大力气写作。而你的采访方式很特别，采访前你不看被采访人的背景资料，做"硬功课"。你的人物通讯刊出后感人至深，完全走进了被采访者的世界。你是如何敲开被采访者的心灵的？

张严平：写一个人物，你得懂他，不懂就肯定写不好。要想懂他就得通过采访去体会他的心。一位与我一同去采访王顺友的同行就问我："为什么你就能写出好的报道来？"我的体会是，在采访时，伸出我所有的感官，包括心灵，就像老树的根一样，深深地扎入大地，收获原汁原味的东西，然后再把它们消化了，在写作的时候通过我心灵的每个毛孔释放出来。因为带着生活的原态，又有了心灵的激荡，所以写出的东西就肯定不一样。

当记者要不怕辛苦，勤用眼，勤用嘴，勤用腿。勤用眼，用心地观察。观察环境，观察细小的变化。但了解人物内心世界，主要还得多交谈。我与人沟通的最大体会是，永远不要摆着一个记者的架子去和人家相处，要以心换心，平等相待，否则他会觉得很窘，甚至害怕。与他们聊天让我很快乐，而对方也很放松，聊的过程中就会收获很多意想不到的东西，这样你就较容易走进人物的世界里去。

采访信访局局长的典型张云泉时，除了与他本人谈，还与他身边的很多人交谈——与他帮助过的人谈，甚至与对他有意见的人谈。因为了解一个人，一定要立体。他作为当地的一个老典型，和很多记者都谈过了，所以一谈就是那些模式性的回答。了解了一个人的更多东西后，分寸感就把握得好。为此，我特意到信访局的信访窗口体会了一天，我才知道这活真的累，全都是上访的，一肚子冤，一肚子气，静坐的，哭泣的，申冤的，还有胡骂的，那都是让人头痛的事，怨不得他的前任，从来没有干满3年的。之后，我问了他一个问题："张局长，我在你的窗口待了一天了，那是一个很让人头疼的地方。你一天到晚在这个被不愉快的事、负面的事、有阴影的事包围的环境里工作，这个环境对你有没有影响？如果有影响，那是什么样的影响？"他愣了一下说："没想到新华社记者会提这么个问题。"这时，他用模式回答不了我了，便说，这个环境的确对他有影响，每天回到家里以后，头都炸开了，回家的前一二个小时，妻儿们不要跟他提任何事，一提就发脾气、拍桌子。长年累月这样工作，他心情不好。我又问了一个问题：既然这样，为什么能长期坚持下来？他说：当你

张严平走在马班邮路上

看到问题被解决了的老百姓写着"感谢共产党""共产党好"或者是写来感谢信，甚至是当着面向你磕头的时候，我觉得这就值了。他有一个这样的观念，认为信访部门是替政府给老百姓赎罪的一个单位，我做得好，老百姓感谢我，我就是替党和政府做了一件弥补的工作，这个很值。他讲得很真切，这是那些"模式"包容不了的。这些真心话，你得进入到他的生活里才能听到，才能理解。如果你对他一无所知，又问不到点子上，这些"活鱼"就不会"跳出来"。

走入王顺友的心路则不是靠聊天，完全是靠走邮路。马班邮路非常险峻，其中有一段路，甚至没有地方能放得下一只脚，只是马蹄踩出的一个个窝，窝的几寸之外就是悬崖，斜眼望去深不见底，吓得我冷汗流了一身又一身。我不敢吱声，生怕声波把马蹄震得踩偏了掉进深渊里。走过了这段最险的路，到了一段稍稍平缓的路上时，我的泪刷地涌出来了。可能有一两分惊吓，但更多的是为王顺友哭。一个人在这样一条路上走，简直是玩儿命啊。为了完成作为一个乡邮员的使命，为了方便山里的老乡，他一走就20年。他的忠诚、勇敢、坚韧一下子抓住了我。王顺友不善言谈，跟他聊不出什么来。跟他走完邮路后，我就感觉他内心里有着很丰富的情感，装着很多很多东西，这些所有的复杂的东西，从他的哭诉、他的流泪及马班邮路的险恶环境里流了出来。

还有一次，去四川采访长年被雪覆盖的雀儿山上的养路工陈德华，这座山海拔4700多米，他带着七八个养路工人就长年住在山上。我们乘汽车走了三天三夜才到山脚下，我一看那山根本望不到顶，山在云雾里，就如神话里的一座雪山一样。我们好不容易才到达山上，山下是鲜花盛开，山上却正下大雪。他们喝的都是雪水，因为是软水，所以嘴唇都是裂的，牙齿也老化得厉害，有的掉得像老人一样。山上一根青草都没有，路过的司机给他们的一点青菜，都省下来给我们吃，他们见到我们就像亲人。你不到这儿看看，就体会不到这样一群人，他们的青春，他们的生命，他们的年华就是这样度过的。采访完后，在回来的路上我一路默默地流泪，不断地回望那山，山离我们越来越远，仿佛挂在云彩边上，阳光一照，如同一座圣山。脑子里一直是陈德华的眼睛，所以稿件的题目我就拟为《走不出雪山上那双眼睛》。

记者：在你的作品中，表现人物性格的典型事例往往信手拈来，而与你一同去采访的其他记者却抓不住它们。你有什么特别的本事吗？

张严平：记者的水平都是相当的，智力也都相差无几，差别还是体现在采访到位还是没到位上。采访中要学会抓人物特点。记者不是写传记，无须什么东西都弄到手，只要抓住最能体现特色的典型方面就行。要抓这些东西，得在采访中用心地去感受。我的采访是

张严平在北川县陈家坝乡采访

一种笨功夫，我没有那种想要的材料一去就能要到的本事，有时采访一整天，最后却只得到了一两句话，尽管只得到一两句话，但我觉得，值！如果没有这一天的铺垫，我就得不到这一两句话，而且我也不会了解他这么深刻。如《明天太阳照样升起》中我写到一个居住在大山里边的老头，由于全家人在汶川地震中死了，他的房屋也被震倒了，于是被安置在一个安全些的地方，但他每天冒着生命危险，爬山越岭去喂他的马。他说照顾好了马，就可以生小马，慢慢就可以过上好日子。在地震刚发生几天、亲人全部逝去的时候，他还想着把日子怎么过好，很了不起。有人问我，你是怎么找到这个在痛苦中表现得很坚韧，对未来有着顽强意志的好典型的？我说，如果不一路深入群众中采访过去，不询问上五六十个人，我也发现不了这个老头儿。生动的例子生活中很多，也可能一下就碰到一个，那只能说明你撞大运，不可能每个记者都有这运气。文章里面可能只写了五六个例子，但我却采访了不下五六十个例子，至少是10倍以上的量。

我之所以慢慢走上写人物这条路，可能是最初写人物的时候有些感觉，领导就让我多写了些人物。做记者是一个积累的过程，我是学中文的，最初不懂新闻，就靠慢慢积累了。现在回过头来，发现最初的很多文章很幼稚，是采访的人物慢慢丰富了我。什么人物我都写过，高层中层的，三教九流的，都写过。如国家领导人胡耀邦、将军杨业功、《死亡日记》的作者陆幼青等等。

2005 年我写作的人物传记《穆青传》出版发行后，反映不错。写这部书我采访了很多人，社内社外的同事朋友、他接触过的老百姓等。在写作的大半年里，我经常是买一大堆菜回来，整个星期不下楼，写得很苦。我把写作重点落在穆青心灵的成长史上，通过选择一些能说明他每个历史时期心灵成长的最具代表性的事例加以表现。有两个方面的收获最大，一是情感上的收获，穆青与百姓的情感那样真挚，让我很受感动；二是在眼界上的收获，他让我看到一个更宽广的视角：记者脉搏的跳动要永远和着时代脉搏的跳动。记者的稿件不应只是对生活的再现，而应是一种发现与追求，这对我的启发很大。

◎ 诗意入题朴素行文

——标题凝结了感触的升华，最好的文字是最朴素最有味道的文字。

记者：好的人物通讯有着诗一般的意境，读来让人意气风发，神清气爽。人物自身精神固然伟大，而其事迹的感人更使人荡气回肠，如何开掘和表现人物的理想主义与浪漫情怀？

张严平：采访时我格外重视记录。好脑子抵不过一个烂笔头。采访中我一般都拿个笔记本记录。记录完后，我一般会翻开看看，这样这个人物在采访中基本上已较成型地呈现在脑子里了。在写作的时候，如果还翻着笔记本，那肯定写不好人物通讯。

我的写作没有什么模式可言。但我很重视大小标题的拟定，它们都是凝结了我的所有感触后升华出来的东西。多使用小标题可以使读者读起来不吃力。每个标题我都会想几个，但任何一个标题都是我基于采访之后的感觉的表达。如获得中国新闻奖一等奖的《索玛花儿为什么这样红》，最初的标题是《一个人的长征》，但想来想去，觉得并没有表达出我的感受，于是联想到去采访时是 5 月份，开满了漫山的索玛花，用索玛花入题有些意境，所以便拟了这个。我的文章标题之所以有些诗意，与我年轻时喜欢诗有关系。在大学里，我是诗社的成员，诗写得不怎么样，但我喜欢朗读诗，到现在为止，我到书店看到诗集就会买些回去读。这年头喜欢诗的人不多了，可这对我的影响很大。我也喜欢画，喜欢形象的设计。另外与我对生活的理解有关系，如一幅摄影作品，看起来很有震撼力，可是你去拍摄地却看不出什么来。这说明，眼光太重要了。

这启示我，生活是有诗意的，就在我们周围，靠我们的眼睛去观察。所以在写稿的时候，我追求一种生活的本质美。也许我有一双感受和发现光亮的眼睛，而这双眼睛就在我的心里。

在语言的把握上，我从来认为最好的文字是最朴素最有味道的文字，永远都不要花里胡哨的东西，永远不要卖弄什么。我现在在网上读到一些年轻人的文章，文字水平不低，但文字压过了内容，读者能感觉到他坐在语言上边，不要这样，而应永远把自己隐藏在里面，运用最朴素的语言，表达一个真正体味到的东西。

我觉得谋篇布局不是一个绞尽脑汁的问题，而是随着采访的深入水到渠成的东西，没有什么定势。文无定文，10篇10个样子。我现在警诫自己，千万不要在自己脑子里有模式，如果这稿子重复上篇稿子，那这稿子就毁了，僵死了，所以永远不要有模式，每一篇都是新的，哪一篇我都不知道怎么写。这样才能保持一种特别新鲜的状态。

◎ 27年只做一件事

——苦归苦，累归累，但从来没有觉得不值。

记者：为了能充分了解被采访人物，你经常与采访对象一起工作生活10天半个月的。作为一名女性，这种长时间、不确定的劳作对你而言，挑战不只来自于脑力，更是来自于体力。

张严平：是，很累呵！我每次回来都精疲力竭，很多次腿都迈不动了。有时我甚至对自己说，动不动就要下到基层去，这简直不是女性的活儿。有次回来的时候，我累得在床上和衣躺了两天，恨不得就这样躺上半个月。但这不可能，得赶紧把文章写出来。只要一进入写作状态，我可以两三天不上床，通过喝咖啡提神。当稿子完成的一瞬间，无比的快乐便包围了我。快乐还没完，新的任务就来了。每次都是活赶着活儿。我就想，能不能有一种不赶的生活？但又想，这是新闻嘛，不像作家写散文啊什么的，可以慢慢推敲，只好咬着牙坚持着。有时候感觉自己就如一台机器，在毁灭性地超负荷运转。有朋友劝我说，别那么傻，要学会养生。我说我也懂，一个女人，谁不知道得对自己好一点，保养啦、养生啦，我也懂。但一到那个时候，什么都顾不得了，身不由

张严平在采访中

己，稿件在这儿等着，写完再说吧，哪怕少活几年。

当记者27年来，休息日不干活的时候，回忆起来还真不多。这种状态的保持很不容易，要多苦有多苦，要多累有多累。有的时候，写稿写不下去了，感觉就有一堵墙堵在那儿，我只有通过猛听音乐来发泄。因为太苦了，我甚至说过"如果有来生，我再也不当记者"这种话。累归累，但我从来没有觉得不值。

我的父亲是个军人，有豁得出去的品质。我小时候他老给我讲战争的故事，我问他，如果你明知道要死，那你还去吗？他说，那也会去，因为我是个军人。我当时很吃惊，记得很深刻。所以到了要紧的时候，我就能豁出去。我不是苦行僧，有很多美好的计划，也想享受轻松的生活状态，可这些只有等退休后再补偿吧。

记者：你工作27年，就只做了一件事——当一个记者。据说和你同一年来新华社的，有的调离工作了，有的担任领导职务了，而你还是一个记者。

张严平：也曾有让我当个主任之类的机会，每次我都说："别，饶了我吧。"我没有当领导干部的潜质，包括当编辑。因为我这个人比较简单、粗心，政策把关能力较弱，写写稿子还行。我认为必须干自己比较擅长且认为快乐的事情。

我喜欢采访的感觉，爱戴这些被我采访过的人，觉得他们看似平凡却是了不起的人。在这个世界上，除了我的亲人让我有这么深的感情，就是他们。如果不深入他们的生活，我会觉得生活就是这个样，当我走进这些鲜为人知的普通人后，看到他们默默地付出，不求所得，内心像蓝天一样纯净的时候，才真正体会到人性的真实、质朴与高尚。

我热爱记者这个职业，不但采访给了我动力，读者也给了我动力。我愿意去了解这些普普通通的人，愿意去表达他们，从而让更多的人了解和感动，这能使我在职业生涯中感觉到心灵的高尚与美好，我希望这种美好的高尚的东西能传播得更远，给人一种温暖和鼓励，这是我的一个信仰。就是这个信仰，使我坚持到今天。每一次采访后我都能感觉到一个全新的自我，所以每当接到新的采访任务，我一点都没有厌倦的感觉，而是觉得又要去探索一个新的人物，触摸一颗新的心灵，就很兴奋。这种状态，是采访者给我的，我感恩这些采访。

记者：职业追求与职业态度规定着一个人职业生涯中的种种行为。那作为一个新闻人，该具有怎样的职业精神呢？

张严平：首先要热爱你所从事的这个职业；其次是要有责任感。开一个工厂或小店，只要对你的钱负责，而记者，是与人打交道的，关乎一个心灵的成长与塑造，关乎一种境界与素养，所以，每次采写前都得想到，作品出去后，在读者心中是会起反应的。另外，记者似有个浮躁的行业形象，一些电视剧里的记者，走哪里都是风风火火，能呼风唤雨，神通广大，风光无限。我觉得编剧不懂记者。其实好记者完全不是这种"范儿"。我了解的新华社的那些好记者，包括那些老记者，都非常扎实，非常朴素，非常谦虚，对人民和国家有深切的关注和忧患意识。记者永远要记住，我走哪里，人家之所以对我好，有一定地位，无非是记者的这个"招牌"，所以一定要有自知之明，千万不能膨胀，不能飘飘然。这是我不断告诫自己的。永远脚踏实地，俯身朝下，这是你的责任所在。

记者：除作品得到读者喜爱，你的付出也获得了多方肯定。除获得各种奖外，还受到胡锦涛总书记的接见与亲切鼓励，成为党的十七大代表。这些光环给你带来了压力吗?

张严平:很多时候我感觉压力大过荣誉。被更多读者认可、喜欢,跟我分享一种美好的东西,我可以得到一种欣慰和幸福的感觉。这是出名后我的收获。但同时,我永远不能辜负我的读者,每写一篇稿件的时候,我就想只要"张严平"这个名字挂在那儿,读者就会有期望,他们会希望在我的稿子里读出那分他们期望的感觉来。我不能让他们失望,这就是我的压力所在。我必须尽我的最大努力去做好,不一定能做得更好,但我至少不能倒退。人的一辈子,幸福不是轻飘飘的,永远都是与责任连在一起的,上天给了你快乐,同时也会给痛苦,得到这一面的同时,你得负担起另一面来。这是人生的辩证法。

芳秀印象:

与张严平的采访,约定于新华社大门右边不远处的一座茶楼。时间已是下午三时左右,她还没吃中饭。在茶楼里,一边吃饭一边聊,她吃饭和说话的语速都较快,用风风火火来形容,很恰切。

茶室的光线幽暗,她与我分享着各种采访的经历与感受。随着话题的深入,她的语调慢了下来,回忆起采访中的感人场景时,她泪光闪闪,几番哽咽。我也随着她的情绪起伏,泪眼模糊。

张严平有新华社首席记者之称,获奖无数,写下大量感人至深的作品。我问她,为什么同样去采访,其他记者抓不住那些细节,而你却可以?她说,记者的水平都是相当的,智力也都相差无几,差别体现在采访到位还是没到位上。我请教她什么是到位的采访?她说,文章里面可能只写了五六个例子,但她却采访了不下五六十个例子,至少是10倍以上的量,有时采访一整天,最后却只得到了一两句话。我一下明白了,"到位的采访",是通过这样的"笨功夫"实现的,也正是舍得下这样的"笨功夫",她才拥有了一双善于发现与捕捉的眼睛。

数十年记者路,何其漫漫!没有几个休息日真正休息了,她是用自己的生命在记录别人的生命！有时为了赶稿，几个晚上不上床，虽苦不堪言，虽也感慨过下辈子再不当记者，但还是无比热爱着这份事业，因为这份事业，给了她温暖、感动，让她体会到什么是人性的真实、质朴与高尚。

马班邮路上的王顺友，蹬三轮资助300多名贫困学生的白芳礼，发挥余热、绿化荒山的老地委书记杨善洲……"这一个个闪亮如星的人们，让我们在滚滚红尘中探出头，感受着一种生而为人的美好，让我们在泥泞的现实中，永怀明亮的心。"张严平享受这样的赐予，她在《只因为生命中遇到你》中，把这样的一种感受写了出来：

"人活一世，走过的路，见过的人，有过的欢乐、痛苦和爱情，这一切，如同一个雕塑师，最终雕刻了你的生命。回望自己一生，常常奇想，如果不是做了30年记者，如果不是在记者生涯中遇到那些人那些事，我还会是现在的我吗？

也许，我会比现在更老练沉稳，但绝不会比现在更真诚；也许，我会比现在更左右逢源，但绝不会比现在更清澈；也许，我会比现在更发达，但绝不会比现在更深情；也许，我会比现在更强悍更有能耐，但绝不会比现在更宁静从容。就像一颗种子，落在特别的土壤，遇到特别的光线，特别的风，特别的雨，长成了属于它自己的样子。与可能的我相比，我喜欢现在的我。固然，现在的我还有许多幼稚、浅薄、茫然、痛苦，但我知道，自己的内心始终被一束束光亮照耀着；我还知道，正是因为充满这样的光亮，内心对这个世界上的真善美和假恶丑永远不会麻木冷漠。"她的感动，也成为我的感动，就在敲下这些文字时，我有些泣不成声。

在看完访谈初稿后，张严平说欠我一顿饭。何因？她说文中提炼的语言与思想，正是她想说却说不出来的话。此话中虽有自谦，但对被采访者的语言进行加工与提炼，这何尝不是每期访谈要做的事情？据说，在参评长江奖时，她是唯一一个全票通过的获得者，这篇文章起了一定作用，这让我感到无比欣慰。

张老师，您说欠我一顿饭，我要说，您已给过我了，您给的精神食粮，让我一辈子也享用不完！每每想起您，便有一双纯净的眼睛看着我，让我对这个世界上的真善美和假恶丑不麻木冷漠！

"一位是不顾个人安危，冒着枪林弹雨在卢沟桥等地采访，拍摄中国抗战第一照，及时报道的方大曾；一位是不计个人得失，坚持深度采访，十五年如一日在全国各地汇集资料，还原历史真相，拍摄纪录和出版专著的中央电视台记者冯雪松。一位是历史上留有深厚记忆的记者，一位是坐在我们身边让我们充满敬意的记者。"中国记协党组书记翟惠生铿锵有力地如是说，并号召广大新闻工作者缅怀方大曾，学习冯雪松。

　　历时十余年，艰辛寻访，以一己之力孤单前行，在历史的碎片中不断"连连看"，真实还原了一个"消失"了70余年的杰出记者——方大曾。

　　《方大曾：消失与重现》一书，真实再现了这一寻访过程，两代记者跨越70余年的隔空对话，传递出两颗灵魂的同频共振。新闻学界泰斗方汉奇评价：这是对中国新闻事业史人物研究和中国战地新闻摄影史研究的一大贡献。而范长江之子范苏苏则说，该书为青年人信仰的天空点亮了一颗耀眼的星。

　　方大曾从历史中走了出来：方大曾纪念室建起来了，校园行公益计划付诸实践，该书繁体字版也在澳门隆重发行了，书的所有版税及收入，作者留作方大曾基金奖励年轻人……

人物简介：冯雪松，1969年生，中国中央电视台纪录频道副总监、中国作家协会会员、中国新闻文化促进会理事、中国电视艺术家协会会员。解放军南京政治学院、温州医科大学客座教授，河北大学、范长江新闻学院兼职教授，新华通讯社穆青研究中心研究员。曾任中央电视台办公室综合处处长、驻澳门首席记者。代表作品有：纪录片《寻找方大曾》《二十世纪中国女性史》《使命》《日子》等。专著《方大曾：消失与重现》《方大曾：遗落与重拾》《解读方大曾》《珍藏方大曾》等。倡建方大曾纪念室，发起"方大曾校园行"公益计划。曾荣获中宣部"五个一工程奖"特等奖、全国少数民族文学创作骏马奖、中国新闻奖、中国电视星光奖、中国电视金鹰奖、中国新闻史学会"新闻传播学国家学会奖"组委会特别奖等奖项。

冯雪松：追寻"消失"的方大曾

◎ 方大曾，消失 70 余年后，走进了公众视野

——中国记协组织座谈会纪念方大曾；繁体字版首发式和方大曾遗作展，澳门特区行政长官崔世安等出席。而 2012 年，方大曾一百周年诞辰纪念时，访谈节目中一个互动网友都没有，非常落寞。

记者：最近方大曾（又名"小方"）挺"火"的。《方大曾：消失与重现》一书出版后，社会上掀起了方大曾热，不少学校组织学生去方大曾纪念室缅怀学习。中国记协在 2015 年 5 月举办《冯雪松追踪采写方大曾事迹座谈会》，中央主要新闻媒体代表及科研院校代表都做了发言，并进行了广泛报道。据了解，中国记协为个人召开座谈会，2015 年只有两人得此殊荣，另一人是汤计。在追踪采访方大曾的时候，您想过会有这样的结果吗？

冯雪松：从来没有想到过。4 月，接到中国记协打来的电话，说正筹备关于方大曾的座谈会，希望我能提供资料，准备 10 分钟的发言。方大曾是我十几年来一直寻访、不能割舍的情结，能以官方的名义来纪念他，我很高兴。那天到现场一看，主题赫然写着"冯雪松追踪采写方大曾事迹座谈会"，我一下愣了。以至于当很多与会的各主流媒体代表盛赞我为"记者中的杰出代表"、"媒体人的楷模"之类时，我还以为是说的方大曾，没反应过来。感谢中国记协和新闻单位对于方大曾的纪念和对于我本人工作的肯定，我一定会继续努力。

8 月，在澳门举办的《方大曾：消失与重现》一书繁体字首发式和方大曾遗作展，澳门特区行政长官崔世安、中央驻澳门联络办主任李刚及外交公署特派员等都出席了。与 3 年前方大曾诞生 100 周年在央视网做纪念日访谈时，一

个互动网友都没有的落寞情景形成鲜明对比。

记者：这种巨大落差，可不可以说，缘于《方大曾：消失与重现》一书的强烈社会反响？自 2014 年底第一版面世后，不到一年时间，就连续印刷了 4 次，被列入"解放书单"推荐阅读，人民日报、光明日报、解放日报、文汇报等报刊刊发了书评。书中一代名记方大曾的专业主义与爱国情怀让人感慨，而你坚持 15 年寻访的故事，也非常让人感动。方汉奇说你把湮没了 70 多年的一位杰出的新闻工作者方大曾推到了历史的前台，让他的名字开始为公众所知晓，他将永远活在我们的心里。出版此书出于什么初衷？

冯雪松：寻访方大曾多年的故事，被上海一家出版社知道了，他们于 2013 年 8 月约我写这本书，我非常兴奋，于 2014 年 6 月写完。当时出版社谈版税什么的，我在合同上除了写名字和身份证以外，其他都空着让他们填。只要书能出来，就算对这十几年寻访有了一个交代，当时没想太多。

书出版后，方汉奇先生充分肯定该书及方大曾在中国新闻史上的地位，把这本书推荐给"中国新闻史年鉴"，希望列入该年鉴。还希望有一天，"方大

冯雪松（图右）与方大曾纪念室里的方大曾塑像对视，这是两代记者的隔空相望。

曾"这个条目能列入《中国大百科全书》，成为目前新闻出版卷108个人物词条后的第109个。

之后，新华社约我做关于方大曾的节目，并发出"《方大曾：消失与重现》出版七七事变报道第一人浮出水面"的消息，引起强烈社会反响。3月，全国人大代表陆波先生提出议案，希望相关部门以官方的名义纪念方大曾。5月，中国记协举办座谈会，之后，香港大公报邀请我出席"一份报纸的抗战"论坛，并做了《伟哉大公报 壮哉方大曾》的主旨演讲。《人民日报》7月2日发表题为《冯雪松：寻找方大曾 勉励后来人》的专访，央视《等着我》《朝闻天下》栏目推出关于方大曾的节目。9月23日，为期两年的"方大曾校园行"公益计划开始走进校园，首站从清华大学启动。一系列的效应都出来了。

◎ 结缘小方，以一己之力，横穿历史的荒山野岭

——报题不顺利，采访多曲折。为一点点把他夯实，在北京图书馆里，我度过了4个半月。后期，摄制组的人陆续走了，只有我一人坚持。

记者：《方大曾：消失与重现》一书详细地记叙了您与方大曾的深厚渊源。一张普通的传真纸，几句简单的介绍，与栏目定位相去很远，很多人也许当即扔进了废纸篓里。而您，却把这一个偶然的际遇，变成了一段传奇。这是冥冥中的天意吗？

冯雪松：偶然与必然是互相转换的。看似偶然，其实是一种必然。1999年的一个下午，我收到了一张传真，上面写有方大曾的简单介绍，说他拍摄了几百张历史照片。我一看，就来了兴趣。但这个选题跟我所在的栏目关联度不大，报题并不顺利。

见到精心保管着几百张底片的方大曾妹妹方澄敏老人时，由于中风，老太太拿出·张哥哥的照片，举着，看着我，哗哗淌眼泪，满脸的无助。哥哥小方在1937年神秘失踪，母亲就在东单协和胡同的家里等了他32年。当时院子里有间小方用木头做的冲洗底片的小暗房，平时和颜悦色的外婆，只要孩子们靠近，马上就疾言厉色："赶紧离开，那是你大舅的东西！"老人的遗嘱就是，用这个小木屋做口棺材，她要永远跟儿子在一起……

我的心，被击碎了。对于这一幕，谁都不能无动于衷。对流动的画面我感

觉很准，但对平面的摄影，认识不一定准确。为了验证判断，我带着一些放大的照片找新华社著名摄影师唐师曾看。唐师曾认为这样的摄影师只在玛格南图片社才有，没想到这种关注人性与底层的工作方式，小方几十年前就这么做了。唐师曾说，方大曾让他肃然起敬，一个背包、一个相机，到最底层、最危险的地方去，这是职业精神的最佳体现。

记者：当时有关方大曾的资料凤毛麟角，中国新闻史上没有他的任何痕迹，中国摄影史上也只支离破碎地提到他几次，加起来不足一百个字，连一个生平都没有。从一张传真开始还原、拼接历史小碎片，还要用画面的形式呈现，碰到的困难应该不少吧?

冯雪松：准备着手做时，资料太少，我就沿着小方报道中提及的路径寻访，走了两趟。第一趟没人愿意跟我走，认为去找一个70年前就消失了的人，是在做无用功。我只身一人坐大巴和火车，走了保定、太原、大同、石家庄等地。那时，找宣传部、党史办、方志办，还找年龄较大的老同志问。怕接近不了小方，就找气象台等单位，通过查气象，判断他处在怎样的环境中。

这个过程非常曲折。有些单位把我轰出来，认为我是假记者，看了记者证与介绍信，还不相信，说没见过央视记者坐大巴来的。大半个月，只有蠡县宣传部的一个同志请我

与小方同行

吃了一顿饭，把我感动得热泪盈眶。从蠡县到保定，我用脚一路走着，当年小方也是一路走着去的，文章描绘那儿的地理与环境，包括麦子的生长情况，我一边走一边体味。在实地找不到更多线索时，我就泡在图书馆里、故纸堆里刨，一片一片儿地把资料刨出来，再拼接起来，然后再相互印证。把他的文章和照片印证，把别人的文章和他印证，一点一点儿地把内容夯实了。在北京图书馆里，我度过了四个半月。几乎每天早上，我带着面包进图书馆，直到很晚才回家。有时，出图书馆休息一下，看着太阳都晕，闻着那书卷的味儿只想吐。但苦中有乐，每当发现一点儿新线索时，我就很兴奋。

后来正式拍摄了，每顿饭的预算4个人只有50元钱，几乎只能吃主食。到了后期，摄制组的人都陆续走了，只剩下我一个人。

记者：从确定做方大曾纪录片选题开始到完成的这一过程，伴随着您父亲查出癌症，然后手术、住院，最后离开的过程。当时，您所在的栏目主要关注艺术动态，受关注度很高。若采访书画名家，甚至还可求得一些字画之类。而选择这样一个选题，非常不讨巧。作为家里顶梁柱，把患病的父亲留给母亲，当时，是怎样一种力量，使您如此毅然决然？

冯雪松：确定选题后不久，父亲被查出了癌症，给毫无思想准备的我当头一棒。我是草原的孩子，来到北京是想干事来的。纪录片第一版因经费不够，只拍了北京。领导觉得片子不错，给了经费让接着拍，于是我就去外地拍。拍到小方就读的中法大学时，家里催回说父亲不行了，回到家第二天父亲去世了。在家里待了三天，处理完后事，我带着摄制组去山西接着拍，赶在2000年11月8日，中国首个记者节播出了第二版。

那时，也可以选择照顾父亲，但片子就会草草收场，小方反正找不到了，就拿素材编呗，很多人就是这么做的，剩下的经费还可以挣下。但我却选择了往里搭钱，我珍惜和方大曾的这次感动相遇，如果不去一点点寻找，他就真的消失了。认知小方的历史价值，首先要跟他在同一个频道，有同样的价值观、人生观。

一开始是以我一己之力，把小方从荒山野岭的地底下一点点推上来，现在以媒体人集体的力量来宣传他，仿佛走上了高速公路。但那个时候，没有任何力量来拉我，我必须用尽我的所有力气。而且，那时的拍摄团队停拍一天的各种损失，我承担不起呀。父亲走了，给我留下无尽的哀思，我想他一定会理解我的。

◎ 寻访小方，15年不曾歇息，只为给民族一个交代

——拍摄关系结束，但渊源没法剪断。开始是为了给小方家族一个交代，不断往前走，觉得该对民族有个交代，给后人留下一种追随的精神。

记者：在您完成了有关方大曾的纪录片之后，这件事就可以放下了。那时才二十多岁，就已经是总导演了，曾经带领五十多个人的团队做过大型纪录片。您完全还可以做更多抢眼球、意义更大的选题呢。可是选择了对方大曾的继续追访，耗费了很多时间与精力。这，为了什么？

冯雪松：拍摄任务结束，但与小方的渊源却没法剪断。一开始，寻找某种程度上是为了给他的家人一个交代。但是不断地往前走，小方的价值愈加凸显，我觉得所做的这件事，是对我们民族有个交代。"传承民族精神，弥补国家记忆"，不应该把这样一个对历史有贡献的人忘记。

方大曾成为我放不下的心结。他一天没有结果，就是我永远的选题。香港《大公报》曾以《最长的选题》报道我寻访方大曾的事。每次当事情变成一个句号的时候，又打开了一个问号，然后又变成逗号，又接着能往下找。在必然和偶然的这种开开合合间，一点点地往前走。直到今天，我只要有机会，就查找与他有关的材料，有时候去图书馆查，有时候在网上查，看他同年代的人，是不是有提到他，然后再从这些线索里面搜寻，有时找相关当事人或者其家属深度挖掘。消失前两年，他写了很多文章，我现在还在不断地发现中。上个月，又发现了他的一篇文章《由保定向北去》，发表在1937年8月15日一份广西的报纸上。

寻访的路越往下走，越觉得有太多事情要做。比如，方大曾的作品除了有大量照片，还有通讯、消息。我想把多年收集的这些通讯全部梳理出来，请20位范长江奖得主谈体会，出一本书，我相信，这也很有价值。

记者：除了有文字和图像纪念方大曾以外，在河北保定，有一个方大曾纪念室，也受到广泛关注，不时有各地媒体采访报道此事。很多学校以它为爱国主义教育基地，组织学生去缅怀、学习方大曾的精神。在您的努力下，小方成了实实在在具体可感的现实存在。

冯雪松：今年3月底，我把《方大曾：消失与重现》一书送给保定市长，

中国记协组织召开冯雪松追踪采写方大曾事迹座谈会

建议他们设立方大曾纪念室，给小方的英魂找个家，因为他的最后一篇文章是 1937 年 9 月 18 日写于保定。后来经多方筹措，7 月 7 日方大曾纪念室在保定落成，方汉奇先生题匾。现在，方大曾作为中国新闻史上著名新闻人已成定论。由原新闻出版总署署长柳斌杰主编的《中国名记者》丛书，就把方大曾列入"中国名记者"，请我写了一篇一万多字的文章。作为一个新闻人，我觉得挺骄傲的。不但弥补了中国新闻史的空白，还给后人留下一种追随的精神。

◎ 追随小方，是一本开放的书，永远在路上

——寻找和介绍的过程，是净化自己的过程。希望更多人加入寻找方大曾的队伍，这个队伍越壮大，传递的正能量就越多。

记者：中国记协党组书记翟惠生说："两代记者的故事追寻的是同一种精神。因为这种精神，使中国记者始终面向现实，不畏艰难困苦，记录世界，牢记为国家为民族为人民鼓与呼的责任。"在您看来，这种精神有哪些内涵？

冯雪松：方大曾身上的朴素、敬业、怜悯的家国情怀最让人感动。同时代

的很多人有相机，但是大都以拍风花雪月、美女月光、写意之类为主。他的视角对准普通大众与基层，给那些不相干的老百姓拍，拍门口的车夫、苦力，却舍不得给家里人拍。他妹妹说，我们不敢要求拍照，都怕碰钉子，哥哥跟门口的车夫熟极了，出来进去都打招呼，但是从来不坐洋车，到哪儿都骑自行车。父亲译学馆毕业，留过学，就职于外交部，母亲是一个开明的家庭主妇，家庭环境很好，他却从小觉悟很高。

寻找和介绍方大曾的过程，也是净化自己的过程。方大曾在25岁失踪之前，是一个通透、阳光、率真的人，几乎没有瑕疵。他留下的都是正能量，这些正是年轻人需要的。我通过小方反观自己，用小方精神来指引自己。我与方大曾相互成就，这其中由艰辛变成的快乐和成就感，是无与伦比的。

原新闻出版总署副署长李东东看了书后说："在学习继承新闻前辈优良传统的时候，我们常常想到的是忠诚、执着、敬业、奉献，优秀的新闻人应当是优秀的文化人，这些在雪松同志身上，欣喜地都看到了。"这样高度的评价，对我是一种鞭策，对年轻人，是一种启发。

记者：9月23日，"方大曾校园行"公益计划第一站在清华大学启动，学生们踊跃参与，效果非常好。到2017年7月卢沟桥事变80周年、方大曾诞辰105周年，两年间，您计划走进20所一流大学的新闻学院。您本人工作

冯雪松随中国文联纪录片代表团访问德国，出席"中德电视纪录片创作研讨会"，获"中德文化交流友好使者"证书。

已很繁忙，放弃休息时间，走入高校，其实是给自己增加了很大的压力。选择这样做，想要实现什么效果？

冯雪松：这个活动是公益的，目前已接到了多所大学的邀请，两年内基本安排满了，因为平时要做行政管理工作，所以时间和精力有限，有些学校没有安排进来。我想要让学校里的孩子们学习和继承方大曾的精神，培养他们的社会责任感，将来到社会上能有担当。范长江之子范苏苏先生，70多岁了，看完《方大曾：消失与重现》后，给我发来信息："雪松老师，现在青年人没有理想没有信仰，整天追星，也不去了解过去，方大曾会对他们产生积极的影响。一个二十出头的年轻人，在国难当头的时候，义无反顾地孤身一人奔波在战地的最前沿，这是一种什么样的精神支撑了他？你的精神也深深地感动了我。"

我希望通过校园行，让方大曾的热度不断持续，使他的精神深入人心。在每次结束讲座的时候，我都希望大家加入寻找方大曾的队伍，这个队伍越大，影响力就越大，传递的正能量就越大。在书的后记里，我说希望它是一本开放的书，虽然由我来执笔，但是它属于全社会，大家都可以共同补充、修正那些未知的部分。

记者：《方大曾：消失与重现》一书的所有版税及收入，您为何分文不取？这么多年的寻访，都由自己的工资支撑。

冯雪松：留作基金，全部用于宣传推广方大曾，希望有一天设一个"小方奖"，奖励有新闻理想、专业素养、职业精神，为新闻事业奉献的年轻人。港澳记者曾问我，是哪家基金支持这么多年的寻访？我说是家庭基金。为此，我无怨无悔。

芳秀印象：

对方大曾近20年的虔诚追寻，已荡涤了冯雪松的凡心。他说，小方已经像家人一样融入了自己的血液里，当在生活和困难面前抱怨时，总会觉得无法与那双清澈透亮的眼睛对视，而忌惮、畏惧。今年已快50岁的他，一直保持着每天步行的习惯，知易行难，他觉得，永远在路上，是一名记者的基本素养。

迄今有关小方题材的书，冯雪松已出版了5本，得到过国家级文学奖项，

也受到了学术界的嘉奖肯定，其中一些已被翻译成英、韩、印地语等，走向国际。小方渐渐成了一张跨越国境的通行名片，在人们眼中，他不只是一个摄影家、战地记者，还是一名国际反法西斯战士。冯雪松说，他被美国纽约州立大学邀请去讲座，孔子学院外方院长原本计划礼节性出席5分钟，结果被小方的故事吸引，整整听了两个小时！其中讲到一处有意思的事时，同学们笑了，同声传译的人因听得着了迷忘记及时翻译，院长迫不及待地追问他："说的啥？快告诉我！"

目前，冯雪松受邀到清华大学、北京大学、中国传媒大学、暨南大学等近四十所知名大学去演讲，与数万学生分享他追寻小方的体会，甚至有医科类大学聘请他为客座教授，因为，小方的精神，是值得所有年轻人学习的。现在寻访小方的人越来越多，队伍越来越庞大，他很开心。《方大曾：消失与重现》一书首版，一年内重印了5次，加上后来几本书的版税他都捐献了出来，全部用于方大曾精神和事迹的推广。

担任中央电视台办公室综合处处长十年之久，平日事务繁杂，小方是他业余时间研究的"自选动作"。有人说他很有眼力，在很早时选择了小方这一"潜力股"。他笑道，从来没想过有今天，当时一个人背着包从赵公口出发去寻找小方拍摄纪录片时，只不过为了帮小方妹妹——一个孤苦无助老人，实现寻找哥哥的心愿。20年来，他走过了多少羊肠小道，历经了多少孤单与误解啊！今天，寻找小方的行程，似乎驶上了充满鲜花与掌声的"高速公路"，他希望更多的人加入寻找小方、学习小方的队伍中来。

如今的雪松，刚履新央视纪录频道副总监，回归老本行，也许这是对于初心最好的依归，因为心里装着小方，现在他觉得生命充实而饱满。

过去的四五百天，在行走中坚持采访，要克服很多困难，突然回到很安静、舒适的环境，一时回不过味，好像还在路上，满脑子是那些永远不会忘记的场景。

每篇新闻的写作过程只占付出的10%到20%，最艰苦的恰恰是很多幕后的劳动。要讲细节、讲方法，要非常感性，亦要非常理性，既有动力又有实力。

有时候责任是一种勇气。汶川大地震发生时，我正在新疆的喀什采访，得知地震消息，赶去地震灾区采访20多天。之后，夜以继日熬了7昼夜，写出《永远的汶川》一书，表示对灾区的纪念。之所以这么快，觉得这是责任所在。

人物简介：赵亚辉，1975年生，人民日报社高级编辑，人民创投总经理，团中央宣传部副部长，全国青联新闻出版和新媒体界别秘书长，武汉大学博士，第17届中国十大杰出青年，中直五一劳动奖章获得者，全国优秀新闻工作者，第十届中国青年科技奖获得者，"新闻战线全国巡回报告团"成员，全国抗震救灾报道先进个人，曾获中国新闻奖一等奖、中国科技好新闻一等奖等。多年来，屡次参加重大和突发事件采访和调查性报道，采写了一大批有影响的新闻作品，著有《永远的汶川》《亲历世纪大灾难》《珠穆朗玛峰究竟有多高》《跨国大救援》等书，《珠穆朗玛峰究竟有多高》入选新闻出版总署向全国青少年推荐百种优秀图书目录。凭借在科技和传媒领域的长期积累，在文化产业投资领域有着出色的业绩。

赵亚辉：亲历现场　感受责任

记者：重走中国西北角亲历式采访，此行充满传奇。你的感受和收获是什么？

赵亚辉：这次是涤荡心灵的一次行走，感受颇多。最重要的是，没有半途而废，坚持走完了全程。现在刚刚回到北京，安安静静地坐在温暖的家里，没有危险，没有动荡，没有漂泊，突然有点不习惯了。因为过去的18个月里，行走中坚持采访了四五百天，每天都在变化，经常要克服很多困难，突然回到很安静、舒适的环境，一时回不过味，好像还在路上，满脑子是那些自己永远

赵亚辉从人民日报社出发，一个人一辆车，踏上重走中国西北角的征程

赵亚辉在珠峰野外露营写稿

不会忘记的场景。

　　记者：给我们讲讲那些故事吧。

　　赵亚辉：西北的很多地方大家可能听说过，但是这个土地上人们的生存环境及其命运转折却鲜为人知。这是一次"百科全书"式的采访，一次马拉松式的采访；是一次报网互动、融合媒体的实验，更是一种涤荡心灵的"朝圣"。说它是"百科全书"式，因为它涉及的领域特别多，采访的内容包括政治、经济、文化、环境等，展现民生、民情、民意、民俗。互动是指人民日报社与人民网的互动，博客和网友的互动。人民网上辟有专题网站、博客及与网友互动的邮箱，网友们留言超过 10 万条，包括提供新闻线索。我分别向人民日报社、人民网发稿 260 多篇（组）、图片 4000 多幅，专题网站和博客总访问量达4000 多万，同时还有不少视频报道，中央电视台《百科探秘》栏目用这些视频素材制作了 9 期专题节目。汶川大地震发生时，我正在新疆的喀什采访，得知地震的消息，又去地震灾区采访 20 多天。之后，夜以继日熬了 7 昼夜，写出一本书《永远的汶川》表示对灾区的纪念。之所以这么快，首先觉得这是责任所在，其次因为之前有很多积淀，灾前重走西北角在川西北采访了 3 个月，有很多记录和积累。这也得益于对自己的逼迫，我在开始重走西北角时，第一天就开了一个博客，逼着自己每天写东西，我不想在重走过程中没有思考和积淀。

记者：你行走在人迹罕至的路上，艰难险阻难以想象，个中滋味唯你自知。

赵亚辉：最大的困难就是你不知道下一个困难在哪儿。困难是常态，因为孤身在外，走的地方大都是偏僻荒凉的，你真不知道下一个困难在哪里。比如说到一个荒凉的地方车坏了，再比如，明明知道下一个目标点是在 80 公里以内，却死活找不到路。在罗布泊有一次深夜迷途，距离下一个补给点越来越远，油也不多了。一直到第二天中午才找到路，到补给点时，车上的里程表显示最多能开 10 公里。还有一次，车陷入了沼泽，30 厘米高的软泥，人站在上面就往下陷。等几个小时后终于走出来的时候，所有人都成了泥人。白天采访，天黑以后，找个地方住下来赶紧写稿子、整理照片，经常吃不到饭。最晚

最早抵达的中国记者赵亚辉在伊朗大地震废墟现场

一次熬到第二天早上六点多，八九点又得接着采访。当地有网络信号可以发稿，有时发不了，要想办法找网吧去发。这种事儿简直是家常便饭。

从北京出发前我到各个书店搜罗了一遍，买了差不多200本关于西部的书和资料，去时就带了三个大箱子，边走边看。同时通过互联网了解每一个地方的信息，收集当地的书和材料。一路上因为书和材料太多，一边看一边往回寄，最后还带回来整整一车。回来后粗粗统计有1000多本书。

记者：不管环境多么恶劣，不管前面遇到什么阻碍，你总是义无反顾地向前，向前。是什么在支撑着你？

赵亚辉："平静"，一个人一生最终是要寻找内心的平静。我去做这些事情，也是一个寻找的过程。对一个记者而言，我觉得到新闻现场是分内之事，一种责任的体现。怎么才能写出打动人心的报道？我认为就是亲历现场。在亲历过程中，你可以寻找一种对生命意义的体验，让自己享受一种生命的激情。这就是一个记者的工作要求和工作状态，当然这个过程是有危险和困难的，你要讲细节，讲方法，要非常感性，亦要非常理性，既有动力又有实力。重走中国西北角是一个大跨度的浩大工程，我始终有一种使命感，

赵亚辉在印尼班达亚齐重灾区采访

就是作为一个党报记者，有责任去反映时代大变迁下的微观西部，去还原一种真实。

我在去北川中学采访当地的贫困生时，跟他们一起打篮球，肩膀被撞脱臼了，平生第一次进了手术室。因为没有休养，挂着一个绷带坚持采访，复位不是太好。后来路上右肩又脱臼了两次，绷带在脖子上挂4个多月，不得不做了手术，永久留下了3颗钉子。我想我不后悔，因为重走西北角没有中断，没有半途而废，这个牺牲值得，是有价值的。

记者：你认为作为一个新闻记者应该具备怎样的责任与担当？

赵亚辉：我认为责任是真正脚踏实地做事，不是唱高调，不是说大话，而是关键时刻是不是可以冲上去，是不是具备克服困难的勇气和能力。一个事件的发生是偶然的，但是你遇到偶然之后，还会发生什么，对你来说是必然的。因为你对待偶然的态度是什么，它就会同样对待你。第一时间我会设法去现场，并采取各种各样的方法完成现场报道，这源于一种对责任的理解。其实每篇新闻的写作过程只占付出的10%到20%，最艰苦的恰恰是很多幕后的劳动，比如有时候到现场的过程就要比写稿子的过程艰难千百倍。

有时候责任是一种勇气。很多人都写过三聚氰胺，都记录了这个事件，但是只有简光洲一个人的名字被人记住了，因为他虽然不是最早报道的，却勇于把这个企业的名字点出来。

往往真正的新闻在新闻的背后，比如说这次去有关汶川地震损失的发布会现场，我不是就会写会，而是通过会议接触很多评估的专家和院士，会后对他们进行大量采访，拿到了第一手的数据和素材。一些记者当时拿了新闻稿就走了，我留了下来。

记者：中央领导同志说你是记者的榜样，可以把你的事迹列入大学新闻教材。你认为作为一个记者要具备哪些方面的综合素质与业务技能？

赵亚辉：首先要做一个好人。其次，做好人不够，还要懂新闻。记者应该是杂家，应该很博学。现在跟过去不一样，社会千变万化，70年前，范长江先生走西北角写了很多旅行通讯，现在再走西北角，应该有更多的要求，要报道出这个时代的更多更深刻的东西。我想记者还要具备更好的职业精神和业务水平，包括好的文字水平及拍摄水平。要成为采访领域的专家，不能说胸有成竹，至少不是"门外汉"。要有意志力，需要自己有调节自身心理压力的能力，要习惯面对残酷现实，冷静客观报道。还要有应变能力，在前方采访时，会有很多新的情况发生，要靠自己的灵活与执着去解决问题。还要有爱心，体现人文关怀，尊重和保护被采访对象。除此，要懂得使用和维修电脑、汽车的有关技术（笑）。

芳秀印象：

采访赵亚辉时他刚重走完中国的西北角，一副风尘仆仆的样子。我们在人民日报社食堂文贤居餐厅边吃饭边聊。

2007年6月21日，历时15个月，他沿着范长江当年西北行主要路线进行亲历式采访，关注时代大变迁下的微观西部。行程超过10万公里，逾180个县。沿途路过人迹罕至的草地、红军长征的雪山、原生态的藏区、荒凉干旱的大漠戈壁、神秘的罗布泊、少人进入的民族聚居区、人迹罕至的三江源、雄伟壮阔的喀喇昆仑和天山深处等地区。他一路走，一路写，除了给人民日报系写稿，还开设"重走中国西北角"博客，访问量超过2700万，留言和评论超过10万条。

我们的话题围绕他这次亲历式采访展开。当他讲到精彩处时，我简直仿佛在听一部惊险的冒险剧，难以想象如此多的困难被他一一破解，如此多的文字、视频竟出自一个本科学机电工程的人之手。

很遗憾，我没有对他的诸多其他重大突发事件采访进行深挖，也许是作为低头不见抬头见的同事我认为随时有机会与他探讨，所以当时的想法就只是呈现一个记者对亲历式采访之行的感受。

赵亚辉采访过的重大事件非常多。他还曾上远望三号航天测量船跨越三大洋，赴伊朗巴姆地震重灾区抢救重伤员，随科考队在喜马拉雅山冰川徒步采访50天，赴印度尼西亚海啸重灾区采访世纪灾难，跟踪2005年珠峰测量行动超过百日，随潜水员潜入云南抚仙湖底探访水下古城，单车横穿罗布泊进行科考探险，第一时间赶赴汶川地震重灾区现场⋯⋯

　　他在一篇文章中，解释了为何在不算长的记者生涯里，见证了如此多重大和突发新闻事件的原因。"其实很简单，因为用心了，因为投入了，因为愿意去了，因为舍得放弃了，所以把握住了，然后超越了自己。"如今的亚辉是人民创投总经理、人民网文化产业基金管理合伙人，在人生的另一轨道上，他开始了又一次的挑战。凭着拼搏精神与长期积累，如今他在投资领域也取得了不错的成绩。

在第 10 届长江韬奋奖的名录中，有一个名字很普通——刘素云，而她的报送材料不一般：驻外战地记者 4 年，时政记者 10 年，多次为国家领导人起草新年讲话。

在中国国际广播电台二楼敞开式的咖啡厅里，这位"刘素工作室"的当家人，向笔者娓娓道来。谈在耶路撒冷的驻站经历，谈对新闻的理解与追求，谈生活的真谛与感受。下班的人陆陆续续从这里走过，不时飘来嘈杂与喧嚣，而独属于我们的那份宁静和感动却在不断升腾……

人物简介：刘素云，1961 年生，中国国际广播电台高级记者，现任国际台埃及记者站首席记者。1983 年毕业于兰州大学中文系，同年进入国际台工作。1990 年至 2000 年，任国际台时政记者，参与采访报道了中国领导人在国内外的一系列重大外事活动以及外国领导人的访华活动。2000 年至 2004 年，任国际台驻耶路撒冷记者站首席记者，多次前往爆炸现场和冲突前沿采访，其间采写的稿件获得中国新闻奖、中国国际新闻奖等奖项。2007 年被评为国际台首席国际新闻编辑，主持策划编写"国际传播人才培养系列丛书"以及多部国际人物传记类图书；2011 年至 2018 年任国际台驻日内瓦记者站首席记者；2018 年 7 月起担任国际台驻埃及记者站首席记者。曾获中宣部"四个一批"人才（2011 年）、第十届长江韬奋奖（韬奋系列）（2009 年）、"全国优秀新闻工作者"（2004 年）、"全国三八红旗手"（2005 年）荣誉。

刘素云：随身带着两支笔

◎ 驻外记者：当好

——子弹离我那么近，爆炸随时会发生，不安全的恐怖气氛弥漫在空气当中，无处躲藏。一方面面临危险，另一方面作为记者为能在世界热点地区工作而感到幸运。

记者：你作为中国国际广播电台驻站记者，在耶路撒冷一干就是 4 年多。多年以后，您还能找回在耶路撒冷时的感觉吗？

刘素云：当然，而且还非常清晰。耶路撒冷常常出现在我的梦中。我从 2000 年到 2004 年在耶路撒冷驻站，这 4 年的所见所闻、所感所悟颇多。因此我经常跟人说起，耶路撒冷的 4 年，是我人生的一个浓缩——不管是从新闻职业的角度讲，还是从人生与生命的角度讲。

巴以地区是全球媒体长年关注的新闻热点地区。1948 年以色列建国后，就开始了阿以之间长达半个多世纪的冲突，61 年来可以说战事不断。2000 年我刚到耶路撒冷不久，巴以就爆发了新一轮暴力冲突，这场冲突总共持续了 7 年时间。刚一开始，主要是集中在加沙地区，离耶路撒冷大概有 100 来公里。冲突爆发后，我和另一个女记者开车去加沙现场采访，看到的第一个场面让我印象特别深：在一个犹太人的定居点，我亲眼看到一个巴勒斯坦人被子弹击中，倒在地上。做记者这么多年，第一次目睹这样的场面，子弹离我那么近，真是触目惊心！以后的生活和工作，就是在这种环境下进行的。

恐怖气氛在空气当中弥漫，每次出门我都是提心吊胆的。我不是不怕死，而是觉得无处躲藏。公共汽车站和刚出站的公共汽车，很容易发生爆炸，所以我一看到公共汽车就觉得那不是汽车，而是一个行走中的炸弹。在餐馆吃饭，

刘素云采访巴勒斯坦民族权力机构主席阿拉法特

也老得往门口看看有没有什么危险发生，吃得很不踏实。

后来自己慢慢总结了一些经验，危险的地方尽量躲着点。这几年幸运的是，我和危险打了一个时间差，我们去的地方后来或者之前都爆炸过，只是我们在的那个时候没有发生爆炸。

记者：但是听说两年以后你主动申请要求延长驻期。吸引着你不舍得离开这个工作量大同时又危险的地方的东西又是什么呢？

刘素云：驻期越临近届满我继续待下去的愿望越强烈，我着迷那样的富有激情的工作状态。一方面，随时面临危险；另一方面，我觉得作为一个记者能在那样一个地方工作十分幸运。因为那儿每天有很多的新闻事件发生。以色列人称自己国家是"新闻工厂"，此话不假，每天，这里都源源不断地生产着各类新闻事件。你知道，做记者总是希望有"事件"发生的嘛。

耶路撒冷记者站兼管巴以这两个地区，以色列人只休星期六，而巴勒斯坦是周五过穆斯林的安息日，相当于一周当中根本没有休息日。4年多时间这么过下来，的确挺累的。因为网站、广播、报纸、电视都来约稿件，稿件需求多，工作量很大。晚上经常要到凌晨两三点后才能睡觉，第二天一早又要起来工作。身体上的累还好克服，睡一觉或者放松一下就能够恢复过来，而情绪上的"累"调整起来就不那么简单了。

有一阵我的情绪特低落，我把这种状态叫"巴以综合症"。就是不愿意去翻开报纸看，因为报纸头版经常是爆炸现场的照片，看了以后特别难受，看到任何东西都特悲伤，特沉重。后来我跟其他有相似经历的记者聊起来，他们也有相同的感受。

在那儿一方面很辛苦，甚至有一种无法抗拒的心理疲劳；但是另一方面那个地方确实让你不忍离开，让你很充实，让你有写不完的新闻题材。我觉得人不是为了让自己不累才活着，而是活着就要考虑用一辈子去做自己认为有价值、有意义的事情，当你认准了，你就要学会调整自己的心态，这样你就能做到"累并快乐着"。

记者：驻外记者是许多人向往的岗位，也是充满挑战的职业。进驻一个陌生的国度，往往面临着一系列挑战。能否以你的亲身经历谈谈驻外记者如何才能很快进入角色开展工作？

刘素云：我觉得，记者最基本的素质就是要有新闻敏感，驻外记者也是这样。一个记者能不能捕捉到有新闻价值的东西，与新闻敏感度直接相关。记得有一次跟在以色列的中国留学生出去旅游，那个地方的山石很奇特，五颜六色，花纹特别漂亮。有一个学生就说："这石头在艺术家看来就是一个艺术品，但是对科学家来讲，它就是一块化石。"这句话给我印象特别深。同样去爆炸现场，有的记者能采写出精彩报道，而有的记者却说太平常了，不值一写。新闻敏感度不同，观察力就会大相径庭，导致截然不同的结果。

刚派驻到国外时，既没有人脉关系，也没有熟悉的工作方式，面临的一个切实问题是怎么发现新闻线索。我觉得解决这个问题可以从以下几个方面着手：一是对于新闻发布制度健全的国家，各个政府部门、总理办公室、总统办公室都有新闻发言人，你可随时打电话进行采访咨询；二是当地一般都有外国记者协会，专门组织外国记者开展一些采访活动；三是从当地报纸、电视或者网络媒体上捕捉线索，这种比较适合于深度追踪式报道；四是广泛接触社会，广交外国朋友，既可以在与他们的相处中理解当地文化并获得线索，又可在语言方面寻求帮助。

◎ 首席编辑：珍惜

——台里给了我这个荣誉，我就要对得起它，能做到 100 分就不做 80 分。人都有一个成长期，只要你投入，兴趣就会向你招手。

记者：中国国际广播电台 2007 年始推出"首席"制度，首批"首席"共评出了 9 位，其中你是"首席国际新闻编辑"。能否介绍一下这一称谓？

刘素云：国际台堪称一个人才高地，有许多优秀的编辑记者，外语人才非常集中，都很高端。台里想通过建立"首席"工程让这些有经验的人发挥学术带头人作用，能够带动一批人。这个"首席"是荣誉方面的，没有给我们安排专门的时间和专门的助手，完全是在不影响正常工作的同时，做些力所能及的带动、挖掘工作。"首席"人才工程项目在国际台是第一次推出，所以是不是能做出成绩来，不仅仅是要证明我自己是否能胜任，更是对台里推出的这个人才机制的一种检验，所以我要尽量把它做好。

记者：作为一名"首席国际新闻编辑"，这几年来，你通过挖掘年轻编辑的潜力，出了 4 本书，今年，你又以"首席"的名义建立了"刘素工作室"，为什么成立这个工作室？

刘素云：这些书都是

刘素云在联合国日内瓦办事处万国宫采访

我们根据选题临时搭班子写作出来的，每本书参与写作的人不一样，他们基本上都工作了10来年，有了一些积累，写1000字左右的报道觉得不过瘾，所以这也算是提供了一个释放其潜能的平台。写作都是利用业余时间，有人为了赶进度，甚至通宵达旦。

建立"刘素工作室"，主要是想通过工作室使活动规范化、规模化。工作室的任务一是图书出版，二是想举办论坛，还有就是与新闻院校建立合作关系，共同做一些课题。

记者：从你主编的书与文章中，我读出一种文学作品的美感，如《战争之痛与人性之恶》《错误考验政治家的智慧》《"六重奏"与"二人传"》等文章的标题就朗朗上口。你是怎么把一些深奥的国际问题表达得轻松流畅的呢？

刘素云：搞国际报道是我人生的阴差阳错。我在大学时学的是中文，有志于文学创作。毕业分配到国际台时，工作不太安心，后来却越做越喜欢。在耶路撒冷那几年工作状态达到一个高峰，才发现自己是全心地热爱这个职业了。我现在常跟年轻人讲，人都有一个成长期，只要你投入，兴趣就会向你招手。兴之所至，能把问题剖析得饶有趣味。

因为对国际问题有了些研究，所以便有了我的一个专栏——"素云看世界"。主要是围绕热点国际新闻事件进行分析和点评，选题有些是围绕一个具体事件的，有些可能是属于比较空灵的选题，但我都希望把它放在人生的层面去分析，写出事件背后所隐藏的规律性东西，探求对社会、对人生、对生命的重新认识。风格方面，我尽量把严肃的话题写得轻松些；文字方面注重文采，尽量工整对仗。

◎ 时事主任：用足

——中国立场，世界眼光，人类胸怀。做个大编辑，驾驭新技术，亮出中国声音。

记者：在国际台大厅入口处，我看到了一句话："中国立场，世界眼光，人类胸怀。"这怎么理解？你现在有一个行政职务：新闻中心时事专题部主任。这个职务对你而言意味着什么？

刘素云："中国立场"是我们要宣传中国的理念与态度，"世界眼光"是指要站在全球的高度来看待我们的工作，"人类胸怀"就是要把人类看成一个大家庭，倾注人文关怀。当新闻中心时事专题部主任意味着我更应该把这12个字牢记于心。

去年2月成立时事专题部，目的是加强言论性报道，加强中国的声音。对外的广播评论少有人做，我们尝试能让国外受众接受的各种表现形式，比如配上各种音响充分运用好声音元素等。

时事专题部的另一个职责就是负责重大新闻事件的报道策划。当前是一个资讯泛滥的时代，人们获取信息的渠道也越来越多样化。所以，媒体如果仅仅被动地跟着事件走，那报道就会缺少灵魂。加强策划之后，就会有一个"纲领"来统揽。我觉得编辑的概念内涵已经大大地扩展了，做好策划尤其能够体现出编辑部的作用。

我们时事专题部推出了视频访谈栏目《CRI观察》，这是我们在网上借助网络平台尝试的新媒体传播方式之一。访谈这种形式平时也做，但是怎么样在网上体现，使听众听起来不那么枯燥，需要探索。

在选题上，网络视频受众和广播听众关注的问题可能不太一样，因为网民更年轻一些，网络语言也是跟传统报纸语言不一样。所以从今年3月底开始，《CRI观察》每周做一期，邀请嘉宾谈各种网民可能感兴趣的话题，并同网友进行即时互动，目前产生了一定影响。

记者：同事中不少人都知道，你总是随身带着两支笔，为什么会有这样的习惯？

刘素云：这与做时政记者多年的历练有关。大家觉得时政记者跟着领导人出入一些重大场合挺风光，岂知其中的辛苦？因为责任重大，不能有一点的疏漏，所以我随时带着两支笔，生怕其中哪一支出故障导致信息遗漏。录音机用的电池我一定要带备用的，而且随时带身上。养成了习惯，所以现在开部门会议时我也老习惯拿着两支笔。做时政记者对人的锻练很大的一点就是培养高度的责任心。正因为有较强的责任心与作为时政记者的长期理论积淀，所以这几年来，我承担了国家领导人对海外华人华侨的新春讲话稿的起草工作。

芳秀印象：

刘素云看起来瘦瘦的，但内心却强大勇敢。在耶路撒冷驻站的 4 年多时间里，她的足迹踏遍炮火纷飞的中东，几度出生入死，采写了近百万字的稿件，成为驻外记者公认的"标兵"和"发稿大户"。在那儿的每一天，她都面临生与死的抉择。

其实，她完全没必要来受这份"罪"。

她在中国国际广播电台长期担任时政记者，甚至"官"至时政部主任。作为随团记者随党和国家领导人出访过 50 多个国家，参与采访报道过一系列重大外事活动，包括双边访问、国际多边会议等。她还多次采访外国重要领导人的访华活动，包括美国前总统克林顿、俄罗斯前总统叶利钦等。她还先后 6 次受命为中国国家主席的新年讲话起草初稿。讲话稿政策水平很高，语言表现力强，受到有关领导好评。正是从那时起，中国国家主席通过广播电视发表新年讲话逐渐形成惯例。

但她对选择驻耶路撒冷没有半点迟疑，因为在她看来，虽然面临危险，但作为记者能在世界热点地区工作是无比幸运的！

长期的新闻实践历练，使她在国际新闻报道和国际问题研究领域达到了较高的专业水平。从 2005 年起，她开始以国际问题专家和评论员的身份，出现在各类媒体上，如作为嘉宾应邀参加访谈；以专家身份撰写稿件；开设专栏"素云看世界"，点评国际时局；作为时事评论员，纵论天下大事。2007 年，刘素云被推选为中国国际广播电台第一位首席新闻编辑，随后筹划成立"刘素工作室"，旨在通过出版图书、举办论坛、开展课题研究等，将国际台的新闻资源社会化。迄今，她策划主编了一系列国际政治类图书：《贝·布托：血雨腥风中坠落的"铁蝴蝶"》《她可以当总统——奥巴马夫人米歇尔》等。此外，她还撰写了人物传记《以色列"战鹰"沙龙》。

在刘素云身上，我看到了一个女人能释放出的巨大能量，她用一个又一个事例，向世界宣告：女人天生不是弱者！

新闻工作是一群活跃的人从事的严谨事业，炽热的人肩负的神圣使命，浪漫的人从事的艰辛劳动。在个人气质上我们活泼、我们炽热、我们浪漫，但是事业要求我们严谨、冷静和不畏艰辛。

我是一个温和的理想主义者。以新闻的方式参与社会，而不用极端方式去表达。自己的性格可以很大胆，但是在描述事实的时候一定要小心谨慎。这需要不断地自我反省，一个没有反省精神的记者不是一个好记者。

走在大街上，有时会突然想起经历过的一些场面，可能会潸然泪下，这是属于我的眼泪，也是属于这个时代的眼泪。我告诉自己要简单起来，纯净起来，善良起来，这是记者的宿命。我理解的记者，要有诗人一样的激情，历经沧桑而保持一颗纯净的心灵。容颜可以老去，黑发可以变白，但内心永远是一片纯净的天空。

人物简介：刘畅，1972 年生，中国青年报国内时事部主任，第六届范长江新闻奖获得者，中国人民大学、中国青年政治学院等大学兼职硕士研究生导师。1999 年进入中国青年报，采写了很多脍炙人口的调查性报道，其中 2002 年写就的《山西繁峙矿难系列报道》已成调查性报道的经典，并因此获得第十三届中国新闻奖一等奖。代表作品有《流泪的呼兰河》《对一本公款吃喝账的调查》《艾滋病引发的血液官司》《山西繁峙矿难系列报道》《乌金泪》《让我们带着教训更好地活着》《本案与程维高有关》《山东高唐"侮辱"县委书记事件调查》等。在国内数十所高校开设过讲座，参加中国人民大学新闻实务课程改革，并参与编撰"十三五"规划核心教材《新闻采访与写作》。

刘畅：为新闻理想而战

◎ 修得记者的境界

——要有超然的视角、纯净的心灵，以新闻的方式奉献社会。

记者：山西繁峙矿难发生后，11 个记者都被收买，而你这个排在第 12 位的记者却例外。这件事情引起了很大的社会反响，甚至成为新闻界的一个经典案例。这件事在你的新闻职业生涯中，有影响吗？

刘畅：应该说影响挺大的。因为这是一个重大灾难事件，全国上下都很关注，甚至有人质疑新闻界是不是还有光荣与梦想。我被人关注，是在这个行业整体受到质疑的情况下产生的。采访繁峙矿难是我职业生涯中众多灾难性采访里一次比较难忘的经历。由于这个事件受关注度大，因此我写的报道获得了中国新闻奖一等奖。

反思这件事给我的职业带来怎样的启示？我想，第一个启示是，在报道中要有超然的视角。报道所涉及的利益集团往往想收买记者，在这种情况下，新闻工作者应该坚持超然独立的态度和廉洁不贪的气节。第二个启示是，记者应该学会坚持。在很长一段时间里，我一年有半年在外面采访，有时上半个月在西藏，下半个月在广东，感觉很疲惫。做记者做到第 10 个年头的时候，也就是繁峙矿难发生的前一年，我有一种坚持不下去的感觉。那年我正好在驾校学车，看着荒凉的郊外远山，想起自己曾经走过的职业历程，没人知道我们到底吃了多少苦，挺酸楚的，以至泪眼模糊。记者应该有一种境界，奔跑应只是记者职业的一个基本前提，在奔跑之外你应以新闻的方式给社会留下些什么。后来我发现不过是多咬牙坚持了几年，职业前景就不一样了。

我爸在我小的时候说了一句话，让我受益终生。他说你年轻的时候选择一个方向，坚定地走下去，就一定会成功。就因为坚持，在从事记者工作到第 11 个年头的时候，我突然发现，这个事业让自己看到了光明而灿烂的未来。后来妈跟我说，儿子当记者当出境界来了。我就想，什么是当出境界来了？我觉得就是，梳理出有细节、有价值的新闻报道，还原事件的真相，成为一

刘畅在松花江抗洪一线采访

个能够对事实有准确判断与理解的人，一个对社会有责任心的人。

记者：除了繁峙矿难，你还经历了很多非同寻常的采访。通过这样的报道经历，你获得些什么感悟？

刘畅：我到过珠峰采访，报道过抗洪救灾，等等。经过这些，就觉得我对生命有一种特别的珍惜。有一次凤凰卫视的主持人鲁豫问我需不需要心理医生，言外之意是你经历了很多场面，你的心里还能正常吗？我说不需要心理医生。她问为什么？我说走在大街上，有时也会突然想起经历过的一些场面，可能也会潸然泪下，这是属于我的眼泪，也是属于这个时代的眼泪。我只能告诉自己要简单起来，纯净起来，善良起来，我说这是记者的宿命。所以我理解的记者，要有诗人一样的激情，历经沧桑而保持一颗纯净的心灵。我们的容颜可以老去，我们的黑发可以变白，但记者的内心永远是一片纯净的天空。

◎ 体悟调查性报道

——在披露事实、揭发不轨行为的背后，一定有记者的清白和操守。

记者：随着网络的扩张和"公民记者"的诞生，专业新闻记者在资讯类报道方面被不断弱化，调查性深度报道则成了专业新闻记者的优势。这需要训练

有素的思辨、吃苦耐劳的精神及对寻求真相的虔诚。在这方面你有什么建议可以和同仁共享？

刘畅：从事调查性报道的记者要在采访过程中小心谨慎，在报道立场上客观理性，在文字表达上惜墨如金，写作时以一颗宽厚、包容之心，表述采访对象的语言时不偏不倚，不感情用事。

在调查性报道的背后，难以避免地面对物质诱惑和交易砝码，只要退缩一步，就会顷刻间拥有丰厚、优越的物质生活。因而，调查性报道在披露事实、揭发不轨行为的背后，一定有记者的清白和操守。阅读、获悉调查性报道的时候，也是对社会公众良知的一种拷问，对公民道德准则的一次"试金"。

调查性报道所要遵循的原则：立场客观，以公众利益为行动准则；事实至上，对事实的收集、整理、还原成为压倒一切的追求；证据原则，不搞有罪推论，尊重证据；手法理性，保护和尊重任何当事人的人格尊严，不滥用媒体权力进行污辱性的表述。

记者：平衡性是做好调查性报道必不可少的原则之一。那么怎么在采写中坚持这一原则呢？

刘畅：平衡性原则就是要听到来自不同立场的声音，给所有人说话的机会。虽然很难，但一定要做到，这是一个基本原则。

有人说我的报道是具有包容性的，并不是跟谁过不去。现在有些记者为引起轰动下笔凶狠。而我采访的时候，尽量把伤害降到最低程度。所以在我的调查报道里，看不到激烈的批判，而是诉诸一种人文关怀。我觉得，要解决社会中出现的种种问题需要有一个过程，所以当我做这些报道的时候，往往怀着一种包容之心。有人问我为什么观点不那么犀利，不去痛快淋漓地怒斥某些贪官？我说，我认为我只是报道事实，以新闻的方式参与社会，而不能用一种极端方式去表达。我是一个温和的理想主义者。因此，即使一些被采访对象受到处分了，也不会恨我。

记者：调查性报道往往因为事情复杂，所以写作起来篇幅较长。如果把握不好，容易拖沓和乏味。怎么才能使调查性报道生动和精彩起来？

刘畅：保证新闻精彩有三个前提条件：一是采访非常深入；二是要挖掘出鲜活的细节；三是有充满人情味的故事。这是一般新闻精彩的条件。对于调查性报道，我一般强调它的叙述方式。有四种叙述方式：第一种是时空顺序，是对

刘畅（图右）在中国新闻奖颁奖现场领取奖杯

单一事件的报道，按照什么时间发生了什么来梳理各个环节。第二种是调查顺序，因为头绪多，写起来难度比较大。第三种是解释顺序，往往对社会的疑惑点进行分层阐释。第四种是问题顺序，主要把事件包含的问题集中展现出来。

自从做调查性报道以来，我有种惶恐感。老是自问：这个会给报纸带来麻烦吗？长期以来，这种惶恐感也成就了我。下笔的时候，搞不准的事，真是要花大力气。你自己的性格可以很大胆，但是在描述事实的时候一定要小心谨慎。这需要不断地自我反省，一个没有反省精神的记者不是一个好记者。我总是在检讨自己哪些地方不够好，让我再做这样的事情时我可以再做得完美一点。就是这样的心态，让我内心获得一种力量，从而不易浮躁，能较好地驾驭住一篇报道。

◎ 做一名"好记者"

——为理想而战，关怀社会要永远超过关怀自己。

记者：你在获得第十三届中国新闻奖后，又获得第六届范长江新闻奖，成为少有的 70 年代出生的范长江新闻奖获得者。不少读者认为你是"我心中的好记者"。你认为，怎样才能成为一名"好记者"？

刘畅：有一年中央电视台《艺术人生》请我和白岩松做了一期节目，主持人朱军让我们给"好记者"下一个定义。我给出的有关"记者"的定义是：公共新闻的传播者，重大事件的记录者，历史时刻的见证者，生活问题的发现者和时代进步的观察者。简单说来，我觉得做个"好记者"其实就是做好三种人。

一是做有理想的人。理想让我们有目标和准则。有一个故事说，烈日炎炎下，几个人在工地上干活。上帝路过，问第一个人："你在干什么呀？"第一个人说："我是这个世界上最不幸的人，这么热的天我还得干活。"这种人叫悲观主义者，总觉得自己不幸。而问第二个人时，他说："我在砌一堵墙，把这堵墙砌完了，就可以拿着工资回家了。"这种人是职业主义者，把手头的事干好就行了。问第三个人时，他一脸灿烂地告诉他："我在盖一所教堂，这个教堂盖好了，很多人可以到这里来做礼拜了，那是一个多么美好的场景呵。"这种人是理想主义者。理想主义者会描绘出这个国家、社会的美好蓝图，他知道未来的彼岸在哪，所以就有目标和准则。

二是做笨拙的人。笨拙的人是指对个人利益不灵敏、迟钝，换句话说就是不肯吃亏、吃苦的人是当不好记者的。现在很多人都会以最快的速度计算自己的利益得失，选择一个对自己有利的方式，当记者这样是不行的，一定是能吃亏的、肯于吃苦的才能当好记者。

三是做快乐的人，在工作中找到快乐。人总有些诱惑，我也有一些转行的机会，也动摇过。但文字工作经常有种快乐的感觉在心中升腾，这多难得呵！于是我坚持做记者。我觉得在一个职业里真正做得出色的人一定是在工作中找到乐趣的人。

另外，当记者不一定需要高的学历，但一定要有悟性，好的悟性可以让一个人成长得很快。

记者：深入生活，深入现场，恪守职业道德，彰显社会良知，你在这些方面的作为令同行敬佩。作为一个新闻人，需要怎样的职业精神与专业素养？

刘畅：为什么在随时有生命危险的地方，记者能挺身而出？原因很简单，就是记者为理想而战，关怀社会要永远超过关怀自己。新闻工作是一群活跃的

刘畅（图左）在抗洪前线

人从事的严谨事业，炽热的人肩负的神圣使命，浪漫的人从事的艰辛劳动。在个人气质上我们活泼、我们炽热、我们浪漫，但是事业要求我们严谨、冷静和不畏艰辛。

我认为吃苦是一种新闻职业的常态。我曾经说过甘当苦记者也不做甜记者。所以，在十多年的采访生涯中，有过为报道森林火灾在原始森林徒步23公里的对体力极限的挑战，有过为报道韩国登山队而在寒冷中昏迷的险情，有过被黑势力花高价钱买人头的威胁，等等。当我做惯苦记者了，我也就把这当成职业的常态了。如果对方准备很热情地接待我，我肯定不习惯，所以我去采访前干脆就不告诉他，当我到现场后，对方会惊讶："你怎么会突然出现？"我已习惯了独来独往。相对独立的工作方式能使报道更客观一些。

我当记者有几个习惯改不了：一是走路飞快；二是包特沉，里面随时带着一台笔记本电脑；三是我当记者17年，记者证从来都是揣在兜里，每次换证时都被我揣烂了。

记者：你父母都是新闻记者，他们对你职业的影响体现在哪些方面？

刘畅：我父母是黑龙江人民广播电台的，他们在培养我的过程中付出了很多。在得知我获得中国新闻奖一等奖后，他们分别送了我一首诗。我父亲这样写道："惊闻儿畅获殊荣，有喜朋传慰乃翁。小院岂容千里马，深山才育万年桐。险关雪暴开新路，奋笔天涯战恶风。玉帛锦袍何足恋，堂堂铁打是英雄。"母亲的诗则是："记者高层大奖冠，畅儿肖像露媒端。不求喜鹊登枝俏，但见爹娘含泪欢。款款职责心底系，咄咄矿难曝瞒官。世家父辈留陈梦，爱子终圆且更阑。"

我妈 45 岁那年成为一名记者，之前一直在大学当职员，因为特别喜欢记者职业，才在近不惑之年开始当记者。那年我 14 岁。父母都当了记者之后，一到万家团聚的除夕夜，他们都要去采访，就我和我哥在家看电视，等到新年钟声快敲响的时候，父母才匆匆赶回来，还得马上写稿，写完稿子，已是后半夜。那个时候，我觉得记者是一个挺崇高的职业。因为共同的信仰，我哥哥也成了中央电视台新闻中心的一名记者。在 1998 年抗洪的时候，我们家四口人有三个人在抗洪前线。我和我哥在抗洪前线碰到过两三次，有次他看我什么也没带，便把他的救生衣给我了。

芳秀印象：

刘畅是个"不长记性"的人。他为报道森林火灾在原始森林徒步 23 公里差点倒下，为报道韩国登山队而在寒冷中昏迷，被黑势力花高价钱买人头。要是一般人，早就吸取"教训"了。可是，在山西繁峙矿难发生后，11 个记者都被收买，他这个排在第 12 位的记者却例外。他似乎不知道，会有更高的价钱买他的人头。

事隔多年，采访刘畅的很多细节我已遗忘，但他的一句话让我记到今天：新闻工作是一群活跃的人从事的严谨事业，炽热的人肩负的神圣使命，浪漫的人从事的艰辛劳动。在个人气质上我们活泼、我们炽热、我们浪漫，但是事业要求我们严谨、冷静和不畏艰辛。

他对做一名"好记者"的理解也让我品味良久。做"好记者"，就要做三种人：一是做有理想的人，二是做笨拙的人，三是做快乐的人。好记者要有超然的视角、纯净的心灵，以新闻的方式奉献社会。

他获得长江韬奋奖时，非常年轻，才 34 岁。联想到他的家庭背景，父母是记者，哥哥也是记者，一家四口全部都是记者，可见他的成长、成才深受家庭的影响。由此想起董卿的成长，父亲对她的严苛要求：不准穿裙子，不准出去久玩，每天在家看书、背诗，一到寒暑假，就勤工俭学……教育的力量，家庭的潜移默化，可见一斑。

作为一名军事记者，杜献洲创造过很多纪录：第一个骑牦牛到帕米尔高原无人区巡逻、第一个到西藏原始森林报道测绘、第一个系统报道全军海拔5000米以上边防哨所……13年的记者生涯，他始终把目光投向祖国的海防边防，累计采写亲历报道160多篇，用新闻的形式唤起读者对国家安全、对守土保疆军人的关注。

一袭绿军装，英气逼人，鬓角白发已见，眼神中透出历尽风雨后的气定神闲——杜献洲现任解放军报后备部副主任，分工负责《中国国防报军事特刊》和《环球军事》手机报两份媒体。

一见面，杜献洲半开玩笑地说，为了接受我们的访谈，他昨晚紧张得一夜没有睡好。采访中，他会时不时地翻开笔记本，认真地给记者念几句最近总结的管理心得或是从书上摘抄的名言警句，顺口还背出了我们《媒体人访谈录》中的几个句子。谈吐间平实中见功力，一如他当年感动过许多读者的文字。

人物简介：杜献洲，1963年生，现任解放军报副总编辑，曾任解放军报兰州站站长、记者部机动组组长、后备部副主任、时事部主任。采访过许多边海防连队，曾骑牦牛到帕米尔高原无人区巡逻、到西藏原始森林报道测绘，系统报道全军海拔5000米以上边防哨所，在我军最南端哨所华阳礁住过6天，作为军报首批记者到小汤山采访抗击"非典"。作品有7件分获中国新闻奖特别奖、一等奖、二等奖和三等奖，3件分获解放军新闻奖特别奖和一等奖。被评为"全国新闻出版业有突出贡献的中青年专家""全国新闻出版行业领军人才""第六届范长江新闻奖"，首批入选中宣部"四个一批"人才，获国务院政府特殊津贴。

杜献洲：愿做那块静静的界碑

◎ 把根扎进边防的大地

记者：读者们印象最深的是你采写的亲历式报道，如《走向界碑七昼夜》《孤礁六日》等等。它们都来自于人迹罕至的祖国边防。在选材上，你为什么会对边防题材情有独钟？当时怎么会策划"到全军所有危险的地方走一趟"？

杜献洲：我是从新疆军区出来的。刚刚从事写作的时候，我的想法很简单，就是从新疆开始，把那些最难记录的地方记录下来，把边防战士们的生活原原本本呈现出来，他们的故事一定是读者喜欢看的。写《走向界碑七昼夜》之前，第一次陪编辑到新疆军区红其拉甫边防连采访，战士们给我们讲他们到无人区巡逻的故事，讲完后半开玩笑地说，记者敢不敢跟我们走一趟？我当时没有回答，但把这个事儿放在了心上。第二年，在洪水消退、大雪到来之前，唯一有路可走的那段时间，我又到了帕米尔高原，真的跟战士们巡逻了7天7夜。

年轻的时候，满腔热血，天不怕地不怕。跟着测绘大队到西藏测绘就是这样。之前所有记者的文章都是从测绘队采访回来之后完成的，没有人亲自跟他们走过。我是一个例外。

记者：有没有过觉得难熬、后悔的时候？

杜献洲：在阿里上高原确实有过。高原上缺氧难受的感觉是无处躲藏的，第一次上高原的感受就是"苦海无边，回头无岸"。坐车难受，下了车也不舒服，一去就是五六天，还要采访。一种很无助的感觉，谁也帮不了。

所以后来每次上高原之前都要做很多体力的准备，跟西藏测绘队测绘之前就做了两三个月的准备，每天锻炼，要不真的顶不下来。匆忙出发的代价会非常大。我从来没后悔过。与边防军人比，自己的付出微不足道。

杜献洲骑牦牛随新疆军区某边防连官兵在帕米尔无人区巡逻

记者：毕竟这不是每一个记者都有勇气去尝试的，是军人的身份还是记者的职责给你带来那么大的勇气？

杜献洲：本质上还是军人的感觉在心里吧。其实经历了一些风险，都只是因为我是个记者而被人关注。而普通的士兵们天天在这样做，大家却习以为常。在城里生活久了之后就会变得小心翼翼，不敢去冒险。其实，人在年轻的时候是需要一种朝气、勇气的。年轻的时候顾前虑后，老了之后还是四平八稳，那这一辈子至少就会有一种感觉没有体验过。军人更应该有点冒险精神，这是一种基本素质。人不能太娇气，对遭遇的艰辛不能大惊小怪。不用问为什么，这是我的职业。我从职业生涯里悟到了很多东西，同时这种职业也需要我的付出。

记者：但是，士兵到某个岗位工作，是服从分配的，这是他身为军人的天职，而作为一个记者你是可以选择的。

杜献洲：从个人层面说，这种亲历性的采访方式能让我感受到做记者的快乐。很多采访方式总觉得不够职业，当记者应该有一种感觉、一份经历，同时也是一种知识和见识的储备。有了这种经历和储备，对事物的判断就会更贴近实际。

另外，每一次采访回来之后都会让人更自信。记录了一些东西，感悟了一些东西，底气就从这种经历中得来。好像希腊神话里的天地之子阿尔库俄纽斯，每到精疲力竭时，只要一接触大地立刻又会力大无穷。根扎到泥土之后就会无所畏惧，而轻飘飘的就什么都完了。这种自信，一直带到了我现在的管理工作中来。

记者：为了帮战士们找到饮用水，你20多天在怀里抱着从新疆一个天文点哨卡前的湖里取来的水，到乌鲁木齐化验，才发现有边防连队吃过期罐头。于是你就逐个连队收集，然后找有关领

杜献洲新闻作品集

导"算账"……这似乎超出了一个记者的职责，为什么会做这些事？你觉得记者应该是一个怎样的人？

杜献洲：有些事儿能给别人帮很大的忙，而对我们来说仅仅是举手之劳，即使是个普通人，也应该去做啊。在西方，多数媒体记者都是左派，是愤青。在大多数情况下，记者需要的就是那种"路见不平，拔刀相助"的激情。没有这种精神，就很难把稿子写好。只有真的喜欢战士们，真的对他们有感情，写出的东西才可能跟他们没有距离。其实能办成的都是一些小事，想帮也帮不了的时候，会感到记者所能起的作用太有限，很是无可奈何。

应该热爱这份职业，有责任感。这样写出来的东西才能够被别人看到、记住。我希望读者能记住我的作品，记住边防战士，记住那些常人难以想象的生活。

◎ **平实中透出深刻**

记者：你说过，写新闻要加点"血"进去，这句话怎么理解呢？

杜献洲：新闻要带着感情，这种感情正是"加点血"——付出之后得来的。

可能别的记者不需要这种要求，而我们的采访对象是军人，这是个特殊的职业，他们付出了比常人更多的牺牲，多一些同生死的经历，才能够跟他们融合得更紧密，写出来才可能像军人、是军人。军事报道如果没有这样的经历，写起来老像是隔了一层玻璃，文字再优美，也触动不了人。

杜献洲徒步走进西藏墨脱边防一线采访

我到西沙去的时候，听说刚走了一个将军。他退休之前带着全家人到西沙去扫墓，那是他战斗、成名的地方，也是战友们牺牲的地方。他始终认为他现在的这个"将军"，是战友用鲜血换来的。在西沙，他坐在藤椅上，在烈士陵园里给烈士们通宵守墓，带着全家人一起敬酒，举行祭奠仪式。军人的这种感情只有与他们一起生活久了之后才能深刻地理解，写起东西来才不会有隔膜感，不会像局外人在讲故事。

记者：我们发现你的文章很善于抓住一些能够震撼读者、感动读者的"点"：时间上的点、人物上的点、细节上的点……

杜献洲：亲历报道首先是新闻，其次才是一种采访方式。所以在出发采访之前，我一定会先想明白、想清楚了要找到哪些"点"，能拎起来的"点"应该具有唯一性。比如南沙群岛，很多记者都坐着补给船去过，写过，但大都是走马观花。我想我应该有所取舍，于是只在最南端的礁上住了6天，收获非常大，体验了许多独特的东西。

另外，要善于观察，发现细节。有一次跟着新年慰问演出队到边防哨所采访。演出结束后，觉得稿子的内容还是不够充实。我不甘心，想在这普通的演出背后挖出点故事。跟一位战士聊天时，我发现他在床上还穿着湿乎乎的大头鞋。我开始很好奇他为什么不脱下来，后来才知道这个哨所缺水，取水要从陡峭的山坡下往上背，冬天下过雪后，泉眼都很难找到。十几人的演出队一上山就把战士们储存的泉水都喝光了，战士没有水洗脚，怕味道太冲，不敢脱鞋。不仅如此，他们为过年准备的食物也被演员们吃完了。回军分区后，我跟文工团的领导反映了这个问题，号召大家给战士们捐钱，连夜上街买了吃的喝的，第二天部队派人送到了山上。一篇叫《特别伙食费》的稿子就这样诞生了。

记者：可以看出你的作品风格很平实，能从平实中透出深刻的内涵是需要功力的，你是怎样做到这点的？

杜献洲：我不喜欢大喊大叫的稿子，写作的时候力求真实，能够还原生活。因为我的文章不是突发的新闻事件，也不是思想性很强的指导性稿件，亲历性报道不需要迎合什么，要的是原汁原味的东西，越朴实、越平实越好。其次是尽量写得精练一点，自己看得都累的东西坚决不要。再就是能够既美又自然，还有知识性、趣味性在里面。趣味不是玩笑，而是讲的东西很新鲜，很有意思。采访回来，我总喜欢给别人讲采访中的趣闻逸事，讲的内容肯定是简

杜献洲到北京小汤山采访抗击"非典"

练、非常生动的核心部分，讲着讲着就找到了写作中应该着力下笔的地方。听的人对什么感兴趣有时恰恰可以提醒你某处可以好好写一写，这是一个比较有效的方式。

再一个是话说得有余地，不要太满、太过，要留有想象空间，这样的稿子对读者也有吸引力。最后就是叙述的跳跃性、语言的凝练性。6 年采访"两会"时我都会带一本书——余光中的《中国结》，就是为了找到一种文字的感觉。文字的凝练、跳跃、哲理，在诗歌里面都展现得淋漓尽致。新闻，包括新闻的标题需要的也都是这种感觉。

锤炼的过程，教不来，学不来，全是自己的体会与感悟。好的文学作品，要出奇制胜。内容新，句子新，才出好文章。平实不等于老套，老套是一种很笨拙的办法。平实像我们现在经常说的"做人很低调"的叙述方法，不张扬，不矫情，却内涵满溢。当然，我的文字还差得很远。

人总是在不断地落伍，同时不断地追赶。

记者：从一名写稿编稿的记者，到两家媒体的管理者，你是怎样完成这一角色转变的？

杜献洲：这确实是两种完全不同的工作方式。当记者时到处采访是很辛苦，但是也很自在，所有的时间都是自己来掌握。而现在，在上级领导下，分工负责这两家媒体，方方面面都要操心。跟做记者时领导催着交稿还不一样，这种压力不是来自别人，而是自己。

刚开始的时候，就是从头学。第一个月来了以后，想把报纸原来的版面改进一下，不知道怎么画版，就找这方面的专家，研究这个版怎么搞好看，标题怎么弄合适，怎么选照片，一样一样学嘛。还有考察市场，那时每天吃完饭散步的时间都要逛报摊，跟卖报的人聊天，了解哪些报纸销得好。之后再跟经营报纸的人取经，慢慢摸索。那天读到一位日本管理大师的话："我并没有教日本企业任何东西，只是告诉他们一个道理，就是每天进步 1%。"这种管理的理念非常重要，不求一下子有多么大的突破，只要能保证天天有进步就可以了。

记者：可能管理手机报这种新型的媒体对你来说挑战更大？

杜献洲：手机报是今年 1 月份才上线的，对我们来说，从技术上，语言、编排方式上，甚至从它的受众对象上，目前仍然处在探索的阶段，我们还是新兵。手机报与传统媒体的最大区别，就是它的可选择性极强。订一份党报，一订一年，但手机报不一样，它随时可以退订，读者挑选的时候会更苛刻，这就对采编人员提出了更高的要求。

我的信息产品，一定要适合这类人群。比如，我们有一个很重要的受众群体——军迷。他们对兵器、战史等都研究很深，喜欢清晰漂亮的图片，喜欢新闻中提供精准的数字，这些都是调查、座谈得来的。

记者：军迷对大多数人来说的确是一个很新的群体，你是一个喜欢挑战新事物的人？

杜献洲：挑战谈不上，我是一个乐于接受新事物的人。新事物启动新思路。你不一定很擅长，但一定不能不知道，这样可以使你在观察事物的时候看到很多别人看不到的东西。人总是在不断地落伍又不断地追赶。我这个年龄的人，跟老年人沟通没有什么障碍，难的是跟年轻人的沟通。而对新事物的了解，是与他们沟通的必要与最简捷的方式。不管在什么岗位，我都会记住自己是一位身穿军装的新闻工作者，像静静的界碑一样履行好自己的使命。

芳秀印象：

2009 年 8 月的一天，当我们来到解放军报社门口的时候，一个帅气挺拔、四十出头、军官模样的人，已在等着了，他就是杜献洲。他非常热情地把我们迎进整齐洁净的办公室里。

他对采访非常重视，把之前《新闻战线》杂志发表过的访谈文章都看过一遍，了解我们的风格，并记录下了觉得不错的语句，当场还背诵了一些。

杜献洲非常健谈，我索性撇开原有采访提纲，就静静地听他谈着，而他，似乎知道我要的是什么，一番话下来，没让我失望。结束时，正值午饭时间，他盛情地邀请我们去解放军报社食堂吃饭。在那儿边吃边聊，听着听着，专属于他的画像浮出了脑海：用"血"写作的军人记者。多年军事记者生涯，他完全可以选择安全的方式敬业。但他却始终把目光投向祖国的海防边防，屡经生死考验，通过亲历式报道，把鲜为人知的事实告知天下，以一种独特的方式阐释一个军人记者应有的担当。

他总说，人不能太娇气，对遭遇的艰辛不能大惊小怪。不用问为什么，这是职业。记者需要一种"路见不平，拔刀相助"的激情，否则就很难把稿子写好。一个比喻让我明白了他的力量之源："好像希腊神话里的天地之子阿尔库俄纽斯，每到精疲力竭时，只要一接触大地立刻又会力大无穷。"是啊，根扎到泥土之后就会有取之不竭、用之不完的各种养分，就会变得强大而无所畏惧。在后来的管理工作中，他仍喜欢这种扎根基层的方式。

杜献洲的文字平实却有感染力，这或许受益于一本书，他连续6年采访全国两会时都会带上它——余光中的《中国结》，他说能从中找到一种文字的感觉。这本对他影响深远的书，我毫不犹豫地买下了。我希望，自己也能从中找到一种文字的感觉……

3篇作品获得中国新闻奖，多篇报道被中央和省领导批示，13年来连年荣获农民日报"十佳职工""十佳新闻采编奖"，农民日报社党委和编委会两次下发《关于开展向何红卫同志学习的决定》。

省委书记说他的办公室最小、最简陋，同时又最大、最宽阔。他有一半以上时间行走在田间地头，每年近5万公里。省农业厅一位处长把他比喻为一颗响当当的"铜豌豆"——在侵犯农民利益的势力面前，蒸不烂，煮不熟，锤不扁，炒不爆……

"我把党的新闻事业看得比天大，比山重!"这个皮肤黝黑、不苟言笑的"老记"在采访中每每陷入沉默。他不时地吸溜一下鼻子，并抱歉地说，这是两年前下乡采访时感染的炎症，一直没见好。

人物简介：何红卫，1964年生，农民日报社驻湖北记者站站长，高级记者。2011年被评为"全国优秀新闻工作者"；回良玉、汪洋副总理分别到农民日报社视察，何红卫作为优秀记者站长受到接见；3次获中国新闻奖，20多篇作品获全国农民报和湖北新闻奖；1998年获全省抗洪救灾宣传先进个人；1999年以全票当选首届"全国农民报系统十佳新闻工作者"之首；2011年农业部部长韩长赋在农业部争先创优大会上赞扬何红卫；2011年农民日报社在全社举办何红卫事迹报告会；2013年何红卫荣获全国五一劳动奖章、中国农村新闻人物情系三农奖、湖北省优秀共产党员、湖北新闻工作"建设者奖"等荣誉；1998年至2014年，何红卫连年荣获农民日报社"特别贡献奖""十佳职工""十佳新闻采编奖"。

何红卫：记者的底线是良知

◎ **典型挖掘：三大农民成"粮王"**

——对特殊时期出现的现象要有敏锐性，若视而不见，就会如"白驹过隙，稍纵即逝"。农民典型我推出了不少，最后都成了"名人"。

记者：何站长好。我这里有个统计数字：2011 年农民日报刊发您采写的稿件 120 多篇，其中 60 多篇刊发在一版或其他版头条。这些报道有"四多一大"的特点——头条多，头版多，长篇多，连载多，影响大。农民日报社两次发文，号召全体采编人员向您学习，并专门为您举办先进事迹报告会。我还了解到，您最初是一名农机专业的大学生，后来从基层公务人员，到企业员工，在做记者之前总共从事过 10 种职业呢。

何红卫：我就是所谓半路出家的记者，靠虚心和勤奋，靠良知和执着为农民兄弟服务，做出了一点成绩，有了一点心得。组织上给这么多荣誉，是对我的厚爱，更是对我的激励和鞭策。

人们说记者是"社会的瞭望哨"，西方人称记者是"扒粪者"。在纷繁复杂的多元化社会里，作为一个有社会责任感的记者应当有怎样的坚守？我国农业中问题的症结在哪里？农村的生产生活状况咋样？农民的心里在想啥？发出疑问的地方，也正是给出答案的地方。做记者 15 年，我大半时间在走乡串户中度过，高山平原、库区林地、田间地头、堂屋宅院……农民朋友数不胜数，写出 1000 多篇新闻稿件，推出一批"三农"领域的典型人物，产生了良好的社会反响。

记者：您报道的典型人物个个都是农民，他们由于您的文章而成了名人。

何红卫（图左）与农民日报社编委徐恒杰在湖北省咸宁市嘉鱼县官桥镇官桥村八组采访时与村民方女士交谈

如董阳、李昌平两个"乡官"，一夜间闻名全国。大冶市农民侯安杰，被温总理请到中南海当面听取他对《政府工作报告》的意见。典型报道对记者要求很高，从基层挖掘出优秀典型并推向全国，更见功力。您是如何从众多人物中慧眼识金的呢？

何红卫：俗话说，于细微之处见精神。观察和报道要有敏锐性，不然好题材就会如"白驹过隙，稍纵即逝"。前些年由于田地大量撂荒，农民朋友们发出"明天谁来种田"的感叹。我在采访时了解到，大冶农民侯安杰一户种田两万亩，涉及两个县、8个乡、33个村、18000户农民流转的土地。2008年4月，农民日报连续3天以《湖北农民侯安杰，跨县种田两万亩》《"侯安杰现象"告诉我们什么》《侯安杰：三大难题亟待解决》为题隆重推出侯安杰。2010年2月，侯安杰应邀走进中南海，温家宝总理当面听取了他对《政府工作报告》的建议和意见。

南漳农民刘文豹从1982年开始租种了上千亩地，50岁那年参加西部大开发，在黄河边上开荒种地5000亩。我坚持十多年追踪采访他，三次在农民日报头版头条报道他的遭遇和拓荒种粮事迹。2008年，刘文豹当选央视年度"三农新闻"人物。

去年我又推出了一个农民典型——湖北春晖集团董事长谭伦蔚。他耕种了 6.6 万亩流转土地，创办了 4 大合作社、1 个专业科研机构，从"粮贩"到"粮王"，引领农业创新飞跃。我的报道受到省委领导高度重视，并在全省推广其模式。今年正月初十，我把刘文豹、侯安杰、谭伦蔚邀集到一起，三代"粮王"喜相逢。

记者：做好典型报道，需要挖掘展示人物个性的感人细节。而细节的把握，需要深入群众，在与之同吃同住、做成朋友的同时，用心体会观察。

何红卫：要挖掘典型与众不同的特色。2008 年 8 月，我和湖北省委政研室余爱民处长一道远赴宁夏再访刘文豹，在他沙滩上的简陋平房里同吃同住了 4 天。我们挤在一张床上睡，没地方洗澡，也没有蚊帐。有个情景让人感到意外，我们请老刘在水稻田里照张相，他很不情愿脱掉鞋袜，不肯下水，说："你们不要以为种田就要下水，我种 5000 亩水稻，就很少赤脚下水。我是'四化农民'——耕种机械化，灌溉自流化，粮种优质化，买卖市场化。"那一刻，我们真正见识了什么叫现代农民。

要有扎实的作风，不怕吃苦，深度采访，兼听则明。采访时饿到下午两三点吃饭是常事。没有深入调研，发现不了典型；缺少现场感受，就写不好典型。

◎ 舆论监督：写了、登了、查了才安心

——常人作假假一事，干部作假假一方，记者作假假天下。记者的底线是良知，很多现象常人不愿报道，怕得罪人，我偏要趟这一"浑水"。

记者：有人说最光荣的职业是记者，而最光荣的记者是调查记者。您曾经写出多篇调查文章，暴露农村和农业工作中的一些问题。农民视你为亲人，领导视你为参谋。作为地方驻站记者，不怕在"家门口"得罪人吗？

何红卫：农民日报是农民的报纸，理应成为农民利益的保护神、干部作风的"监督眼"。我曾就几十位农民因负担太重而自杀的事件进行过采访，有的就因为几百甚至几十元就结束了自己的生命。面对这些死去的农民，面对欺诈百姓的行为，我经常扪心自问：作为记者的责任尽到了吗？我只有豁出去，写

何红卫（图左）在大别山革命老区湖北省孝感市大悟县宣化店镇玄坛村九组采访山上最后一家留守农户——72岁刘华柱和老伴并在其家吃饭

了、登了、查了、处了，我才安宁。

我写的《"老统计"自暴造假内幕》一文，痛斥了官场上重新泛滥的浮夸风；我在《郧西县"石头标语"劳民伤财》一文中，抨击官场上的形式主义；《湖北长阳县：58所希望小学的尴尬命运》使希望小学沦为深山"摆设"的事实受到社会广泛关注。为了解蕲春县农村税费改革情况，我三次到蕲春采访，《税费改革在蕲春县成了儿戏》《农民的年猪肉怎么不香了》等调查，引起省委领导高度重视，蕲春县农村税费改革工作被"推倒重来"。《"火烧坪模式"能走多远》的长篇通讯，使只顾眼前、不顾长远的"高山种菜"的做法被紧急叫停。

前些年农民负担重，有的乡村干部作风恶劣，无法无天。有个县委书记上任才3个月，全县就出现了四起加重农民负担的恶性案件。很少有记者去报道这些事，因为"有纪律"，更"有阻挠"，还"有关系"，但我偏偏要趟这一"浑水"。县委领导上门求情，拿着沉甸甸的"信封"，但我坚持用自己手中的笔，为屈死的农民兄弟鸣冤叫屈，把逼死农民的干部送上法庭。十几年如一日，我竭尽全力为农民兄弟呐喊和呼吁。

记者：舆论监督不但难在取证，更难在人情关。在采访中，良知常常受到人情的诱惑。你是怎样对待这样的考验而"铁肩担道义"的呢？

何红卫：2002年国庆节，我陪父母回老家探亲，听说镇领导在秋征中，设卡收粮，户卖村结，以"对策"应付上级检查等违背税费改革政策、加重农民负担的种种情况。我当即做出决定，放弃陪父母休假，进行了扎实、深入、艰苦的暗访。有人劝我不要老在家门口搞批评报道，免得亲戚朋友不好过日子。"兔子还不吃窝边草呢"他们说。我说："如果只想着亲戚朋友过好日子而以更多人的亲戚朋友不好过日子为代价，那不是我的性格，更不是记者的良知所允许的。"2002年10月13日，我采写的《看某某镇如此"上有政策下有对策"》发表，引起高度重视。镇党委书记和镇长分别被免职，沙洋县农村税费改革由此展开全面整改。

为了防止我"到处捅娄子"，省里有位领导曾向农民日报领导反映："何红卫人才难得，特别优秀，建议调到总部去工作。"言下之意很明白——下逐客令了。但我本性不改，实话照说，批评报道照写，只要发现"有娄子"，照戳不误。有时为了发稿，到报社领导那里据理力争，但都是以事业为重，从大局出发。

湖北省委书记李鸿忠（图中）、何红卫（图右）等交谈

在采访过程中，难免会遇上托请说情、利益诱惑，甚至威胁恐吓之类的事，但我不妥协。2002年我到某县采访，当地领导硬塞给我6000元，说是"帮记者站解决点汽油费"，还说可发行报纸，唯一要求是不到新任省委书记那里反映情况。回去后，我贴了60元邮费将钱退回。

记者：听说湖北省委书记李鸿忠连续两次春节到农民日报社驻湖北记者站慰问，作为行业报很难有此殊荣。您靠什么赢得驻站地方领导的重视与尊重？

何红卫：李鸿忠书记去年春节到记者站慰问时说：何站长身上有三点值得我们学习——视野宽，站位高，工作能力强；作风扎实深入，为省委提供了很多重要信息；人品好，有职业道德，以忠代孝，忠诚自己的岗位。

我始终记住，农民日报记者站的主要职责是报道所驻省的"三农"工作，只有坚持独立、全面、客观的报道，批评报道不离谱、不偏激，正面报道不拍马、不颂德，一切以农民的利益为出发点，才能有为有位。这些年我发的批评报道不少，正面宣传更多，赢得方方面面赞誉，大家都认为这些报道值得一看，这份报纸值得一订。在网络的冲击下，农民日报在湖北的订数不降反增。

◎"穿破裤子的慈善家"

——素不相识的农民找我反映问题，电话打很久我从不嫌烦；请来找我的农民朋友吃饭、住旅馆是常事。

记者：与您合作过多年的中央人民广播电台记者郭静这样评价您："多年后，我觉得何红卫还没有变，还是那样一颗纯净、有正义感的心！他是一个优秀的记者，一个令我们敬佩的记者，一个有尊严的记者。我觉得他所有的成功都源于他的这颗心。"

何红卫：农民日报的记者必须有一颗爱农民的心。素不相识的农民找我反映问题，有时电话一打就是老长时间，我从不嫌烦。有外地农民来找我，我请他们住旅馆，请他们吃饭。我下基层，多在农民开的小餐馆吃饭，常常请厨师、小工等与我一起吃，边吃边聊。你把农民当朋友和亲人，他们就会把你当朋友和亲人，就会把心窝子的话掏出来。

记者：对于省委书记那句"何站长的办公室最小、最简陋，同时又最大、最宽阔"，我的理解是，全省的村村寨寨、田间旷野都是您的办公室。今年4

月 6 日湖北日报发表《他走遍了湖北的田野——记农民日报社湖北记者站站长何红卫》，我看后非常感动。在常年的奔走中，感觉过疲惫吗？

何红卫：累，确实很累。全省一百多个县市区两千多个乡镇两万多个村，要去采访的人和事太多了。但记者站就我一人。15 年来，尽管我走遍了湖北境内所有的县，一年中大半时间在基层，但还是分身无术，还有好多打电话或写信约我去见的农民还没有去见，心里有太多遗憾。有人对我说，你快"奔五"了，一年到头总在农村颠来跑去，家人也是聚少离多，图什么呀？是呵，图什么呢？但一想到农民的渴望，一想到记者的使命，我就释然了。

记者：楚天都市报有位记者和您合作采访十多年，他说时常看到您流泪，还说您自己并不富有但乐善好施，是一个"穿破裤子的慈善家"。

何红卫：农民真苦，让我心疼。2010 年 1 月，我住进医院等待心脏射频消融手术，深夜，为了第二天见报的《华中农大：一所农业大学的"本分"》一文，反复与报社沟通。其间想到母亲刚去世，没敢告诉中风十多年卧床不起的父亲，妻子怀孕刚 3 个月，医生又说手术有风险……百感交集中，我在签完手术风险告知书后，一边继续与报社沟通稿件，一边给妻子写遗书，遗书上落满泪水……我与农民的感情是天然的，遇到特困户捐点钱也是应该的。

芳秀印象：

2012 年 5 月，为采访何红卫我来到武汉，时近傍晚，他从机场接我去他喜欢的一家镇上食堂吃饭，并邀请几位好友欢迎我的到来。食堂的饭菜很丰富，有麻辣小龙虾，有清炖土猪肉，还有当地盛产的新鲜时蔬。待吃完后，何红卫把剩下的饭菜都打了包，说浪费了可惜，带回去给所住小区的保安作为加班餐，这一有人情味的举动让我印象深刻。

住到华中农业大学的招待所，我与他进行了一番长谈，谈话期间有农民朋友给他打来电话。他看起来有些严肃，不苟言笑，而且皮肤黝黑，从事过十来种职业，经历丰富，却所谈并不滔滔，不时陷入的沉思，是他对自己的重新认识与思考。常年在乡村奔波的他顾不上审视和总结自己。

质朴而坚如磐石的何红卫，是个半路出家的农民记者，记者路却比绝大多数专业出身的记者们走得更宽广，因为他的根深深地扎在广大农村。1986年从华中农业大学农机化专业毕业，作为优秀学生党员干部，本可留校或分到北京工作，但他抱着"到基层去，寻求理想与现实最佳结合点"的愿望，主动要求到鄂西北山区工作。先后在鄂西北山区——郧阳地区(今十堰市) 农机学校、农机局、地委组织部、地委办公室工作，后被选任地委书记秘书，好多人以为这该是他进入仕途升官的好机会，可他却服从需要调入省农机局，并主动要求到乡镇锻炼两年。1997年，经考试成为农民日报驻湖北记者站记者。

从事记者工作21年来，他一年中大半时间在基层度过，用良知和执着作笔，写就的批评报道能赢得上下都满意，所报道的农民从田间地头走向全国，还被请进中南海与总理对话，所写的上千篇报道带着泥土的气息，不少引发巨大社会反响……他用实际行动证明了"离基层越近，就离真理越近"。

如果说最光荣的职业是记者，最光荣的记者是调查记者，无疑何红卫算是一名最光荣的记者。

从事新闻工作 34 年，出版 28 本著作，在境外举办 40 余场画展和摄影展，采访过 50 多位国家元首和政府首脑，在六大洲 60 多个国家讲述中国故事近两百场，以公共外交促成"冰岛·中国文化节"等多项中外文化交流项目……

20 年前，中国新闻界泰斗穆青为他的著作或题写书名，或撰写序言，并在人民日报（海外版）发表署名文章《写作·绘画·摄影·交流——余熙的记者生涯》。

2 年前，人民日报（海外版）又以《"中国的马可·波罗"余熙向世界讲好中国故事》为题，报道他不同凡响的公共外交路；同年，光明日报更以头版头条对其进行大篇幅报道。中共中央外宣办、国务院新闻办原主任赵启正为其新著《约会巴拿马》作序，标题即为：《余熙，公共外交的先行者》。2017 年 11 月 8 日，中央电视台《焦点访谈》栏目，将他作为记者典型加以报道。

如今，余熙已届 63 岁。荣誉等身的他，身退心不退，依然"跨界"活跃于新闻、写作、摄影、绘画、公共外交等不同领域。

人物简介：余熙，1954 年生，中国公共外交的先行者、知名国际文化交流活动家、长江日报高级记者、纪实文学作家、画家、摄影家、演讲家、国务院特殊津贴专家。兼为中国人民对外友好协会第九届、第十届全国理事会特邀理事、中国公共外交协会委员、中国非官方外交与国际关系智库察哈尔学会高级研究员、武汉对外文化交流协会副会长。西方媒体多次誉称其为"当代中国的马可·波罗""中国民间国际文化交流使者"。其出版的 28 部专著，多部填补了中国出版界国家题材的空白；已出版 6 部南美洲国家主题纪实著作，也是撰著南美纪实著作最多的中国作家。

余熙："公共外交的先行者"

◎ 瑞士之旅，开启 27 载漫漫公共外交路

记者：余老师好！2017 年 11 月 21 日，巴拿马总统首次访华，即与您亲切会见并接受两部赠书。这在中国和巴拿马刚刚建交之际，意义非凡啊！您近两百次走出国门，在国内外举办过 40 多场个人画展和摄影展，在六大洲讲述中国故事近两百场。作为地方媒体的记者，您如何吸引到了国际人文交流舞台的聚光灯？

余熙：我前两个月出版的长篇纪实文学《约会巴拿马》和《你好，巴拿马》，均为中国首次出版的巴拿马主题著作，填补了中国出版界该题材的空白。2017 年 11 月，巴拿马总统巴雷拉在上海与我亲切会见时，欣然接受了我的赠书，并感动地说："您的两部著作是两国人文交流的典范！"

27 年来，我在从事新闻工作的同时，坚持不懈开展国际人文交流活动。说起缘由，其

巴拿马共和国总统巴雷拉（图左）在上海会见余熙（图右），并接受余熙赠送的两部新著《约会巴拿马》《你好，巴拿马》。巴雷拉总统高度赞赏余熙为促进中巴两国人文和文化交流做出的重大贡献。

实有些偶然。

1981年，我在长江三峡的客轮上画水彩写生时，邂逅了瑞士画家彼得·迈耶先生。他非常喜爱我的画。在相识相知的前十年，他常常从瑞士给我寄来小礼品，而我就回赠他水彩画。在第十个年头，他所在的奥尔滕市泽塔美术馆馆长从彼得处看到我陆续寄去的20多幅水彩画后，非常惊讶，赞赏道："这些画既不失西方水彩画的清亮和明丽，又有中国水墨画的韵味！"于是邀请我去瑞士举办画展。1991年7月，我带着80多幅水彩画来到了瑞士。

那个年代，瑞士人对中国了解极少但又十分好奇。在展厅里，观众问了我很多匪夷所思的问题：你爸爸是不是留着长长的辫子？中国女人是不是还缠着小脚？尽管国内并无任何组织和领导向我交办外宣任务，但我觉得作为中国记者，自己有责任、有义务向这些瑞士朋友说明真实的中国。于是我主动提议举办"中国的社会与文化"主题演讲。两个小时的演讲，引来瑞士多家媒体争相报道。新华社发出通稿《"中国艺术"令人神往——余熙画展轰动瑞士》；参考消息也发表编译外媒的新闻《中西合璧　手法细腻　内涵深邃　中国青年画家余熙画展在瑞士受到好评》。来自海内外的积极反响带给我启示：国际社会太需要了解真实的中国！中国人太需要向世界讲述中国故事！

自此以后，只要有机会去国外开展公共外交活动，我都会千方百计地争取各种机会向世界人民讲述中国故事。1996年我访问美国期间，就主动要求去美国国务院外交学院，向全体学中文的"美国准外交官"做了题为《从中国儒释道意境看中国传统文化》的演讲。当时的新华社华盛顿分社副社长周锡生发回通稿《余熙用精湛的中国艺术感染美国听众》。如今，我已经在全球六大洲讲了个遍，有近两百场次。

◎ 28部著作，立体呈现人文交流成果

记者：迄今您已经出版了28本专著。这些纪实文学著作和美术、摄影作品集，无不以生动、鲜活而受到中外读者的喜爱。令人惊讶的是，很多著作都是在采访时间非常仓促的情况下完成的，写巴拿马，只待了短短的13天；乌拉圭停留了半个月；写46万字的《走向阿尔卑斯世界首富之国——瑞士探秘》一书，也只在瑞士待了3个月；冰岛只有8天时间。这么短的时间，却有这么高的效率，是怎样实现的？

余熙：报社同事曾称我是"拼命三郎"。每当置身于国际交流和公共外交场合，我就有点像一台不知停歇的机器，好像开启了"永动"模式似的。

我搜集信息的方法是"出门一把抓，回来再分家"。采访中确保全方位的信息搜集状态，尽可能地调动记者的新闻敏感、作家的心灵敏感、摄影家的镜头敏感、画家的形象敏感、社会活动家的交流敏感……我珍惜采访的每一分钟。对每个场景、每次际遇都仔细观察和探究，因为这些都是稍纵即逝的瞬间。采访时，我立体地听，立体地写，立体地摄，有时候还要立体地想象。此外，"眼疾手快"也是一个合格记者的基本功。在采访巴拿马旅游部部长时，我会在用右手紧张记录文字的同时，又用左手持相机将部长本人及他办公室落地窗外优美的景色拍摄下来，而我的脑海里则是不停歇地思考着下一个提问。这位部长有感于我的工作状态，连声赞赏不已。当得知我要写关于巴拿马的新书时，他主动表示要写序。

余熙水彩画作品《巴黎十二世纪的教堂》

说实话，这种高强度的采访，不仅要拼心智，拼脑力，还要拼体力。一部单反相机几斤重，需要频频举放，还要蹲趴侧弯，确实非常辛苦。年过六旬，体能逐渐下降，但是进入采访状态后，我依然如同上紧了发条一般忘记了疲倦。在采访武汉遍及五大洲的20座国际友好城市时，与我同行的年轻人无不感叹"太辛苦"！我用60天时间系统地采访了20座国际友城，很快就撰写并出版了中外文版长篇纪实文学《余熙探友城》和摄影集《好友在远方》，还在武汉美术馆举办了大型纪实摄影展览。中国人民对外友好协会会长李小林称赞此举"全国没有先例""具有首创意义"。

记者：那么多的国家，语言完全不同，很好奇您是怎么在短时间内捕捉到如此丰富信息的？在陌生的国度，您没有亲戚朋友，甚至没有熟悉的华人……

余熙：去任何一个国家前，我都会做大量的功课。我是自费出国，支付不起请翻译的高昂费用。我采用的方法，一是多语种综合发力，即大胆地用德语、英语、西班牙语、法语中的单词词根进行"杂糅"，通过肢体语言，再结合语言环境与背景，往往能把握住大概意思；二是比较重要的场合，就广泛借力，通过中国大使馆、大学、社会团体及华侨华人的帮助，满足诸如正式演讲、接受记者采访、会见元首、首脑等重要场合的语言需要。

外语非常重要，但并不是走向世界不可逾越的绊脚石。外语，充其量不过是工具而已。排在第一位的，是探求世界的巨大勇气和投身公共外交的满腔激情。

记者：您采访了五十多位国家元首，一百多位大使和两百多位国外知名人士。您的著作似乎有个"标配"——每一本书通常都会有中外两国大使写序。而为您写序的省部级以上的领导人，也达十几位之多。能请动这些"大腕"，显示了您作品的分量和您的人格魅力。

余熙：坦率地说，有这么多的中外大使和政要写序撰文，我很幸运，这得益于人文交流和公共外交的巨大魅力。

投身公共外交27年来，我秉持公心，摒弃一己诉求，时间长了，大家都知道我的个性和追求，予以长期信任和高度支持。

我的纪实文学著作以人文交流为最高追求。以整书描写某一个国家的有10多本，是在中国出版的"第一部"。有些国别题材，至今在中国还没人出版第二本。

这种追求"第一"的勇气，既是对自我的挑战，更源自对愈加开放的中国迫切与世界开展人文交流的一种配合。

研究并介绍一个国家，需要有从宏观到微观的概括驾驭能力。特别是对于此前完全陌生、没有先例可循、参考资料匮乏的某些国家，常常令人筋疲力尽。我早期出版的大多数著作，均面临没有网络、史料素材极难查询等巨大困难。克服这些障碍，需要从采访时就下大气力，不懈地开掘各类信息源。

撰写纪实性著作，内容的严谨性和准确性当属第一。比如，

余熙水彩肖像画《菲德尔·卡斯特罗》

写巴拿马时，在中国极难找到与巴拿马有关的各种资料。为此，在巴拿马采访期间，我就格外认真地开展考察、调研和甄别。在短短的 13 天里，几乎不敢放过任何可能会被写进书里的细节。我格外注重形象和细节的描写。采访中会详尽记录主人公的各种细节特征。因此，不少读者反映，生动好读是我纪实文学的一大特征。

我所有著作的目录全都以中外文双语呈现，有几本被全部译成外文。这样处理的目的，是希望不只在中国叫好，还要让所写国家的读者知道大致内容。如今，已有玻利维亚、厄瓜多尔、哥伦比亚的驻华大使希望邀请我去访问交流，最好也能写写他们的国家。

写作纪实文学，就是用自己的生命记录别人的生命。比如，2002 年我在法国期间，设法登门采访了程抱一、赵无极、皮尔·卡丹、保罗·安德鲁等五十多位法国知名文化人。法兰西学院院士程抱一教授起初拒绝我的采访，第二次又要求我读完他的二十多本著作后再提采访要求；当我真的读完那二十多本书后，他被感动，诚恳地接受了采访！后来，我的万余字纪实文学《摆渡蓬

山沧海间》在中国文化报刊登后，又被《新华月报》和《新华文摘》全文转载。在巴黎举行的新书首发式上，程教授不顾高龄亲自出席致辞，对我的人文交流成果再三热情赞赏。

就这样，我以一己之力，运用新闻、文学、摄影、美术、演讲、交流等多种形式，阐发对中外人文交流的追求，弘扬公共外交的理想。

◎ 近二百场演讲，用中国智慧赢得人心

记者：向世界讲述中国故事，是习近平总书记多次强调的历史使命。作为非职业外交官、非职业国际文化交流工作者的新闻记者，您的演讲受到世界各国听众的欢迎，并被所在国主流媒体广泛报道。例如您在阿根廷的演讲，被当地媒体评价为"帮助阿根廷人民真实地触摸到神奇的中国""推开了阿根廷眺望中国的又一扇窗口"。您讲故事的技巧，主要有哪些？

余熙：首先，注重演讲题目的设计及听众接受度的把握。怎样才能把故事

余熙水彩画《瑞士卢塞恩湖的游船》

讲得让人家喜欢听？我的办法是：注重人文交流！即把演讲主题设置成能够吸引最多听众的题目。比如，2017 年 4 月我在老挝国立大学讲了一场《从中国当代油画中的女性和青年看中国文化》，就是以 60 幅有关中国女性和青年题材的油画为载体，讲述中国女性和青年群体在中国的命运变迁及当代精神风貌。听众对这些中国故事听得津津有味。

另外，我注重寻找两国之间的共同点。2016 年我在阿根廷进行了两场演讲，题目分别是《中国——阿根廷社会文明形态的交流与融合》《中国约会阿根廷》。我花了一个多月时间寻求各种资料做 PPT，运用丰富的图片对比两国的意识形态和文明的异同。在讲述文化时，我分列出社会文化、学院文化、精英文化和市民文化等不同层次。我去过几次阿根廷，拍过大量照片，从中遴选出有代表性的画面诠释主题。如把阿根廷街头和中国街头卖棉花糖的图片放在一起，比较两国社会文明的异同，令听众趣味盎然。我以阿根廷民间传说——"从武汉往地心钻个洞，地球对面的出口就是第二大城市科尔多瓦"这样的细节拉近与听众的距离。演讲结束后，大量听众围上来继续提问不愿离去。

演讲时，我力求表达轻松、诙谐，有时还幽它一默，开点玩笑。比如，在德语国家，就先用德语讲几句当地的俚语。我从来不念稿子，自信地与听众进行眼神交流，希望他们不仅获得认知的快感，也获得审美的快感。

记者：您的演讲在当地媒体上的"出镜率"很高，可以说您的演讲是宣传中国的第一通道，而国外主流媒体的发声则成为传播中国声音的第二通道。怎样赢得第二通道，从而实现传播效果的叠加效应？

余熙：我比较注重对重大外宣题材的事先策划、事中彰显、事后传播。

在各国演讲，并非只求一讲了之，而是既追求现场效果，又追求演讲后所在国主流媒体的报道效应，后者才是向世界讲好中国故事的完美收官。

我认为，与其讲给一百位现场普通老百姓听，不如讲给十个乃至一个记者听——因为记者是有能力把中国故事进行"二度传播"的人，能影响更多有影响力的人，相当于在做"信息加法"。因此，我在策划演讲时，常常主动向外方提出邀请所在国主流媒体记者参加的要求。记者来了以后，我又主动向他们提供资料。

演讲中，我还注意为各国主流媒体的记者预留出对话时间。讲完之后我会叮嘱少数媒体记者留下，单独和他们深聊，以使中国故事"借船渡海"。常常是在第二天的媒体上，我会读到或收看到自己希望表达的、能够正面、准确传播中国国家形象与中国声音的观点和新闻。

◎ 用人格力量，在国际外交舞台上展现独特魅力

记者：近两百场境外演讲，都是您自愿和主动承担的，有时甚至还需要自费，耗神耗力甚至还耗钱。是什么力量让您始终如一、坚持不懈？

余熙：向世界讲述中国故事、传播中国声音，是每一个中国公民责无旁贷的义务。如果能以民间身份讲中国的故事，传播效果将会更好。

我不太欣赏遇事个人利益当头的人。熟悉我的人都知道，在长达27年的公共外交生涯中，我一直致力于把"一己之力"的"力"，设法放大成为"力大无边"的"力"。通过做"力的加法"，来实现公共外交的倍增效应。有这样一种心态，见缝插针地寻找传播中国声音的机遇与空间，就不会是一件难事。

我没有忘却我的"初心"——用一种优雅的姿态、平和的心态和艺术的状态，奋力实现心中的梦想。而习近平主席倡导的"构建人类命运共同体"，就是这个梦想的归宿。

湖北电视台为余熙拍的定妆照

当今世界，无论你身在哪国、信仰如何，也无论是否愿意，你实际上已经处身于"人类命运共同体"之中。只有共同构建"你中有我，我中有你"的人类命运共同体，我们才能拥有安全、文明、幸福的生存环境。有什么理由放弃自身原本即承担着的时代责任？

至于说到"常常自费"的问题，我想，投身于公共外交，肯定需要成本。只要能够把事情办成，支付一些费用，也很正常啊！

曾多次有听众问我，你在国外遇到过尴尬或气愤的事情吗？

说实在的，尽管去了那么多国家，我却很难回忆起有什么特别不愉快的事情。我信奉"慎独"的法则。"人必自重而人重之"。若要人们尊重你，首先得尊重人。无论行走到哪个国家，我对自己的品行、举止、谈吐等都有严格要求，这样谁会刻意给你制造不快呢？

能够成长为一名公共外交活动者，社会助推的因素固然很多，但源自心灵深处的一种文化自觉乃是重要的原因。我自幼家庭贫困，8岁时父亲去世，16岁至20岁的5年间一直在农村当知青，返城后也是一名整天脏兮兮的修车工人……文化自觉使我大量吸收人类社会的先进文化，并且为彰显这种先进文化而努力付出。

记者：您为了国家利益不计个人得失，这种高尚品质，帮助您赢得多个国家元首的赏识。听说有的元首还请您到家里做客，发展个人友谊？

余熙：是的，确实有些国家的元首邀请我去过他们的家中。例如，冰岛总统奥拉维尔·格里姆松，乌拉圭总统何塞·穆希卡，乌拉圭前总统路易斯·桑吉内蒂……

从年轻时起，我就对了解世界文化有着浓厚的兴趣。学习绘画以后，我对文艺复兴时期的人文思想很是着迷。人人平等的理念，从小到大根深蒂固地深植于心。因此，无论是会见国际政要名流，还是普罗大众，我都能在心态上与其保持平等，充分尊重但绝不刻意逢迎。我通常会不卑不亢地提问，目的是最大限度地获取新闻信息。对话时我敢于坦诚直言，在与政要名流交往时，保持澄澈的目的和纯净的心灵。这或许是我和一些高端政要交流后，能够升华为个人友谊的原因。

记者：1997年4月2日，人民日报海外版刊出著名新闻人穆青撰写的《写作·绘画·摄影·交流——余熙的记者生涯》一文，对您赞誉有加。这种殊荣，新闻界没几人能有呀！

余熙：我和新闻界前辈穆青的年龄相差 30 多岁，但我们是难得的"忘年交"。我非常敬重穆老，更有幸与穆老在精神上有着奇特的共鸣。穆老非常爱护我，对我的公共外交活动也给予了指点和支持。1991 年和 1995 年，我启程前往瑞士和保加利亚之前，他就分别写信给新华社日内瓦分社、索菲亚分社社长，请他们为我提供支持。1993 年，我出版《走向阿尔卑斯世界首富之国——瑞士探秘》一书，穆老欣然题写书名。1996 年，我出版《走向密西西比——美国辩证》一书，穆老又撰写了序言。1997 年，穆老还邀请我出席新华社举办的"穆青新闻研讨会"，并点名要我在大会上发言。

穆老发表写我的文章，是对我的巨大关怀和鼓舞。穆青前辈留给我的宝贵精神遗产，是支撑我开展公共外交的重要力量。

◎ 逐梦依旧，继续向往诗与远方

记者：您在境外举行了四十多场绘画、摄影展览。把画作用于公共外交，并促进中国和各国人民之间的友谊，用艺术的魅力深化人文交流，您的作品也实现了多重价值。当绘画、摄影与文字相得益彰地呈现在各国观众面前、出现在您的著作中时，大家不由感慨："多面手"才华真是值得大大点赞！

余熙：绘画、摄影和外语都是自学的。我最新的摄影作品展览，是 2018年 2 月春节期间在武汉黄鹤楼公园举办的《中国摄影家余熙镜头下的韩国平昌》，吸引了 20 多万中外观众。

我终极的理想是人文交流和公共外交，而绘画、摄影等则是实现这些目标需要具备的多种能力。我有个习惯，就是追求完美。从小我就喜爱绘画，虽然现在画得不多了，但对艺术的追求依然不曾懈怠，总是千方百计保持对艺术的高度敏感。只要来北京，我就尽可能地抽时间去逛 798 艺术区，欣赏观念前卫的艺术作品。

画画和新闻，表面上看起来似乎没有什么关联，但自身艺术的修养，可以潜在地影响新闻职业，决定是否能看得更高、走得更远。习惯于用审美的眼光审视世界，用形象思维窥视社会，这也有助于我在心中时时幻化出不同画面，对社会、对人生进行更深层次的心理解构。

记者：在很多人的眼中，您这一辈子足够丰富了，可以好好休息，安享天

余熙水彩画《瑞士瓦莱州的钟声》

伦之乐了。您认可吗?

　　余熙:我的朋友说,你退休之后比原来更忙碌了!确实如此。

　　尽管已退休,但以我名字命名的工作室照常运转,我依然承担着国家、省、市和报社的某些涉外工作及对外新闻采访和国际文化传播的任务。

　　2016年11月,我在西班牙演讲期间,正遇上古巴的卡斯特罗主席逝世。长江日报让当天拿出两个半版的稿子,我立即终止活动连夜赶稿。第二天,长江日报的第一、二版都是我写的新闻。几天后在巴黎又遭遇恐袭预警,报社又约稿,于是我继续供稿。在欧洲的短短旅程中,居然连发了好几个专版。

　　长江日报是我温暖的家园,对我的公共外交活动非常支持并给予新闻报道。如我会见巴拿马总统并赠书,长江日报用两个版的篇幅进行图文报道。2018年下半年,报社还将邀请我参加大型境外采访的活动。此外,我还经常参加国家级社团组织的公共外交活动,并应邀到各地演讲。因此,很多人并不知道我已经退休 3 年了。如此高频率地参加活动，虽然身体会比较疲惫，但能为公共外交多做点事，感到很愉快。

思想有多远，人生的脚步就能走多远。我这一生，似乎就是寻梦、追梦和圆梦。至今，我的梦想依旧；寻梦和圆梦的路，愈走愈宽广。

我依然憧憬着——那美丽的诗和远方。

芳秀印象：

余熙，一个绘画、文学、新闻、摄影、演讲、外交领域面面俱精的多面手。虽是南方人，却身材高大魁梧，加上颇显文艺范儿的发型，哪怕在 63 岁的年纪，仍给人儒雅潇洒之感，似乎生来就具有外交家的气质。

余熙的人生阅历之丰富，恐怕几个我辈都比不上。与他两个晚上的深谈，一个灵魂高洁、志向高远的长者形象烙在我脑中。因为西方文艺复兴以来的人文思想对他影响很大，使他具有强烈的平等意识，不管与谁交往，无论是平民百姓还是一国之尊，他都能以平等之礼相待。

我们的两次对话，都是边吃边聊，两次都是他抢着埋了单。本约定第二次由我来，却又被他的女儿悄悄地付了款，那时他同从德国留学回来在北京参加工作的女儿余袤一起来接受我的采访。

在 60 多个国家演讲两百来场，很多是他自己掏的腰包，受苦受累还垫钱，这样的"傻事"，很多"聪明"的人不会做。问他为什么要这样做？他说，国际社会太需要了解真实的中国！中国人太需要向世界讲述中国故事！这是每一个中国公民责无旁贷的义务，如果能以民间身份讲中国的故事，传播效果将会更好。就是这样的理念，使得这位从不把个人利益当头的人，做到了常人难以做到的事情。

但这样的姿态，这样的境界，却像磁石一样吸引着与他打过交道的人。他成为冰岛总统奥拉维尔·格里姆松夫妇、古巴主席菲德尔·卡斯特罗、德国总理格哈德·施罗德、法国总理阿兰·朱佩、乌拉圭总统何塞·穆希卡等政要的座上宾，也就不难理解了。例如，他3次去冰岛，3次被冰岛总统夫妇邀请到家中做客。这样的殊荣他极少提及。

他与新闻界泰斗穆青的"忘年交"也让我感动。自打第一次与穆青见面，一段奇特的缘份便产生了。一个是新华社社长，鼎鼎大名无数人想接近；一个是地方报纸的年轻小伙，初出茅庐乃无名之辈。但只要余熙来北京，穆青都会请他去家里做客，而不只是在办公室见见。余熙至今还珍藏着穆青题辞相赠的7部文字著作和摄影画集。余熙说，有两次的晚上，他把才几岁的女儿一起带去他家，穆青都给孩子塞了很多糖果。穆青闲暇时喜欢在家里莳花弄草，有时一边与他聊天一边给花草浇水。

我问他，为何穆青能对一个小二三十岁的地方媒体记者如此器重——既为他写评论文章，又为他向驻外分社写推荐信，还为他的新书题字和撰序？余熙说，他与穆老之间，有一种奇妙的、精神上的"同频共振"。

穆青既重文字写作、又重摄影创作，生前曾大力倡导"文图并重、两翼齐飞"的新闻理念。而这一理念，恰与余熙所追求的新闻理想不谋而合。作为文字记者兼作家、画家、摄影家，余熙对运用形象力量实现新闻价值最大化的理念格外敏感。不管是办报还是出书，他总会身体力行地坚持"文图并重、两翼齐飞"，穆青对此颇为欣赏。穆青曾就余熙著作《走向阿尔卑斯世界首富之国——瑞士探秘》《走向密西西比——美国辩证》（前书穆青题写了书名、后书穆青撰写了前言）中的大量配文照片作过细致点评，他一一列出自己喜爱的图片，详述理由；对个别不太满意的图片也坦诚相告，从而令余熙受益匪浅。穆青还曾亲自赶赴古巴、墨西哥的驻华大使馆，出席余熙在两个使馆举办的摄影作品展览，并为余熙点评作品。这些，都是穆青与余熙之间友谊的点滴见证。

30多年前，余熙曾在长江日报不止一次地尝试发表过"新闻连环画"，即用"白描"的绘画形式真实呈现新闻的客观场景，其效果令读者耳目一新且好评如潮。

余熙说，得知穆青去世的噩耗后，他满腔悲痛却无人知晓。当他急忙从武汉赶赴北京穆老家中慰问时，因长期工作于国外而不知父亲有这位好友的穆青之子，只是礼节性地与他握了握手，余熙在深为理解之时又更加难过。我问他，为何不写写与穆青的"忘年交"？余熙说，这个话题很神圣，轻易不敢碰触；但此生肯定会写，只等时机成熟。

20 多年坚守基层，他采写了大量生动鲜活的报道，也留下许多感人至深的故事：

2007 年钱江潮发生卷人事件，在打捞现场蹲守两天两夜，拿出 6 个版的独家报道；2008 年杭州遭遇冰雪灾害，徒步 6 个小时，一路采访写作 8 篇稿件还帮人推车；汶川大地震发生后，主动请缨抗震救灾多天，捐出随身携带的 4320 元，现在一到下雨天，最怕关节炎折磨；2009 年下派青田农村工作，打响"刘基菜园"高山蔬菜品牌，筹资修路，帮村民脱贫致富，还募集 400 多万元帮助 300 多名学子；以他名字命名的"佳友民情工作站"，筹集款物 8000 万元帮助困难群众……

为了采访这个中宣部号召学习的新闻战线重大人物典型，多家中央媒体记者组成采访团，来到他挂职的地方……

人物简介：俞佳友，1974 年生，1992 年入伍，1996 年加入中国共产党，大学本科学历、管理学学士，中国共产党第十八次全国代表大会代表，列席中共十八届三中全会。现任浙报集团地方事业部副主任兼义乌市委宣传部副部长，义乌商报社党委书记、社长、总编辑。2011 年被中宣部树为全国新闻战线重大人物典型，荣获第十五届长江韬奋奖、全国优秀新闻工作者、中国新闻奖一等奖、全国道德模范提名奖，并获得浙江省十大之江先锋、浙江省优秀共产党员、浙江省优秀新闻工作者、第八届浙江飘萍奖、浙江省十大杰出青年、浙江省道德模范等荣誉称号。曾任浙江日报记者部副主任、浙报集团佳友民情工作站站长、浙报集团乐清日报社总编辑、党组书记、总经理等职。

俞佳友：新闻是我的最爱，农村是我的根

◎ 山路上

——我是一名支农的党报记者，负有双重使命。

时间：2011年3月17日早上

地点：从青田县前往万阜乡的中巴车上

早上八点半，中央媒体采访团二十余人坐上了从县城去万阜乡的中巴车。为方便各位记者"发问"，俞佳友被安排在了中间的位置。最初，大家兴致高涨地轮流跟他聊。没多久，记者们个个开始晕车。山路弯多且急，据说，初次走这条路，很少有不晕车的⋯⋯

记者：这条挺折腾人的盘山路，从县城到乡里有多长？你走过多少遍？

俞佳友：万阜乡是侨乡青田县最偏远的一个乡，到县城的公路85公里，大约需3个小时车程。最窄处只有3.5米宽。有人用"看看在眼前，叫叫听得见，若要进趟城，走路要几天"来形容。两年来，我接送乡村干部、村民到县城或下村办事有三百多次，跑了7万多公里。一边是峭壁、一边是深达100多米的水库，很容易发生交通事故。通乡公路在没修好前是泥巴路面，为了不掉进深不见底的水库，我尽量往路里边开，常常会蹭到旁边的山石。下雪天路滑，车刹不住，也会撞上路边的护栏。下雨时间长的话，经常发生山体滑坡，进城的路就会被堵。车身经常伤痕累累。不过，现在我开山路的水平越来越高了。

记者：听说你的私家车成了村民的"公交车"，还是他们的"救护车""婚车"。你跑过这么多路，都是自己掏腰包，由妻子每月往油卡里打钱。碰上村

青田县万阜乡一条 400 多米长的水泥路，是俞佳友（图左 4）筹集部分资金、浙江日报报业集团出资数十万元修建的，一直通到山上蔬菜基地，解决了农产品运输难，被村民称为"记者路"

民剐蹭了你的车，你也不让人家赔，所以你很怕保险公司。

俞佳友：用我的别克私家车——接送孕妇到城里生小孩、下雪天送学生回家、村民办喜事、我当婚车司机兼摄影师、送种养大户外出取经……有人要给我钱，我说："那是非法营运，哪能收钱呐！"但出车的次数多了，磕磕碰碰的机会也就多了。好几家保险公司说我的车出险多，不愿给我担保。

记者：这一切都因为你的特殊身份——"省派农村工作指导员"。省派农村工作指导员的目的是服务"三农"，让农业更强、农村更美、农民更富。你怎么规划有着"青田县的西藏高原"之称的万阜乡？

俞佳友：我是一名军人出身的党报记者，在这里负有双重使命。在万阜乡我主要是分管宣传、农村、群团工作的乡党委副书记兼乡长助理，协助书记、乡长处理一些日常工作。农村指导员做的事情很繁杂很琐碎。走村串巷一家一户地走访村民，列出困难户名单：年龄、致贫原因、兴趣爱好、帮扶内容等。为了解各个乡镇的需求及发展情况，我走访了丽水市近 200 个乡镇中的 3/5。

时任浙报集团乐清日报社总编辑俞佳友带队赴乐清湾采访

我和当地干部一起谋划、调研,在发展山区高效农业上做了一系列的规划布局。要做的事很多,比如"刘基菜园"品牌才打出去,走精品农业产业化的道路还很远,全乡还有 502 人年收入在 2500 元以下……要力争让无力者有力,让悲观者前行。希望有一天,农村农业产业化发展能实现"一乡一品"。到时,我再以记者的身份采写经验与成果。

◎ **万阜乡**

——在见报的 230 多篇报道中,发表在头版头条的就有近 30 篇,我尽量发挥职业优势,让万阜乡"走"出去。

时间:2011 年 3 月 17 日中午

地点:万阜乡新庄村

颠簸 3 个多小时后,中巴车抵达万阜乡新庄村。新庄村的百姓闻讯赶来,纷纷向记者们表达对这位来自省城记者的感激之情。路过村委会、敬老院，俞佳友与每个人热情地打着招呼。当走到村子里一幢并不起眼的房屋前时，看见墙壁挂着一条横幅："党和人民的好记者俞佳友，你辛苦了！"他脸上的笑容不见了。

记者：怎么啦？看到这条横幅不高兴？

俞佳友：我是一个凡人，为农村、农民办点实事，是应该的，做了就做了，搞这么轰轰烈烈干什么？让老百姓得到实惠、把事情做好才是最重要的。当得知有中央媒体来采访，有村民自发提议想弄点标语条幅，我当时立马制止了，没想到还整出这个东西来。

记者：这个乡看起来与普通的乡镇没多大区别，你在这样的地方两年写下两百多篇新闻稿，其实挂职期间并没有发稿的任务。

俞佳友：可以说我一天没有忘记自己是记者的身份。做记者的人，了解到一个好的新闻线索，就会习惯性地想动笔把所见所闻变成文字。农村发生的新鲜事很多。在见报的230多篇报道中，发表在头版头条位置的就有近30篇。我不但自己写，还辅导乡里的干部写。现在，我已经带出了几个"徒弟"。为万阜乡建了一个网站，让万阜走出大山，让外界了解万阜。我甚至借鉴浙江日报社的一些规定，出台奖励措施，鼓励那些发表稿件的乡村干部。

记者：在车上，我总看你在本子上写写画画的，能告诉我是些什么内容吗？

俞佳友：没什么的，无非是些见闻和感受。因为农村工作细而杂，涉及的面很广，如果不随时记录下来，我怕自己忘记，好脑子不如烂笔头。我有记笔记的习惯。当记者时，我一般会有三个笔记本："不足本""表扬本"和"采访本"。"不足本"记录自己的不足；"表扬本"记录大家的肯定；"采访本"随身携带，随时记录。

记者："省派农村指导员"的任期是一年，而你却连任两年，今年是第三年。听说一年期满后，你本打算回省城，是乡亲们的盛情挽留了你。而远在杭州的家里，爱人高度近视，女儿年纪尚小，他们也需要你。为什么毅然留下来呢？

俞佳友：当第一年任期满时，乡亲们集体给浙报集团写信，要求我留下再干一年。当时我也犹豫，毕竟我终归要回到记者的工作岗位，而且家人也希

浙江日报《佳友民情快车》新闻专栏荣获中国新闻奖新闻名专栏，俞佳友赴京领奖

望我早日回去。不过想到万阜乡的工作才刚铺开，高山蔬菜等农产品销售还没有步入正轨，如果这时我离开，后面的人没及时跟上，那么所有的工作可能前功尽弃，村民们好不容易鼓起的希望可能也要破灭，我便决定留下。家人很支持我，我也从心里感谢家人的理解。高山蔬菜收获的季节，我比农户还着急。雨水多了，天旱了，病虫害来了，每样都让我揪心。有时，看到村民兄弟收成好、开心地数着钞票，我的心也热乎乎的，那是一种与写了好稿、得了大奖一样的幸福。

记者：你在万阜乡已度过七百多个日日夜夜，很快就要画上一个圆满的句号了。此时你有哪些感受？

俞佳友：这两年多，我认识和结交了很多农民朋友，这是我最珍惜的。回过头看，好多事情做得不够好，我希望以后去弥补。万阜乡五年规划中的结队帮扶项目，都在一个个落实中。让村民早点脱离贫穷，这条路还很长，要做的事还很多。即使回归到记者身份，我依然会牵挂万阜乡的发展。我所在的部门有《美丽乡村特刊》，我希望将来把这个周刊经营好，把更多农村中的新鲜事写出来，告诉更多的读者。我以后会常来这儿的，因为浙江日报报业集团与万阜乡从以往单纯的帮扶上升到结对共建的高度，并以文件的方式写进了报社的"十二五"规划里，对万阜乡的帮扶有了制度保障。

◎ 开元宾馆

——如果要在生命与新闻两样事中做出选择，我情愿选择后者。

时间：2011年3月17日晚上

地点：青田县开元宾馆

结束了一天的走访，回到下榻的宾馆，记者们还想晚上再约访他，希望把这个同行"榨干挖净"。我约访的时间是晚上9点至11点。结果其他记者都围在他身边不肯离去，大家又你一言我一语地开展了新一轮的"轰炸"。

记者：佳友，你辛苦了。采访团整天围着你了解情况，为了配合同行，你拿出了最大的真诚，比如你昨晚和有些记者聊到了大半夜，算下来只休息了几个小时，今天，已这么晚了还被我们"围堵"在宾馆里，困不困？

俞佳友：不困，一天能睡五个小时，对我来讲足矣。做农村基层干部的日子里，我食宿一直没有规律。习惯了吃方便面，也习惯了深夜十二点以后睡觉，天亮就起床。因为农村人起得早，出门也早。

让你们在汽车上颠簸这么久，还下农村受苦，我很过意不去。作为同行，我在表达深深的感谢的同时，衷心希望大家在写作时实事求是，千万不要拔高。我就是一个普普通通的记者，是一个为新农村建设穿针引线的挂职干部，只不过做了一些该做的事情。

记者：在采访中，大家由于受感染而沉浸在一种激情之中。你是怎么走上新闻这条路的？以至于走得如此坚定、投入和执着。

俞佳友：我的新闻梦是从部队开始的。最初写了一百多篇新闻稿，投出去一篇也没发表。但我仍然对新闻写作充满热情。半年多后，一篇名为《租赁菜园子，丰富菜篮子》的新闻，被《人民海军报》发表。这是我第一篇被刊用的新闻稿。

从此以后便一发不可收拾。我乐于做一名只要有新闻就去现场、重大事件不缺席的"新闻兵"。1996年春节回家探亲，从农村到工厂、商店，我一天跑两个乡镇，一个月写下了40多篇新闻稿、评论和随感，有30多篇发表。退伍后我分配到了江西广丰报社。在采访中，我发现记者到镇里采访的多，到村里采访的少，便策划了"百村行"活动，用一年多时间，把全县300多个村走了一遍，捕捉了农村发生的各种新变化。

俞佳友写真

新闻是我的最爱。如果需要我在物理生命和新闻生命两样事中做出选择的话，我情愿选择后者。对"记者"这个职业，我充满敬畏之心。

记者：农村题材的稿件并不好写，少有轰轰烈烈的事件，它们大多悄无声息地发生在老百姓身边，虽切切实实地存在，但一不小心就会被忽略。你是如何发现并撰写新闻的？

俞佳友：这需要有一种立体思维，包括立体指向、立体起点、立体结论等方面，是指对事情既要横向看，也要纵向看。通过横向扩散，再纵向比较，发现富有新意的点。同时，要巧妙地把它表现出来，这就要求在写新闻时"手高眼低"。"眼低"，是指要把眼光往下放，多关注基层的变化。"手高"是指写东西的时候，立意要高，对写的事，不能平淡化处理，要抓出独特的点来。

农村是我的根，我希望把根深深地扎进这片富饶的土壤。在农村工作生活的750多个日日夜夜，我每天深入到群众中去感受、去发现、去倾听，利用双休日和晚上写实事、说实话、诉真情。

芳秀印象：

在青田采访完俞佳友回京前，我写下了这样一段文字："赴青田采访是一次灵魂的荡涤之旅，不只因那青山、绿水和沁人的空气。俞佳友，一位普通却不平凡的同行，用他的行为默默地感动着身边的每一个人。不是农民却更像农民，农民的一切牵动他的心弦。无比质朴却显奇崛，有如青田石，在精心打磨与巧心雕琢下，彰显让世人惊叹的瑰丽与厚重。"

俞佳友是农民的儿子，基层就是他的家。他用脚板丈量出了人生的高度，十八大党代表、长江韬奋奖获得者、全国优秀新闻工作者、中国新闻奖一等奖

等 80 多项奖励，是对他行走基层、为民服务的高
度认可。

有人说他——"对大地的情怀像牛一样勤劳
忠诚，对新闻的敏感像狗一样鲜活有力，对人生
的态度像虎一样敢于担当"，对此，我非常赞同。

25 年间，他凭这股拼搏精神，刊发了 6700
多篇新闻稿件。当水兵记者时，上高山、下海岛、
乘战舰、踏海浪……采写的数百篇军事新闻，被
《解放军报》等主流媒体频繁采用；在青田做乡干
部时，在繁忙的农村工作之余发表了 250 篇报道；主持以他名字命名的浙江日
报《佳友民情快车》5 年间，每年下基层的天数超过 200 天，和同事们一道刊
发了 500 多期办实事、做好事的鲜活新闻，并荣获了中国新闻奖一等奖，践行
了"新闻为民，与您同行"的报人情怀。

"心中有乾坤，笔下有担当"，因为心里装着百姓，所以他能在基层马不停
蹄地走，上高山、进农家，访贫、问苦，尽力为困难群众排忧解难。真诚倾听
"空巢"老人的心里话，采写出《关注空巢老人精神生活》系列报道，并动员
企业捐资 1250 万元，在浙江省山区农村建设和修整 100 所"老年之家"；真心
关爱青少年，42 万余名志愿者被他组织起来为全省 377 万名未成年人编织暑
期安全网，使青少年溺亡等事故比往年同期下降 46%；"为特殊儿童点亮一盏
灯"，通过微信、微博等新媒体发动爱心募捐，为 4000 多名特殊儿童捐赠了价
值 400 多万元的新棉袄、新棉裤等物品……

心系基层的他，2015 年被任命为浙报集团乐清日报社总编辑，他努力践
行"新闻为民"的办报宗旨，把一份只有 5 万读者的报纸做成了拥有 550 万用
户的全媒体矩阵……2018 年 1 月起，兼任义乌商报社党委书记、社长、总编
辑。作为两家报纸的"一把手"，他既注重顶层设计、加快新型媒体集团建设，
又注重业务细节，每天坚持看完最后一个版面。今年已组织实施重大主题报道
70 多个，阅读量"10 万 +"报道 400 余篇，两家报社在他任职后产生了 11 件
荣获浙江新闻奖的优秀作品。

眼前的长江奖获得者王遐，沉静、温柔，并无独闯边疆的"侠女"影子。她坦言：其实自己挺"宅"，是个挺静的人，更多时间在思考与读书。不抽烟不喝酒，不会唱歌不会跳舞。年届60，依然独身。除了采访，看电影和写作是她最大的乐趣。

政界要人、社会名流、公司老总，她从不主动联系，较富裕的兵团团场，也不怎么跑动，倒是那些边远、贫困的边境团场，却经常去采访。"我就这么草根"。她与边境团场的职工群众在一起，总有说不完的话，写不尽的事。身为兵团人的女儿，她有责任把兵团几代人屯垦戍边的感人故事写好。

"经典和畅销的文学书籍我都买来看，过长假是我最快乐的时光，宅在家扎扎实实看七八天的书。"也许正是这种积淀，加上深入、深入、再深入的扎实作风，成就了她——似乎是另类记者的职业辉煌。

人物简介：王遐，1962 年生，新疆生产建设兵团广播电视台总编辑，高级记者。先后获得全国优秀新闻工作者、全国文化名家暨"四个一批"人才、全国新闻出版行业领军人才、长江韬奋奖等荣誉。享受国务院政府特殊津贴。从事新闻工作 33 年，采写新闻和报告文学作品 100 余万字。新闻通讯《"我要做一个诚信的人"》荣获中国新闻奖一等奖，新闻通讯《我的哨所，我的家》荣获中国新闻奖二等奖，报告文学《荒原上，那一片绿……》荣获中国新闻奖报纸副刊作品初评金奖。其新闻作品还曾 21 次获得省级新闻奖特别奖、一等奖。

王遐：新闻当有色彩

◎ 一个浪漫的美文主义者：游走在新闻与艺术之间。新闻不是公文，应该有色彩，有阅读味道和阅读快乐

记者：王主任，首先恭喜您获得中国新闻界最高奖——长江韬奋奖！2009年您就获得了中国新闻奖报纸通讯类一等奖，那是新闻作品的最高奖项，而长江韬奋奖又是新闻人的最高荣誉。再获殊荣，您有何感想？

王遐：很兴奋。有人说，这两个奖是中国新闻界的珠穆朗玛峰，一个新闻工作者能把这两个奖揽入怀中，相当圆满了。所以荣获了中国新闻奖一等奖后，我就暗暗努力，争取拿到长江韬奋奖。当得知获奖的消息时，第一反应就是——终于如愿以偿了。但接下来的感觉就复杂了，涌起这么些年在兵团基层采访过的许多平凡又很伟大的人物，这些荣誉是他们给我的。是他们感动了我，给了我灵感，让我走进了他们的内心深处，从而成就了我的今天。

记者：大家都喜欢看您写的典型人物通讯，生动感人，回味无穷。有这样一种观点：写新闻只要把五个 W、一个 H 写清楚，客观公正就可以了。读您的文章却感觉到了浓浓的情感，有一种非同一般的"魔力"在里面涌动。

王遐：今天的读者，受过良好教育，他们对新闻的赏析能力越来越高，除了想在新闻中获得足够的信息外，他们更希望收获精神上的东西、知识和思想的交流。那些苍白、枯燥、缺乏美的品质和内涵的新闻，很难激起读者的阅读兴趣。

所以，我无论是采写通讯，还是深度报道，都渗入了自己的感悟和思想。在表现事实的同时，我更注重展现人物在推动事件发展过程中的情感变化，使用文学的手法，力求有特色、有新意、有美感。新闻不是公文，应当有色彩，

有阅读味道和阅读快乐。也许写消息可以不带感情色彩，但采写人物通讯，文中带有记者的思想、情感，是无法避免的。

记者：俗话说，"七分采，三分写"。而您却在总结采写人物的经验时，认为采访在整个过程中所占的比重至少要达到80%，强调用现场"景语"来表现情感。

王遐：在新闻报道里，每个细节都必须真实。所以，深入，这是写好人物最必须的。采访到了足够表现人物的事实，写作也就变得容易起来，文字会随着你的情感、你对人物的理解自然地流淌出来。

2003 年，我到兵团农十师一八五团采访，路过中哈界河阿拉克别克河龙口时，发现界河边孤零零地立着两间小土坯房，前方是国界线，后方是荒漠。当我得知还有人住着时，决定下车采访。原来，为观测界河水文情况，马军武和妻子在 15 年前被派驻到这里，这里没有电，没有自来水，也没有电话，一下雨屋子里到处都滴水。他俩一直坚守着。他们与我谈了很多，马军武的妻子一脸沧桑，她流着泪说，我流着泪听。他们的故事报道出来后，反响很大。马军武后来当选了全国劳模和全国道德模范。

◎ 一个自虐的完美主义者：我在新闻采访写作上比较极端，但控制不住自己

记者：16000 多字的长篇通讯《历史的回声》和《不夜的边关》，描写的是 1962 年"伊塔事件"以来，兵团边境团场两代屯垦戍边人为捍卫共和国的领土主权而无私奉献的动人事迹，读来让人荡气回肠，感人至深。您从萌发写作念头到最终完稿刊出，历经了整整 6 年时间，行程近万公里。整个过程却没有让领导知道。为何对曾经发生过的那些历史事实如此执着？

王遐：1998 年，我第一次到边境团场采访的时候，了解了许多往事，我为之震撼，心久久地不能平静。我对自己说：一定要把这些故事写出来！

2002 年，在"伊塔事件"发生 40 周年、兵团 58 个边境团场组建 40 周年之际，我独自上路了，坐长途班车、搭便车、乘火车，到边境团场去采访那些鲜为人知的戍边故事。但当时中国和哈萨克斯坦正在协商解决历史遗留的边界问题，有关部门说我的采访活动涉密了，跑了 10 个边境团场后不得不暂时停止。

2004 年，中哈边界正式勘定，让我魂牵梦萦的戍边人物和故事又在心中翻腾起来。7 月，我再次出发去边境团场采访。沿着一座座横亘在中哈边境线上的界山，我一路走，一路采访，记录下了 50 多位戍边人的名字和他们的故事。我还得以进入一片片被前苏联强行控制了 40 年的"争议领土"，并且有幸登上了 20 多名边防军人英勇殉国的无名高地，清晰地看到了共和国戍边人留下来的斗争印迹，看到了真实的历史……

回到乌鲁木齐后，我就把自己关在了家里，那些天，我终日都沉浸在文稿中，多次写到震动心灵的情节时，竟控制不住自己，在电脑前泪流满面，无法自制……

记者：这是一个漂亮的"自选动作"！兵团 58 个边境团场，其中有 30 多个直接驻守在两千多公里长的边境线上，这些团场与乌鲁木齐相隔数百公里，跑完是一件多不容易的事呵。依我看，这是一种自我挑战。

王遐：记得将长篇通讯《历史的回声》和《不夜的边关》交到报社的那天下午，我一直忐忑不安，不知等来的会是什么结果。领导终于看完了稿子，走过来对我说了一句话："我们也忍不住要流泪了，发！"

为完成这个选题，我总是寻找机会去边境团场采访，每次接受任务，或者采写报社的一些策划报道时，总是积极承担涉及边境团场的。

路上很孤单且辛苦。那时新疆很多地方没通火车，唯一的交通方式是乘长途班车，一坐就是八九个小时。去伊犁采访，一般要 9 个小时，路过天山的一个叫果子沟的大峡谷，几乎每次都会遇到道路被山洪冲坏，车要堵上好一阵。坐长途班车在路上吃饭、上卫生间都不方便。我晕车很厉害，为防晕车，我一上路就要吃药，但又不敢多喝水，直到抵达目的地后再拼命补充身上损失的水分。夏天就更难受了。既然下了决心要做这个选题，这种付出就是必须的。

我没有天不怕地不怕的泼辣性格，而是一个文弱的人，一个人行走在路上，自我保护的方式就是在着装等各方面，都不让人觉得我与众不同。

记者：你前后采访了 50 多个历史事件的亲历者，而最后在文章中只用了 13 个。其实，一开始你就明白，文章装不下那么多被采访者的事迹。为什么还要不辞辛劳地做这么多采访？他们所述之事其实大同小异。

王遐：每到一个边境团场，不管多难，必须采访到所有别人向我介绍的与历史事件相关的人。我想，也许遗漏的那个人就是最有故事的。所以不管是 7

王逸在新疆维吾尔族乡村采访

个还是 8 个，我都要千方百计地采访到。当七八个人重复讲述同一个故事时，当地陪同的人都听烦了，而我却不烦，因为他们叙述的语调不一样，情感不一样，传递的信息也不一样。如果我只采访了一部分团场，是不是还有更感人的事和人没有被我捕捉到？我不允许自己有这样的遗憾。

采访中我几乎不用录音笔，因为没人愿意把自己最真实的一面让人完完整整地录下来。我必须快速记录，所以字写得就很草，晚上回到招待所，还要把采访笔记再整理一遍。采访量的确很大，很辛苦。记得在农九师采访时，宣传部门安排师报的一个年轻姑娘跟着我，但她跟我跑了几个团场后觉得太累了，找个借口回去了。

我在新闻采访写作上比较极端，但控制不住自己。我写稿子也一样，会一遍遍地改，稿子送给编辑部，只要没见报，还会再反复地看，哪个词儿更生动、更准确一些，都会在脑子里不断折腾，想好了后立刻打电话告诉编辑改过来，或者自己跑到报社和责任编辑一起上夜班改稿、校样。编辑们都受不了了。

◎ 一个与生俱来的"草根"派：有人喜欢跑公司企业，我却不愿意，边境团场才是我上赶着想去采访的

记者：您最开始是在企业工作，后来怎么与新闻结缘了？而且尤其偏爱边境团场题材？

王退：我刚工作时在兵团农三师葡萄酒厂做化验员。因为喜欢文学，被单位抽去搞史志。半年的史志工作，让我知道单位历史上还有那么多传奇、有趣的故事。之后我就把这些故事写成中篇小说发表，还获了奖。后来兵团农三师组建机关报《叶尔羌报》，把我调去编副刊，之后我申请当记者，开始走进新闻。

1997 年我刚到兵团日报时，全国开始第二轮经济大潮。记者们自然喜欢跑工厂企业、上市公司。但自打第一次接触边境团场后，我就被发生在那儿的感人故事深深地震撼了。之后不由自主，只要一有与之相关的选题，我就想接过来，去边境团场看看是不是有什么新变化。发现了，我就特欣慰，迫不及待想把它写出来。这跟结识了一个朋友的道理一样，有了感情，就总惦记，总想去看看。对于经济发展得比较快的团场，我倒没什么感觉。除了领导安排任务，通常情况下我不会主动与公司、企业的老总们联系。那些边境团场，都是我自己上赶着要去采访的。

记者：物质的东西多了，反而给精神戴上枷锁。所以，中国文人身上往往有一种气质：不为五斗米折腰，厌富贵而亲贫贱。一个在精神上孜孜追求的人，往往会忽略一些世俗的东西。

王退：是的。我身上的装饰物很少。在新疆，很多女性喜欢戴玉镯子，我倒觉得戴了麻烦。我的感性思维比较强，有时候采访对象告诉我某件事，我立刻就觉得现场就铺陈在面前。我到基层去采访，边境团场的领导说，你怎么一点也不像个记者呢？他们觉得记者一般像电视剧里呈现的那样，大碗喝酒，风风火火，无所不能。我不是那样的，我的乐趣在于一个让我感动的普通人通过我的笔，再感动更多人。接触的都是普通的人，我更愿意表现普通人的喜怒哀乐，普通人的伟大之处。

记者：有过文学写作经历的人在观察事物时，往往细腻很多，因为其内心敏感、柔软。常写硬新闻的人，可能对一些情感性的东西不那么敏感。您用文学的语言来写新闻，这一风格与写小说、散文的经历有关吗？

王遐：用文学的语言写新闻这是我的专长。新闻最能打动人的是什么？是人性化的描写。人性化的描写更多的是表现人的情感，人内心深处的东西。

有的典型，尽管很多媒体都报道过，但我总愿意再去采写，希望挖掘得更深一些，写得更丰满一些。比如卢明锡父子，20多年前就被媒体报道过，但我今天仍有兴趣去采写。他曾于20世纪80年代引领46个家庭林场在阿拉山口风区种下大片防风林，因此而获得过不少荣誉。可后来树林因病毁于一旦。我去采访时，正是他最低沉、窘困的时候。我先去采访了他的老战友，他们告诉我，卢明锡家连水都没有，你从我们这里带上两瓶纯净水吧。我能想象到卢明锡家的困窘，可我怎么能够拿着两瓶纯净水去采访他呢？后来，我把他与小儿子准备重整旗鼓再造防风林的故事写了出来。10年之后，我再次来到卢明锡父子承包的林地里。看见的情形让我很欣慰，树长粗了，棉花的收成也一年比一年好。卢明锡红光满面，精神矍铄。

芳秀印象：

在王遐获得第十二届长江韬奋奖，作为获奖代表参加中国记协召开的表彰大会时，我去她住的京西宾馆采访。一番长谈，临近深夜，如不考虑她第二天一早要赶航班回新疆去，我愿意与她唠一整晚。她的朴实与真诚，就如一个邻家大姐，让人亲切得仿佛已交往了一辈子。

踏着初秋的寒意，走在回家的路上，有关她的三个标签一个个地蹦出了我的脑海：浪漫的美文主义者、自虐的完美主义者、与生俱来的"草根"派。行文时，我就围绕这三个关键词展开。

她从副刊开始步入媒体，文学一开始便融入血液。所以，无论是采写通讯，还是深度报道，她都喜欢采用文学化的方式进行表达。她说，"新闻应当有色彩，有阅读快乐。"

或许，正是她的这一价值取向，写出的报道，不管是《"我要做一个诚信的人"》，还是《七十一位英雄与一条河》，抑或是《历史的回声》《不夜的边关》《巴尔鲁克山的天使》等，读起来都有一种别样的感染力，引起了社会普遍关注。

王退是个很"另类"的记者。别人喜欢与企业、政要打交道，她却排斥富贵与权力，喜欢去清贫艰苦的边境团场采访；别人当名记者叱咤风云，追随者众，她却喜欢一人出行，害怕兴师动众；别人写稿领导签字就是通过并画上句号，她写稿只要没有付印就会反复修改，甚至陪着夜班编辑上夜班；逢年过节，别人喜庆热闹，她却关门静读……

中国新闻奖和长江韬奋奖这两大神圣目标已实现的王退，转岗到了电视台，虽然岗位变了，身份变了，但她"用一生书写兵团人的故事"的目标，却始终未变……

在第十四届长江韬奋奖获奖者里，有一张年轻的面孔引人注目，清秀、亲和、大气、大方。细看履历，记者生涯十余载，六次获得中国新闻奖，一等奖两个，二等奖三个。另外，多次获得广播电视大奖。

地震中，深入危房现场报道；大手术后十余天，便主动请缨奔赴灾区；身怀六甲，仍奔波采访抗洪疫情处置；骨折还未痊愈，又奔走于各个新闻现场。从业18年，她以奔跑者的姿态，冲在新闻第一线，用敢挑勇战的担当精神诠释着一名优秀电视人的胸怀与境界。看似平常的闲谈，她能嗅出重大新闻的气息；报道同样的题材，她总能找到与众不同的视角；同样与采访对象聊，她能与之结下深情厚谊。

激情、定力、能力、情怀，是她认为记者职业该有的关键词。正是带着对新闻炽热的爱与对观众质朴的情，她把这些关键词演绎成了一首动听的歌！

人物简介：曾佳，1979年生，第十四届长江韬奋奖获得者，江西电视台新闻部记者。曾参与多项重点报道任务，其采制的新闻《地震灾区第一夜》获得中国新闻奖一等奖，《红土地唱响红歌》获得中国新闻奖二等奖。荣获全国优秀新闻工作者、江西省十大杰出青年、江西省首届双十佳电视播音员、主持人（专业组）"十佳"称号等，被广州《新闻刊》杂志评为"全国最被看好的十大女主持人"。

曾佳：四重旋律谱佳音

◎ 激情，在荧屏上释放

——7年播音主持生涯后，我转型成为了一名记者。每每接到采访任务，斗志昂扬却如履薄冰；做完节目无比放松愉悦。这样周而复始。我把这个看作是职业激情。如果对自己没有要求，节目必然出不了彩。

记者：曾佳好！首先恭喜你在人生的第 37 个年头斩获第十四届长江新闻奖——这一新闻人至高的荣誉。回顾 18 年的电视从业路，你觉得是哪些关键词成就了你？

曾佳：职业激情、职业定力、职业能力、职业情怀，我觉得是这些关键词。

由于最初学的是播音主持专业，我做过 7 年新闻播音员和大型晚会、经济以及娱乐节目的主持人。与此同时，我也不断地尝试电视节目制作台前幕后的各个工种，为的是让自己能够成为一名复合型的媒体人。2005 年，我走出播音间，成为一名新闻记者。

转型是一个痛苦而又痛快的过程。从只要念别人写好的稿子到自己采、编、播一体独立完成新闻采制，从突发事件的现场报道到重大主题报道的深入采访，每一次变化，每一点进步，都要付出大量汗水。每次接到采访任务，我兴奋中如履薄冰，前一天晚上做大量案头工作，怎么提问，怎么出镜，怎么把握采制时间不影响播出等。遇到重大任务常常紧张地通宵不眠，第二天一早就像打了鸡血一样精神抖擞地去采访。

每次做完节目之后很放松，接到新任务时仍然保持一种自我紧张，就这样周而复始。我把这个认定为职业激情。如果没有这样的激情，对自己没有什么要求，松懈中完成任务，必然出不了彩。

记者：的确，职业激情有如发动机，让人在事业的征程中有永不消退的前行动力。也只有职业激情，才能使人消解平凡、抵御诱惑，走出惯性思维，呈现出精彩绝伦的别样人生。

曾佳：我报道全国两会已整整十年，每年的 3 月 5 日，我都在人民大会堂门口做现场报道。十年来，我从最初的紧张忐忑，到现在的从容自信，但有一点没变，那就是工作激情。会议议程大体相同，报道方案也没大变化，对于每年都参会的人来说，可以按流水线的既定模式出稿。我却有强烈的创新愿望，总是满怀热情地想做出有特色有看点的节目。为了使代表委员的深入调研得到更充分表达，去年我做了一个访谈性节目《两会面对面》，受到观众的肯定。明年我想采用更新的技术、方式来呈现。

职业激情往往能使人破除万难，产生强大的力量。2005 年 11 月 26 日，九江发生 5.7 级地震，我和同事以最快的速度到达震中现场。当我们在一座危房前采访时，强烈余震突然来临。刹那间地动山摇，人们四处奔逃。本能的惊慌让我们握紧了手中的摄像机和话筒；同时，记者的职业精神让我们来不及考虑自己的安危，迅速记录下这非常时刻的情景。

当天晚上，天气异常寒冷。来不及准备、穿着单衣就去了灾区的我，彻夜奔走在各个灾民安置点进行采访。黎明来临，嘴唇冻得发紫的我和同事们开始抓紧时间写稿、编辑、制作新闻，在第一时间发出了来自灾区的最新现场报道。当我们在随时可能倒塌的震后危房中进行现场报道时，当我们在昼夜联动的救灾物资搬运现场报道时，当我们在灾民家中对他们震后生产生活的情况进行现场报道时，每一次，激情在燃烧，力量在心中。在灾区报道的近一个月时间里，我与当地群众结下了深厚感情。从灾区回来之后我做了一次长达 8 个小时的开刀手术。休息不到 20 天时间，我听说台里要派报道组前往九江采访灾区群众过新年，便主动请缨，在体内支架还未拆除的情况下踏上了再次前往灾区的采访车。虽然在九江因为身体虚弱高烧 40 度，可我依然和同事们一起圆满完成了报道任务。

2008 年初，一场突如其来的冰雪灾害让万家团圆的喜庆佳节变得十分凝重，我和其他多路记者赶赴受灾严重的地区进行现场报道。从南昌到吉安，平时只需要三四个小时，但这一次，我们整整花了 14 个小时。当我们在坚硬的

曾佳在天安门广场报道全国"两会"

冰路上跌跌撞撞地步行到采访点时，已是次日凌晨5点。一次，我正在做现场报道时，一个巨大的冰球从100多米高的电视发射塔受损电缆上坠落下来，就砸在自己的脚边。可我还是坚持在原地进行现场报道，直到采访结束。

记者：因为激情，人变得无所畏惧；也因为激情，人的潜力才得以深度挖掘。2008年北京奥运会，你作为非注册的地方台记者，选题、联络、采访、出镜、写稿、配音，独自撑起了江西卫视《佳佳看奥运》专栏达一个月之久，连续发回40余条（每条平均时长3分钟）新闻成片。这种长时间的考验，没有足够的激情，很难支撑下来呵。

曾佳：那次报道挑战非常大。作为北京奥运会非注册记者，我没有进比赛场馆报道的机会，只能满北京城寻找和江西有关的奥运元素。北京太大，不熟悉道路的我们只好步行、公交、地铁、出租车全都使上了，每天早晨五点多钟就得出门，一天只有上午和晚上能采访，下午得回到驻地做当天的节目，晚上也常常采访到很晚才回。有时一天下来，腿痛的连下车的力气都没有！

为了给台里发回更多的奥运资讯，除了保证每天一条主题报道外，只要有好的新闻线索我们就尽可能做成新闻发回。8月4日，我好不容易与江西理工大学啦啦操队取得联系，并独自一人进入位于国家体育场内的手球馆，拍摄、采访了队员的训练情况。当天回到驻地已是下午5点多。我们在一个小时不到的时间内完成了《江西奥运宝贝：活力 自信 圆梦北京奥运》的制作。由于长时间拍摄、紧张地赶制节目，之后手控制不住地抖了好些天。8月18日中午11点50分，刚刚结束奥林匹克中心区采访赶回北京国际新闻中心的我们，正巧赶上许多记者都围在电视机前观看刘翔退赛的现场直播，当大家还在唏嘘不已时，我们已经出发再次赶到鸟巢门口，采访了观看这场比赛的观众，并在当天下午时间非常紧张的情况下发出了《刘翔退赛 观众惋惜》和《奥林匹克公园探营》两条报道。

那些天，每天晚上一、两点睡，第二天早上五点多就起床准备工作。为了争分夺秒抢新闻，买了很多饼干带在身边，没有时间吃饭就啃上几口。后来，看到饼干就反胃。在奥运会快结束时，身体疲倦到极致，但对新闻工作的热爱与激情支撑我们坚持了下来。

◎ 能力，在大奖中彰显

——对新闻价值的判断保持高度敏感，捕捉到题材后的扎实采访，采访中体现的人文关怀，作品表现中如何实现新突破，无处不考验记者的职业能力。

记者：做记者短短10年便6次获得中国新闻奖，其中两次获一等奖，三次获二等奖。你总是能从没有新闻的地方挖出大鱼来，比如，《南矶湿地启动"点鸟奖湖"新尝试》一稿，只是当时小范围内一种充满争议的做法；还有《寒酸的县委办 不寒酸的民生》，也只是走基层时一个貌似很平常的新闻线索，你却能及时捕捉，并变成中国新闻奖一等奖作品。是如何做到的？

曾佳：作为记者，对新闻价值的判断力很重要。有一次，偶然听说鄱阳湖南矶湿地国家级自然保护区出台了一个土办法，规定渔民自家承包的鱼塘里越冬的候鸟越多，奖励就越多，以此来激发渔民保护候鸟的积极性。鸟要吃鱼，渔民靠捕鱼为生，人鸟争食的矛盾曾长期存在。这一办法实施后，有不同的声音，让出台这一政策的管理者们有些尴尬。我嗅出了其中的分量，所以深入湖区进行调查采访，了解包括渔民、湿地管理者和当地村民等各相关方的诉求和反应，并结合这一尝试的背景、现状和趋势进行报道，制作了《南矶湿地启动"点鸟奖湖"新尝试》这样一篇报道，对这种可复制、可推广的新举措进行了生动、鲜活的展现，引起了巨大的社会反响，受到了包括世界自然基金会等众多部门的关注，也获得了中国新闻奖二等奖。

莲花县是国家级贫困县。2014 年，我在走基层采访时发现这里在民生投入上大手笔频出，但机关办公楼却老旧寒酸。于是从正在维修的县委办公楼切入，通过近一个月的调查采访，挖掘出莲花县多次停建办公楼、把资金改投民生工程的典型事例，采制的报道《寒酸的县委办　不寒酸的民生》获第二十五届中国新闻奖一等奖。

记者：作为电视记者，敏感捕捉到题材，还只是万里长征第一步，随后的采访挖掘，写作编辑等，哪个环节都能影响作品质量。因此，记者的智慧与基本功如何，还体现在采访、写作、编辑等方面技巧的运用中。

曾佳：是的，采访的深入与否，是决定作品质量的关键。因此，要多采多问多交朋友。《将军夫人龚全珍》一稿，就是我在和龚全珍老人多次交谈中打磨出来的。采访期间，陪老人散步，拍她买报看书，捕捉她为居民做好事，与来咨询的人交流等现场，也挖掘出了老阿姨所写的 40 多本日记这一细节，并在日记中找到了非常多的生动实例。在人物表现方面，大多数报道把她跟甘祖昌将军联系在一起，我则挖掘她作为一名老师、女性、母亲、志愿者、党员等不同角色扮演者的内心感受。她把我当成了知心小妹，给我讲的故事几乎没有跟外人讲过。

当然，在写作上也是有讲究的。比如，《寒酸的县委办　不寒酸的民生》就抓住对比、细节和情感三个关键点，通过新与旧、抠门与大方、干部心声与百姓评价等进行对比表达，效果更具冲击力。

◎ 定力，在纷乱中坚守

——职业定力，是鉴别力，不被外界干扰；是自控力，不受诱惑困扰。对记者而言，既是对新闻事业的忠诚坚守，更是众声嘈杂中的一锤定音。

记者：有人说，对于各行各业的人，无论是记者、CEO、银行家、交易员、音乐家、运动员还是水管工，都需要知道在职业生涯中有一个被低估的因素——职业定力。定力，是鉴别力，不被外界干扰；是自控力，不受诱惑困扰。对于记者而言，定力体现在众声喧哗中坚持引领正确舆论，在诱惑与威胁面前不为所动，在迷雾云绕时呈现专家水准。

曾佳：深以为然。走过的18年职业生涯，职业定力正是让在新闻一线奔跑的我坚定前行的原动力。

以去年获得中国新闻奖二等奖的作品《关注南昌西汉海昏侯墓考古》报道为例。几年来我一直参与报道海昏侯墓的考古发掘。这一报道有几处难点：如何把考古专业性的东西变成通俗化的电视语言，地名、人名、文物称呼等，需要一个字一个字地考证；很多不确定性的内容需要很强的自我判断和选择，海昏侯墓从名称、位置、结构等，专家们有各种说法，要尽可能完整呈现；节目每天播出，每天都得去采访，路程远、路况差，有几个月早饭中饭全在路上吃，是对脑力和体力的双重考验……

所以，当持续不断的大量考古信息从各个貌似权威的信源出来时，我们始终保持敏锐性与足够的定力，所有报道的内容，哪怕是微小细节，都是经得起推敲的。比如，有关五铢钱的报道，有些媒体报道的内容与我现场所见不同；文物专家的保存与复原方法，对内部构造的判断，一些媒体为了抢头条会把道听途说当成事实来报道。这时，我们也会犯难，报的话可能是误报，不报就可能会错过。但我坚持自己的判断，不到事实确凿那一刻，我宁可选择漏报！绝不能为了抓眼球或追求时效性而误导观众。

还有一次，在一起车祸报道中，虽然被挡在事故现场之外，但我没有气馁，而是通过8个小时的蹲守拍摄，多方采访目击者，形成的基本判断发现，当地给媒体提供的新闻通稿有失实处！在报道中，我坚持自己的观点，如实报道我们掌握的信息，最终证明我们是对的。

因此，对新闻事实负责任，对信息来源有判断，才能有足够的底气与定力，当然这些都是建立在扎实的采访与有说服力的分析基础上的。

记者：当前，传统媒体面临深刻转型，很多媒体人在新的传播环境中，有些无所适从，甚至选择了改行跳槽。对于被戏称为"把女人当男人使，男人当牲口使"的电视行业而言，劳动强度很大，想过未来会离开电视荧屏吗？

曾佳：做电视记者的确很累。2015年江西新闻联播加强节假日的策划报道，到了节假日就更忙，一年下来我的视力下降很多。从元旦策划在高山、建设工地、快速路等地与不同人们一起迎来 2015 年第一缕阳光的报道开始，到 12 月 31 日，做完海昏侯墓考古的节目后顶着夜幕回家，几乎没有休息日。同事打趣说，一年过得太快了，迎着朝阳来，送走夕阳回，我们就这样周而复始。奇怪的是，我没有觉得很累。家里人常常打趣我说，在外采访生龙活虎，做节目也是精神抖擞，但一回到家就不行了，恹恹的，这也疼，那也难受。

以前，单位给什么任务就做什么，但现在媒体资源很丰富，信息来源很复杂，得思考如何发出属于你自己的声音，主题策划也好，预见性新闻的策划也好，都很重要。为了宣传而宣传，老百姓不爱看，作为记者要有策划报道的能力，判断价值的定力。所以前方的路还很长，我也会坚定执着地走下去。

◎ 情怀，在助力中绽放

——记者也好，报道也好，是有力量的，哪怕一个普通人，也有力量去帮助别人。

记者：除了记者这个角色，你还有一个与做报道无关的角色：志愿者。作为江西省志愿者协会形象代言人，你给予很多采访对象以无私帮助，并与他们结下深厚情谊。对于一个忙碌的新闻人而言，偶尔为之，不难，难的是一以贯之，形成一种习惯。

曾佳：我觉得每个人都有自己的力量，记者不只是事件的报道者，也是参与者。每次做采访的时候，我都特别珍惜，能给予别人帮助，我会感到很幸福。

同时，采访对象也给了我极大的力量。在采访军嫂张秀桃时，他们把因车祸高位截瘫、失去生活希望的女大学生接回家照顾四个月之久，陪她度过了最艰难的日子；他们自发组织一些残疾家庭成立桃心缘服务社，互帮互助。他们把社会主义核心价值观的正能量诠释得特别立体、鲜活。我很敬佩他们，也很愿意和他们交朋友。

我采访的另一个英雄人物王茂华，他为了救邻居的孩子冲进火海，全身烧伤后去世了。在医院，我抱着他的妻子说，一切都会过去，有事情我们来帮你。回家后，我写了一封信给他妻子，告诉她"茂华兄弟的善举是我们精神的力量！"后来一次偶然的机会遇见王茂华的妻子，她哭着告诉我说，我写的那封信给了她力量，陪她度过了最艰难的时光。我时常被这种人类最朴素真挚的情感打动，也越发坚定了自己的想法，那就是在有力量去帮助别人的时候一定要尽己所能。

芳秀印象：

充满事业的激情，并不惜付出一切。这是曾佳给我的印象。

在第十四届长江韬奋奖众多获奖者中，选曾佳作为采访对象的理由是：年轻、获奖多、正能量足、个性鲜明。她忙于日常报道，没有机会来北京，只好我去南昌。

本以为在南昌的那天，她能拿出一段长时间陪我好好聊聊。结果是，那几天正好省里在开党代会，她无比忙碌，不是在召集小伙伴们开会，就是在新闻现场或者编辑机房；不是做节目，审片子，就是在新闻现场采访报道。我则采用亲历式采访，她走到哪儿，我就跟到哪儿，在一旁观察她。

只见清秀的她，走路勾着腰，瘸着腿，风风火火，在大小会场与机房之间流动着，手机不时响起，她就如灭火的救护车，对付了这一茬另一茬又来。

我好奇她为何直不起腰来，走路瘸却速度还能如此快？她说，腰椎受了伤，小腿骨骨裂。我吃惊她为何不去医院，她说去过医院了，医生要求卧床休息3个月，"事情这么多，哪有可能？"她没有接受医生病休的建议，而是坚持来上班。我问她疼不疼，她满不在乎地说："咬咬牙，就好了。挺过了这一段，就能缓缓劲儿。"

抽出空隙，她与我在江西电视台一间安静的小会议室里深度聊开了，我才知道，带伤工作在她已是常态。九江地震，她冒着生命危险开展了近一个月的紧张报道，超负荷的工作运转使身体出现问题，从灾区回来后做了长达8个小时的手术。休息不到20天她主动请缨，在体内支架还未拆除的情况下再次踏上了前往灾区的采访车。至今，她留下后遗症，每年都会出现几次不明原因的高烧。

　　身怀六甲奔波在采访抗洪疫情处置的第一线；踏着泥泞、蜷下身子，持续追踪南昌西汉海昏侯墓重大考古发现的最新动态；连续5年报道《中国红歌会》，为弘扬红色文化全心付出；常年关注医改和医疗民生工程，被江西医疗界称为"专家型记者"……我问她，你累不累？她回答："睡上一觉所有的累与痛都没了，有的只是全新的挑战。"是呵，一个志在前方、明镜高悬的人，哪顾得上路途的那点艰辛呢！

一袭白裙，白色打底长裤，高高束起的马尾，优雅中带着清纯。眼前的她，很难与台风中不惧危险趴在桥面上观察大海，被采访对象谩骂后仍执着采访的风尘仆仆的记者联系起来。

她有一个令人羡慕的绰号："获奖大户"。长江韬奋奖获得者、5年4获中国新闻奖、飘萍奖得主……从事电视业21年，获得30多项省以上奖励。

在见周洋文前，同事异口同声形容：说话文气，瘦弱的外表下有一颗仗义的心，喜欢"折腾"，敬业且爱创新。宁波广播电视集团总裁、总编辑赵惠峰如是评价这一得力爱将：干事情有韧劲、抓问题很精准、敢闯善创，既能创优，也能创收。执掌频道3年来，创新不断，经营翻番，看似矛盾的东西在她身上能完美结合。

带着一丝神秘，听她眉飞色舞地讲那些采访中或艰辛、或委屈、或危险的经历，那些听来惊心动魄的往事，于她，是刻骨铭心的记忆。"走过这么多年，回头看，所有的苦和累全都忘了，只剩下温暖，真的。"

人物简介： 周洋文，1969年生，宁波广播电视集团编委会委员、高级记者，集团新媒体研发服务中心主任，第十三届长江韬奋奖获奖者。曾任宁波电视台主持人、记者、新闻中心副主任、国际部主任，经济生活频道副总监、总监。被国家广电总局评为"广播影视走出去工程"先进个人。获宁波市宣传文化系统首批"六个一批"人才、浙江省优秀新闻工作者最高奖——飘萍奖等荣誉称号。

周洋文：获奖大户的温情故事

◎ 拍专题，把责任刻在心坎里

记者：周总，首先祝贺你今年获得长江韬奋奖。你在过去5年内获得中国新闻奖两个一等奖和两个二等奖，从事电视工作21年获得省以上奖励30多项，被称为"获奖大户"，能谈谈你的获奖心得吗？

周洋文：一路走来，我感受最深刻的是"责任心"三个字，从做第一条新闻开始，到现在管理频道，我都尽全部心力做好。如果说精神产品有什么标准可循的话，就是精益求精，这就要求带着责任感不断地去完善。我从来没有想过要获这些奖。

记者：获得第二十二届中国新闻奖二等奖的反映杭州湾大桥建设的专题片《合龙》，虽然不长，是你花了四年时间，从拍摄的7000多分钟素材里剪辑出来的。你和建桥工人一起在狂风中爬箱梁、钻石缝，在烈日下攀悬梯、踏沼泽，生死常常在一念之间。最初接手这一题材的人不久后都打了退堂鼓，是什么力量使你在艰苦和孤独中坚守了四年？

周洋文：还是责任感。我们赵总说过一句话：桥建成之日，拿不出一部跟大桥相配的纪录片，那是宁波电视台的耻辱。杭州湾大桥是世界上建设环境最为恶劣的工程，采访中处处充满危险。上桥墩就很考验人，桥墩有一百多米高，当海水把船托上来，正好船与悬梯踏板平行的时候，就这一瞬间跳上悬梯，如果失足，要么是挤成肉饼，要么是掉进海里被急速的海水卷走。从悬梯往上爬的时候也要特别注意，一不小心就会掉进海里。因为要双机拍摄，我们带着各种设备：摄像机、各种镜头、脚架，东西重，楼梯又难爬，既窄还镂空，下面海水在咆哮，人往下一看就晕。此外，还有高空坠物，哪怕一个螺丝钉掉下来，都会致命。登上桥面，在没有任何护栏的桥面上，狂风吹得无法站立，我们就蹲趴在地上拍摄。每次出海得过几道关，有时风浪大还上不了码头。大桥上没有女厕所，就必须少喝水。

记者：作为一个出身于条件优越家庭的女同志，你不害怕吗？

周洋文：我平时胆小，可在职业状态下，就什么都不怕。记者是真实记录社会的，我不去记录心里会内疚，这带给我的难受远超过了害怕。为真实表现杭州湾巨浪、暗流、涌潮和强台风、超低能见度海雾等自然条件，我们专挑恶劣天气拍摄。台风来时，船颠簸厉害，人从船头一下就甩向船

周洋文主持节目

尾，吐得厉害，我们好几个得抱在一起。一个大浪打过来，全身湿透，但我们迎上去拍，为能拍到有震撼力的镜头而高兴。一万句解说词也比不上一个生动的镜头有说服力呀！尽管下船后很长一段时间经常感觉在不停地晃，但我乐于这样。

记者："挺狠""折腾"是同事对你的共同评价。为了拍摄《小镇民警维稳事》（获中国新闻奖专题片一等奖），你九下小镇，每天工作十五六个小时，而且很多人物采访了一次又一次，对基层民警王辉，尽管采访前后达几个月时间，积累的素材有五六千分钟了，你还单独采访了他几天。其实，不这么"折腾"，你也能写出新闻。

周洋文：在反复拍摄中，往往会有意想不到的话或情形出现，片子中的很多亮点，就是在这样的情景下产生的，亮点没出来之前我绝不罢休。那些作品，每一件都是我挖空心思煎熬出来的。

王辉是我从一条稿子中发现的典型，为了让这个新时期的基层民警立起

来，我共去那个小镇九次，前后达几个月。小镇上只有一家面馆，那时一天到晚就是吃面条，不管王辉去哪里，我们都跟着。有时晚上跟随采访熬通宵。在拍了他很多天后，我与他坐在派出所下面的操场里，采访了三天。王辉性格内向，而且不善表达，刚开始面对镜头说话不太流畅，总达不到我的要求。我就不断与他聊天，与他一起梳理他的思路，让他感觉不到镜头的存在，把他自己没想过的东西慢慢归纳出来了。这也是片子成功的原因之一。

记者：你常对记者说，生活永远比我们想象的精彩，扎根基层是记者的唯一通道。为什么这么强调在基层的坚守？

周洋文写真

周洋文：因为很多事情，如果不坚守，不长期跟踪拍摄，就拍不到这么多感人的事情。比如，拍王辉时，一天早上我刚到派出所，王辉也刚到，看他急匆匆地走，我感觉有事情了。对于电视来说，画面是转瞬即逝的，要有预见性！镇里的车开了过来，我才知道，一个刚刑满释放的人在镇里闹事要点爆煤气瓶。王辉没心思顾我们，我们跟上他的车，全程跟拍。到了镇政府楼梯口，就看一个人站在那，很凶地扬言要怎样。我让摄像躲在门后记录下所有细节，后来这些细节对表现王辉个性非常有帮助。

为了拍小镇的全景，凌晨三点半到山顶上去，黑乎乎的很吓人，在一片坟地上等着太阳升起时扭伤了脚。下山后我一边光脚喷着云南白药，一边拄着棍采访。采访一个眼有残疾的农民工时，忍痛爬他家楼梯，他很感动，短短几句话，说得很生动。就得扎根下去，才能有这么真实的例子。

同样，去采访大黄鱼是怎么个黄法，如果要求不高，捞上来拍一拍就完了。但是，我选择半夜时去海上的大黄鱼养殖基地去拍，黄鱼天亮后并不黄，凌晨的时候去拍，灯光一照，金黄一片，这样拍出的效果是不一样的。

◎ 讲故事，把主题埋在人物中

记者：你在国际部从事国际报道十余年，在探寻城市台对外宣传的方式，特别是讲好"中国故事"、传播好"中国声音"方面，进行了大胆探索和创新。作品《来吧来吧》获得第二十一届中国新闻奖一等奖，成为基层电视台参与重大事件对外报道，增强对外传播亲和力、感染力的一个成功范例。你觉得对外新闻传播有哪些规律可循？

周洋文：对外报道很重要的一点，是要把主题埋在人物和故事当中。看起来是在讲故事，其实这个故事已把观点告诉了观众。我的每个画面剪辑，每段同期声运用，一点一滴，每分每秒都会指向一个主题。对外宣传，较硬的方式是不行的，要通过小的切口，人性的角度，来讲故事，这样更容易取胜。电视用画面说话的时候，外国人也看得懂。《合龙》属于主旋律片子，却入围了半岛国际纪录片奖，无非是这里面讲的故事能感动人。以前国际传播在选题上，

周洋文写真

传统文化的东西比较多，现在要多向外国人讲今天中国人的故事。

《来吧来吧》讲了滕头村一个农民竞选世博会滕头馆馆长的故事，他自称三军总司令，因为养了鸽子、松鼠和鸭子。为了竞选馆长，有很多滑稽的细节，没什么文化的他，学英语很认真，一笔一画用中文标上，念出的英文很多人听不懂。特地挑了衣服，却把棉毛裤系在衬衫外面，露出一截。虽然最后他落选了，但故事反映了中国农村的一种人权现状。滕头村是世界生态村的五百强之一，生态建设非常好，从这个村的画面就能反映出中国农村的生态现状，这都是我们埋在片子当中的。

以讲故事的方式，轻松、幽默地表达主题，这样的传达就到位了，国际传播要落实、落细、落小、可读、可亲。

记者：电视讲故事与报纸讲故事不同，得现场用镜头记录。故事有开端、发展、高潮及结尾，很多故事得用几月甚至是几年的工夫来跟踪拍摄。制成片子后被采访者看不到，也没有盈利，很多城市台在生存压力下，放弃了对外传播。对于一家城市台来说，并没有这方面的硬性任务，你们数十年如一日地坚守，周播栏目《阿拉宁波》在海外有一定的观众缘。宁波故事好讲么？

周洋文：哪怕是城市台，也要向世界发出我们的声音！讲好故事要付出很多，相当的苦行僧。很多时候觉得快坚持不下去了，但马上有个声音告诉我，再熬一熬肯定能过去。事实证明到那个点以后，灵感什么的全来了。从数千分钟的素材里剪辑出片子，我经常睡在台里沙发上，睡一两个小时。以前大办公室冬天很冷，我就在办公桌边支一个躺椅，弄一件棉大衣裹在身上，工作到两三点钟，脑子不灵了，去躺两三个小时再起来，脑子又好使了。

讲好故事，能否让被采访对象说出内心真实的话很重要。采访王辉，我遍访了当地下岗工人等最底层的人民群众。我找受过他帮助的双目失明的汪雪芬采访，她内心比较封闭，一开始不愿意说出心底的话。我没有结束采访，而是经常到她家去，跟她交朋友，她一起来就扶她，她家小孩老钻在我怀里把我当亲人。当我们完全可以做心与心交流的时候，采访了整整一个下午，其实最后片子里也就用到她一段话。

◎ 做频道，把爱凝聚在荧屏上

记者：你办公室墙壁上挂着三个字："相信爱"，把这几个字精致处理挂出有何特别的含义？

周洋文：这是我们的频道理念。我们是二频道，"相信爱"也是相信二频道的谐音。爱，大到爱祖国爱人民，小到爱亲戚爱朋友，人离不开爱。频道要给受众一个态度，我们是生活频道，生活中最应提倡的是爱。我做频道总监后，推出整体包装，确定了这一主题。

周洋文生活照

频道所有栏目全部围绕"爱"而展开，有播放爱心故事的新闻栏目《来发讲啥西》，一些特别困难的人，播出后立马得到社会响应，一下就有几十万的捐款。音乐类的有《音为爱》，生活类的有《爱时尚》，大型公益活动板块有《相信爱》，娱乐类节目的口号是"有爱就有舞台"，所有栏目都与爱挂钩。

我们现在做很多大活动，如"最美宁波人"的评选，举办了两届，成为最深入人心的活动之一。每年晚会现场，有很多人落泪。与全国的典型比，小城市捞出的典型，不是最好的，但我们非常用心地做，经常开会到凌晨四五点，琢磨怎么让受众看了这些人物后受到感染和鼓舞，受到励志。

提出"相信爱"的口号，其实也是创设活动载体，这个载体可以做很多事情，如"相信爱中国行——垄西行"，组织企业家和爱心人士，去感受垄西孩子们的艰苦，很多人看了片子后都落泪了，互相之间爱的感染与传导力非常强。我们打算在媒体融合方面把"相信爱"做成全方位的立体化公益品牌，通过线上线下互动，延伸到移动新媒体。

记者：作为频道总监，谈谈你的频道管理理念吧。

周洋文：我的管理理念，还是三个字：责任心。因为我们对每件事的尽职尽责，现在市里很多重要任务都交给我们，包括各种晚会。我要求不断创新与超越，做大活动，我们经常开会到很晚，实在疲惫了，有的同志就躺在地上开会。我的团队很少有人会抱怨，同志们的理解、付出让我非常感动，更使我感到身上的责任重大，为频道的发展去努力。

公益频道受市场欢迎，对产业也有帮助。我到这个频道做总监今年是第三年，前两年都是以两位数上升，今年本地广告也还是两位数上升。

记者：有人说，你做记者时，面对相同新闻事件的时候，总能有独到的思路，故而总能获奖；现在做频道总监，同样的平台，你却经营出了不一样的成绩。你是一个特立独行的人么？

周洋文：我是一个性格温和但追求完美的人。记者永远不能只做规定动作，即使是带着一个规定动作的主题去做，也一定要有自选动作来丰富它，这样出来的才是有温度的新闻，才有感染力。我是学地质专业的，偶然的机会，成了宁波电视台的主持人。后来从记者开始学起一步步走到今天，始终坚守新闻人的职责，精益求精，保持一种创新的激情。

芳秀印象：

在周洋文获得长江韬奋奖后不久，我拨通她的手机，一个甜美的声音传了过来。说明我的采访想法后，她盛情邀请我去宁波采访。在一个闷热的下午，我来到宁波电视台，受到了周洋文同事们的热情接待，他们一一向我介绍眼中的周洋文。"仗义"、"狠"、"喜欢折腾"是同事们用得比较多的词语。出身优越家庭，平时胆小，但在工作状态下就什么都不怕，编起稿来几天几夜不用睡觉，对自己挺"狠"；本来采访两三天就可以做完的片子，她却喜欢"折腾"上好几个月，反复采访挖掘，不挖出自己满意的内容绝不罢休，摄像师早扛不住了她却还精神抖擞……敬佩之情，在言语中洋溢。

等周洋文结束会议，我们面对面地坐到了一起。很难把眼前的瘦弱中透着清纯的时尚淑媛，与在随时可能被台风刮进大海的大桥上坚守、在随时可能爆炸的火灾现场拍摄、在刚刚发生坍塌的危房中采访、在非典隔离病房与病人零距离交谈的人联系在一起。周洋文说起话来，声音轻柔却坚定，高兴时会情不自禁地大笑，能感觉出她内敛与奔放兼具的个性。

因为这种个性，她能"冲得出"，也能"守得住"。一投入工作，就忘记自己是个女人，多次与死神擦肩而过。她说："谁都知道生命是最宝贵的，但记者就是要最大限度地亲临事发现场，报道事实真相，这是记者的天职。"

就是本着这样的理念，她5年4次荣获中国新闻奖：2008年主创的新闻专题片《合龙》，获第十八届中国新闻奖电视专题二等奖；2010年主创的新闻专题片《小镇民警维稳事》，获第二十届中国新闻奖电视专题一等奖；2011年主创的电视外宣片《来吧来吧》，获第二十一届中国新闻奖国际传播一等奖；2012年主创的电视外宣片《星星的约定》，获第二十二届中国新闻奖国际传播二等奖。

2月19日下午，人民大会堂。习近平主持召开党的新闻舆论工作座谈会。坐在总书记对面的、身着灰色西服的年轻人，从容自若地向总书记汇报，并不时接受总书记的插话、询问。

这个"80后"年轻人，是人民日报评论部部务委员、要论编辑室主编范正伟。作为编辑代表，他与新华社记者李柯勇、中央电视台主持人康辉，三人同在座谈会上发言。

在新媒体不断发展、纷繁复杂的众声喧哗中，党报评论如何才能履行党的新闻舆论工作职责和使命？作为党中央机关报，人民日报如何在与时俱进中更新评论思维，在因势而动中保持核心优势，从而凸显党报评论报的特质和品格？就这一句话题，我邀请范正伟一起探讨。

人物简介：范正伟，1980年生，人民日报评论部副主任，高级编辑。1999年至2003年就读于北京大学中文系，2003年至2006年就读于北京大学法学院，分别获得文学学士、法学硕士学位。2006年毕业进入人民日报社，作为人民日报评论员，参与撰写了数十篇社论、数百篇评论员文章，作为人民日报"任仲平"写作小组成员，参与撰写数十篇"任仲平"文章。多次获得中国新闻奖特别奖、一等奖；2011年、2016年连续两次被评为中央直属机关"优秀共产党员"；2016年2月19日，在习近平总书记主持召开的新闻舆论工作座谈会上，作为编辑代表向习近平总书记汇报工作。

范正伟：让党报评论引领主流舆论

◎ 面对面，向总书记汇报

——主要围绕"让主流声音更加响亮有力"汇报了两个方面的内容：如何理解主流声音，如何保持阵地意识。

记者：正伟好！首先恭喜你作为编辑代表有幸坐在习近平总书记对面汇报。大家很想知道，在座谈会上，你向总书记说了些什么？

范正伟：能作为编辑代表，向总书记汇报工作，深感荣幸！感谢报社编委会对我的信任、对评论的重视，也深切体会到了《人民日报》的分量。我主要围绕"让主流声音更加响亮有力"汇报了两个方面的内容。

一是如何理解主流声音。作为党中央机关报的旗帜，《人民日报》评论的职责和使命，就是始终保持向党中央看齐，让主流声音更加响亮有力，让党的主张成为时代最强音。这种主流声音，必须"有头脑"，有与中央保持高度一致的政治立场；必须"有肝胆"，有勇于开拓、敢于亮剑的责任担当；必须"有心肠"，有对党的感情、对人民的深情、对当代共产党人使命的激情。

二是如何保持阵地意识。新闻舆论处于意识形态最前沿，我们做得怎样，直接影响"人心这个最大的政治"。按照编委会部署，人民日报评论不断强化阵地意识，努力抓好"三个地带"、统筹"两个大局"的实践。简单地说，就是以"创新理念"拓展红色地带，以"统战思维"转化灰色地带，以"亮剑精神"遏制黑色地带；同时，统筹国际国内两个大局。

在汇报过程中，总书记数次插话，在谈到党报评论必须旗帜鲜明时，我援引总书记引用过的陕北的一句话，"不要听蝲蝲蛄叫，就不种庄稼了"。总书记插话说："这个话，不光是陕北说，河北也这么说，很生动。"

范正伟在中央党校举办的"深入学习贯彻习近平新时代中国特色社会主义思想"学员论坛上作了题为《以"政治效果"检验政治能力》的发言

记者：在这次大会上，如此近距离地接触总书记，有哪些印象比较深刻？

范正伟：总书记还是一贯的风格，思想深刻，文风生动。感受最深的一点，就是总书记对新闻舆论工作的重视，不仅用五个"事关"来阐明新闻舆论工作的极端重要性，而且强调要从全局出发来把握这一"定国安邦"的大事。他提出的 48 个字的"职责使命论"，强调"把政治方向摆在第一位"，都具有重大意义和深刻内涵。面对面聆听总书记讲话，对总书记要求《人民日报》发挥"中流砥柱"和"定海神针"作用，也有了更深体会。

在我汇报的过程中，总书记特意询问了由评论部主要担纲的"任仲平"创作、《习近平用典》编辑等情况，并表示自己每天早上都读《人民日报》，这些都给了我们极大的鼓励和动力。党的十八大以来，习近平总书记多次引用人民日报评论，在参观《复兴之路》展览时，就特地提到《人民论坛》专栏文章《信仰的味道》，并在现场给常委讲了文中的信仰的故事。2015 年春节期间，在中央领导同志的直接指导下，杨振武社长、李宝善总编辑和分管副总编辑卢新宁带领评论部撰写的《引领民族复兴的战略布局》等五篇系列评论员文章，深刻论述"四个全面"的科学内涵，在全党全国上下掀起了学习贯彻"四个全面"战略布局的高潮，为协调推进"四个全面"战略布局提供了强大的舆论支持。

记者：来人民日报社十年，从参与写作重要评论，到向总书记汇报工作，最大的体会是什么？

范正伟：同样的起跑线，坐在汽车上和牛车上是不一样的。我是学法律的，经常被人问"为啥搞新闻"之类的问题。其实，对于年轻人来说，视野、格局、平台，比什么都重要。我非常幸运能加入《人民日报》这个大家庭，让我从更宽广的层面去观察中国，并有机会和

范正伟工作照

最优秀的人做同事。有人曾谈到好单位和差单位的区别，比如，好单位"牛人很多，而且比你更谦卑更努力"，好单位"每个人脸上都写着价值和目标"，对此我深以为然。同时，任务倒逼成长，评论部"头一抬天就黑了"的工作节奏，虽然"清苦、辛苦、痛苦"，但也是在每天自我"革新、完善、超越"。

另一方面，我也时刻提醒自己，要有正确的自我认知，对事业要有敬畏之心，对组织要有感恩心。就像一篇稿子，发在《人民日报》和发在别的地方，是完全不一样的。一个人又何尝不是如此？没有《人民日报》这个舞台，自己手中的话筒又能有多大音量？

◎ 与时俱进的人民日报评论方阵

——品牌后面是品格，是品质。能保持常青，是因为每一次创作都是引领时代的创新。人民日报评论这几年开疆拓土，既巩固了传统优势，又壮大了新兴品牌。

记者：中央领导多次强调，"评论是报纸之魂"。政论是《人民日报》的核

心竞争力之一。对于很多人来说，人民日报评论部是一个神圣且有些神秘感的地方。近年来，人民日报评论不断与时俱进，成为引领社会思潮的醒目旗帜。可否介绍一下人民日报评论部的大体情况？

范正伟：人民日报评论是一个宽泛的概念，除了社论和评论员文章，还有《今日谈》《人民论坛》《人民时评》《人民观点》等名牌栏目，以及创办三年多的"评论版"。除了这些之外，《人民日报》还有别的评论栏目，比如《钟声》《思想纵横》《金台随笔》等专栏，"国纪平""任理轩""任艺萍"等署名评论，还有海外版的"望海楼"，这些不是评论部经营的，但是总体上构成了人民日报评论的格局。

就评论部日常负责的内容来看，主要有三个板块：

一是要论。包括社论和评论员文章，每逢元旦、国庆等重要节点，每逢会议、纪念等重大事件，社论都必然出场，代表党中央发声。社论一般由资深评论员、相关领域专业记者操刀，从标题到定稿，会经过多次讨论修改。很多文章不仅需要报社领导把关，还需要报送中央审核。人民日报评论员文章，担当传达中央精神、解读国家政策的重任，就经济社会发展方方面面的问题，提出指导性意见。正因此，它被视为观察中国政治的风向标，民间亦流传这样一种说法，"能从《人民日报》读出啥，全看你的本事"。评论员文章主要由评论员和专业记者撰写。近年来，这一文体不断推陈出新，改变了公众对人民日报评论的刻板印象。

二是专栏。主要包括《今日谈》《人民论坛》《人民时评》等。这三个专栏各有侧重，比如《今日谈》在要闻一版，字数一般三五百字，短小精悍、直面问题，类似一个小时评。《人民时评》是在评论版（要闻五版），主要就新闻事件、热点事件做及时发言，给出自己的观点和判断，这些年成为新闻时评界的一面旗帜。《人民论坛》在要闻四版，这个节奏比《人民时评》更缓一点，选题重点是社会现象、干部素养、文化观察，人民日报许多有影响的评论，都出自于这个专栏。习近平总书记说他有剪报的习惯，《信仰的味道》一文，就是从《人民论坛》专栏上剪下来的。党的十八大以来，总书记几次引用这个专栏的文章。这三个专栏，多次获得中国新闻名专栏奖。我去年获中国新闻奖一等奖的《公共辩论，求真比求胜更重要》，就刊发在《人民时评》专栏。

三是评论版。这是近年来人民日报评论的增量改革。2013年初，在中央

范正伟工作照

领导的直接要求下，为进一步增创人民日报评论的核心优势，我们创办了历史上第一块新闻评论版。自创版以来，多次得到中央领导的批示表扬，并在读者评报中获评"最受读者欢迎版面"。现在，评论版汇聚了数个中国新闻名专栏，比如《人民时评》《声音》《人民观点》。就连版上配漫画的打油诗，习近平总书记都在中央经济工作会议上引用过。值得一提的是，近年来颇受关注的"本报评论部"文章，也刊发在评论版，这一介于传统的"本报评论员"文章和以新闻时评为主的"人民时评"之间的言论新品牌，创立以来两获中国新闻奖，《倾听那些"沉没的声音"》《有"问题意识"，也要有"过程意识"》等多篇评论，都曾在舆论场中获得广泛关注。

可以说，在中央领导的重视关怀、编委会的大力支持下，人民日报评论这几年开疆拓土，既巩固了传统优势、又壮大了新兴品牌。业以才兴、才因业成。评论部曾经是报社最小的部门，这几年，队伍从六七个人发展为二十多人。

记者：在你汇报过程中，总书记特意问到了任仲平文章。自1993年"任仲平"署名文章推出以来，"任仲平"成长为人民日报政论的著名品牌，担负起党报评论阵营里"改革尖兵"的职责，迄今已获得15次中国新闻奖。在读者日益挑剔、品牌生命周期越来越短的传媒生态下，"任仲平"却以独特的价值与气质发挥着越来越大的社会影响力。作为最年轻的参与者之一，你参加了多年的"任仲平"写作。在你看来，二十余年中这一品牌的活力是怎样保持的？

范正伟：任仲平，"人民日报重要评论"的谐音缩写。这一品牌自创立以来，一直受到编委会的高度重视。如原社长邵华泽、张研农，现任社长杨振武、总编辑李宝善，都亲自参与任仲平文章的选题与写作。经过二十多年的实践，目前已经形成了"七八条枪"的团队制度、"七上八下"的工作态度、"七嘴八舌"的民主风气，不断创新内容、改进文风。近年来，任仲平的直接操盘者、人民日报副总编辑卢新宁按照编委会要求，带领我们不断探索，提出很多目标：从"寻找最大公约数"，到"寻求党心民意的共鸣点"；从培养"三种意识"——以全球意识打开世界视野，用历史意识体现中国特色，以问题意识对接现实国情，到完善"三个体系"——话语体系、知识体系和思想体系；再到善用"三种资源"——赓续红色政党传统、接纳现代文明价值、考量当代民众诉求……任仲平文章成为人民日报评论的创新高地，并被称为中国新闻界的一棵常青树。品牌的背后是品质，我个人理解，任仲平之所以能够保持常青，就是因为每一次写作，都是一次立足过去的创新。

◎ 构建属于自己的"主流叙述"

——人民日报的工作，既是一项政治性很强的业务工作，也是一项业务性很强的政治工作。以全球意识打开国际视野，以历史意识体现中国特色，以问题意识对接现实国情，创新理念，创新表达，创新机制，做强评论的思想高度、理论深度。

记者：你给总书记汇报的题目是《让主流声音更加响亮有力》，你认为，在壮大主流舆论、宣传核心价值上，党报评论如何才能更好地拓展阵地，成为公约数的凝聚者、正能量的激发者、主旋律的唱响者？

范正伟：你提了一个很大的问题。对于党报评论人来说，壮大主流舆论、唱响主流声音，这是业务要求、更是政治责任。杨振武社长指出，"人民日报的工作，既是一项政治性很强的业务工作，也是一项业务性很强的政治工作"。这项工作做得好不好，既要看觉悟，也要讲担当；既要有意愿，更要有能力。

换句话说，如果没有好的政治效果，政治立场就可能失之于空；如果没有好的传播效果，传播能力也要打一个问号。

评论是人民日报核心优势，报社领导对评论工作有着深刻的思考，对于评论的理念、规律、价值，都有直接的指示，是我们工作中的遵循。我个人感受最深的，是报社领导提出的两个意识。

在全媒体时代激发党报评论新优势，一要提高"效果意识"。正面宣传也要进行供给侧改革，不能只有立场、没有效果，只有原则、没有方法。评论作为观点的传播，不能只是表态、宣示，也要有对话、引领的能力。话说得太满，容易引起受众不适；弦绷得太紧，可能触动"导火索"。政治立场要用政治效果来检验。如果不讲时度效，不注意提高舆论宣传的能力和水平，声音传不出去、受众听不进去，那就只是自话自说、自娱自乐，搞不好还会引发负面舆情。党报评论也要放下架子，平等交流，把话讲进人耳里，把理说到人心里。

二要增强"公约数意识"。习近平总书记多次强调"最大公约数"。党报评论的目的是说服和引导，持中守正是基本遵循，凝聚共识是根本方法。全媒体时代，社会思想呈现多元多样态势，党报评论要确立解释权、话语权、引领权，更需要在不同群体、不同对象中夯实推进共识的基础，"画出最大同心圆"。对于党报评论，凝聚共识靠的不是你牌子硬、声音大、调门高，而是需要把握党和国家工作重点，把握社会舆论关注焦点，把握现实利益诉求热点，让评论更符合传播规律，更契合现实国情，更满足受众需求。

记者：党的政策主张的传播者、时代风云的记录者、社会进步的推动者、公平正义的守望者——这是习近平总书记对每个新闻人的殷切期望。面临舆论环境、媒体格局、传播方式的深刻变化，作为人民日报评论员，面临的挑战更大，你们是如何迎接这些挑战的？

范正伟：我觉得根本在于创新。解放思想，需要"自下而上"与"自上而下"相结合。这些年，我在《人民日报》的 大体会，就是一股自上而下的创新激情。除了上述理念创新、表达创新、机制创新，领导带领我们不断拓展人民日报评论的新阵地。

一是进军新媒体战场。习近平总书记曾说，新兴媒体是重要的舆论阵地，你不去占领，就被别人占领了。现在有6亿多网民、10亿多部手机，这是多么大的一个阵地。这些年来，人民日报评论不断进军新媒体战场，放眼全国所有报社，恐怕也只有《人民日报》有一个"新媒体评论室"。报社编委会高瞻远瞩的布局，源于对媒体融合趋势的深刻认识，源于对舆论阵地意识的高度敏感。在这样的思路指导下，看起来离新媒体最远的评论部，新媒体指数却始终在领先，从 2012 年人民日报法人微博上线第一天起，我们就为本报官微撰写微评论，对热点事件及时引导，练就与亿万网民对话的本领；我们开设微

范正伟工作照

信公共账号，就中央精神，与读者进行深度互动；我们推出网络原创评论专栏，为刚上线的新闻客户端提供权威观点……借助于新媒体，党报评论的优势有了新拓展，主流价值的传播有了新阵地。

二是打通国际舆论场。"世界看中国的眼神正在发生变化"，今天，讲好中国故事正当其时。"联接中外、沟通世界"，代表中国立场的党报评论同样大有可为。社交媒体撕开了西方舆论的缺口，新媒体时代提供了弯道超车的可能。去年以来，按照报社领导的要求，我们主动利用海外社交媒体放大中国声音。总书记访美期间，《中国开放的大门不会关上》等 4 篇人民日报评论员文章，翻译后在海外社交媒体阅读量超过 227 万。十八届五中全会召开前，我们

把任仲平文章《向着第一个百年目标迈进》编译后向海外推送，获得103万关注。天津滨海新区爆炸事故发生后，我们的评论《应对突发事件，"信任共同体"很重要》《新闻发布须懂公众心理》在海外社交媒体发布后，受到广泛关注和好评。以国际视野创作的言论，致力于打通国际国内舆论场，我们就能最大限度消除歧见、凝聚共识，有效有力地引领和引导舆论。

三是建设"党报评论论坛"。应对这种舆论生态的变化，党报评论必须主动变革、用足体制资源、植入新媒体基因、推进融合发展进程，在观点竞争中打造代表主流价值、主流声音的"评论国家队"。去年7月10日，在卢新宁副总编辑的强力推动下，我们举办全国党报评论融合发展论坛，以团队协作方式参与观点竞争，中宣部、网信办、全国记协等领导和31省市党报评论掌门人，参加了论坛。之后，我们在评论版开设《连线评论员》《纵横》等栏目，推动党报评论合纵连横，"信息共通、渠道共用、平台共享"，形成长效合作机制，推动评论生产方式与传播方式的升级。半年多来，多篇本报评论员和任仲平等重要评论，通过论坛搭建的党报评论平台，在几十家地方党报落地，在舆论场中形成合力。

记者：最后一个问题。中央领导强调"要以高质量的评论取胜"，对于党报评论工作者来说，在实现这一目标时，什么能力最重要？

范正伟：面对舆论生态的多元多样，作为主流媒体的灵魂和旗帜，党报评论要写出中央满意、读者买账的评论，光靠居高临下的压服不行，必须有令人信服的依据。因此，对于党报评论工作者来说，除了政治素质之外，专业说服力也很重要。

今天，随着社会事务的公共化，我们要对更多的问题发表意见。对媒体人而言，这是一种机遇，但也不无风险。"回乡体"的流行怎么看？打开封闭小区可行不可行？PX项目的毒性到底有多大？恒大违约在法律上怎么看？反对狗肉节到底对不对？高调慈善是利大还是弊大？消防人员职业化可行不可行？……对于这些问题，都离不开专业判断。倘若只有缺乏思考的道德表态，不仅于事无补，也会审美疲劳；而以道德绑架一切，则会混淆是非、将问题浅薄化。王小波说过一句话：对知识分子来说，做思维的精英，比做道德的精英更重要，这句话对于新闻人同样适用。

李宝善总编辑指出："掌握信息和对信息的处理能力是信息时代竞争的法

宝，评论要做的就是这个。"今天，主流媒体要肩负责任，发挥"定海神针"的作用，最终要靠的是以文明、科学、专业、理性引导大众。这几年来，人民日报评论的一大努力，就是拒绝简单化、标签化，拒绝动辄上纲上线，甚至简单地意识形态化。比如，2012年7月，针对江苏启东排海工程因民众抗议永久停建一事，我们发表了评论《"环境敏感期"的新考题》，评论没有停留在简单的是非判断，甚至民粹化的欢呼上，而是作出了"环保敏感期"的判断：提示政府既要进行环境风险评估，也要进行社会风险评估。再比如，针对今年以来的网络约车讨论，我们发表了《出租车改革，让市场拧动"车钥匙"》《出租车改革，并非简单按"删除键"》《改革，让出租车新旧业态包容生长》等多篇评论，这些评论的最大特点，就是没有简单地"站队"，或者停留在"新""旧"判断上，而是更多地考量了改革的"现实逻辑"，以及背后社会利益多元化的"深层逻辑"。这些评论，不着急给出结论，而是呈现深水区改革的各种考量，为转型期的中国提供"系统思维"和"辩证思维"，让读者获得启发，为决策者提供参考。

人民日报评论员队伍十分年轻，平均年龄只有36岁，需要多方面吸收营养和思想。2015年，在编委会的支持下，评论部积极构建评论智库，聘请为中央政治局集体学习讲课的专家和大家学者为评论顾问，通过座谈等形式，帮助做强评论的视野宽度、思想高度、理论深度。因为我们深深地知道，在所有的能力中，学习能力是最为重要的能力。

芳秀印象：

范正伟在向习近平总书记汇报后，一下成了被关注的名人。在人民日报评论部默默工作，一直躲在诸多力透纸背的评论后面的他，由此走进了公众的视野。

在全国"两会"召开前夕，我去到他位于人民日报社新编辑大楼七层的办公室里与他分享与总书记汇报的内容、印象与感悟，同时也希望借此揭秘人民日报评论这一引领全国思想舆论的旗帜，是怎么运营，以怎样的理念运营的。时值晚上七点左右，电话不时打断我们的谈话，最终，他很抱歉地说，马上有一篇评论要修改，改完还要给中央相关领导送审不能再陪我聊下去了，而且全国"两会"马上召开，评论的任务很重，每一分钟都得利用起来才行。我表示理解，希望他把写过的诸多文章发我作为素材，根据我的理解形成初稿后，请他在初稿上修改。他很快发给我一些文章，甚至包括一些评论部的总结。

得到这些资料，我如获至宝，正好第二天是星期六，小伙伴们都休息，办公室里鸦雀无声。我在一堆杂乱的资料与他的录音间寻找逻辑，布局文章框架。一上午过去了，思绪才渐渐明晰起来，肚子也咕咕叫了，我害怕思路断裂而没敢出门吃饭，在隔壁办公桌上看到了同事储备的零食也顾不上先打招呼了，拿起便吃。

经过周末两天的奋笔疾书，初稿形成。文章的逻辑布局是：范正伟向总书记汇报只是引出本文的"引子"，通过他引出人民日报评论，在介绍人民日报评论方阵的基本情况后，展示出人民日报评论的理念与追求——构建具有专业说服力的"主流叙述"。而这不仅是人民日报评论的追求，也是所有党报评论的追求。文章的立意由人及事，由事及理，一层层往上拔，跳出了个体限制，而具有了普遍价值。送范正伟审阅，他满意地说，没想你能写得这么好！听闻此言，颇感欣慰。

范正伟无疑是幸运的。他的幸运，建立在不懈努力之上。多少年来，他过的是"头一抬天就黑了"的日子，在"清苦、辛苦、痛苦"中不断自我"革新、完善、超越"。"任仲平"是人民日报评论的创新高地，被称为中国新闻界的一棵常青树。作为"任仲平"最年轻的参与者之一，他对评论员的理解，除了要具备政治素质之外，更需要专业说服力。而专业说服力建立在三个"三"上："三种意识"——以全球意识打开世界视野，用历史意识体现中国特色，以问题意识对接现实国情；"三个体系"——话语体系、知识体系和思想体系；"三种资源"——赓续红色政党传统，接纳现代文明价值，考量当代民众诉求……这些由在评论界深耕多年的人民日报副总编辑卢新宁概括出的经验，不正值得所有有志于新闻评论的人好好品味吗？

第三部分

老总篇

纽约，联合国大楼第四层，几百平方米的面积上分布着92个国家的媒体代表席。

身在异国他乡，这些媒体代表并不孤单。他们有一个共同的心灵家园——联合国记者协会（UNITED NATIONS CORRESPONDENTS ASSOCIATION，简称"UNCA"）。如果需要与各联合国成员国代表、联合国秘书处等沟通，只要提供合理的采访理由，就能得到协会的帮助。而如果在采访中遭到拒绝，甚至是某种不合理对待，那协会会协商并维护其正当权利。

这个机构的负责人叫詹保罗·皮奥利（Giampolo Pioli），这位意大利的戏剧学博士，从教戏剧到报道戏剧，再到报道国际问题，进而常驻联合国多年，有丰富的国际工作经验，曾连续4届担任主席，去年又再度当选。

为参加2015一带一路媒体合作论坛，他来到中国。在国家会议中心的大堂里，有些疲惫却仍风趣幽默的他，坐在记者面前，兴奋地介绍这个中国人并不熟知的世界媒体组织。

作为不领薪水的"官"，他坦言，最重要的是要有工作的热情和无私的情怀，面对会员提出的各种或大或小的问题，难免会有觉得烦心的时候，而团结并带领各国记者，为世界和平与发展活跃在新闻前线，这样的幸福却令人陶醉。

人物简介：詹保罗·皮奥利，意大利人，戏剧专业博士毕业，意大利芒瑞夫集团所属 Quotidiano Nazionale 报社驻联合国兼美国地区特别记者，驻联合国30余年，兼任联合国记者协会主席多年。

詹保罗·皮奥利：为了世界记者的共同利益

◎ UNCA，促进各方沟通，维护记者利益

——保证并维护各国记者在与联合国相关的报道工作中享有充分的权利，促进会员与联合国成员国、联合国秘书处的沟通与合作，是 UNCA 的主要职能。

记者：詹保罗·皮奥利先生，很高兴能与您对话。您是联合国记者协会的主席，请您概要地介绍一下这个协会的相关情况。您不知道，在中国新闻界，也许了解这个组织的人并不多呢。

詹保罗·皮奥利：当然很乐意。UNCA 成立于 1948 年，那时联合国成立两年多。UNCA 成立的时候，联合国只有 56 个成员国，现在已经有了 193 个。最初报道联合国的记者只有 40 多个，现在仅在纽约联合国大楼里的记者就有 250 多个，再加上每年去参加联合国大会的，有数千名记者。UNCA 会员遍及 92 个国家，从非洲到大洋洲，从菲律宾到塔吉克斯坦……今年联合国成立 70 周年，许多国家元首会参加联合国大会，所以约有 5000 名记者聚集到联合国周边。联合国大楼第四层是 UNCA 的办公区，世界上的主要新闻机构都有代表在那里工作，中国的新华社、人民日报及中央电视台都有席位。

记者：为什么如此众多的新闻同行们愿意加入 UNCA，UNCA 可以为会员们做哪些事情呢？

詹保罗·皮奥利：UNCA 的职责有：保证并维护各国媒体记者在与联合国相关的报道工作中享有充分的权利，为会员个人和职业发展创造有利条件；采取一切必要措施保护记者的正当权益，使其能进入联合国总部或其他区域正常使用相关设备并不受到任何歧视；必要时可代表媒体在联合国总部或其他任何

274

詹保罗·皮奥利（图右二）与 2014 年度联合国最佳媒体报道奖评委们合影

地区性办公室采访相关行动；促进协会会员、各联合国成员国代表团、联合国秘书处官员及其他与国际事务相关的个人之间的沟通与合作。

比如，当记者就某一问题与联合国存在争议的时候，协会会站在记者一方，为他们争取权益。我们保障记者能进入到联合国的会议中，能以相互尊重的方式问到他们想问的问题，因为 UNCA 致力于提高记者与外交官员及各个国家相关代表之间的关系。

曾出现过这样的事例：当有记者报道了一个事件之后，有官员指责他说："你不是一名记者，你是一名激进分子"，我们就会介入，要求这名官员收回这一言论并向记者道歉。

记者：UNCA 真可以说是国际记者的心灵家园，能让他们找到娘家的感觉。我们知道，协会的工作是志愿性的，没有薪酬。协会日常是如何运作的呢？

詹保罗·皮奥利：协会"官员"包括一位主席，三位副主席，一位秘书长以及一位财政部长。他们与其他九名会员一起组成执行委员会。执行委员会负责管理协会的日常事务，成员来自不同国家的媒体，工资由他们所属媒体支付，因此必须有从事公益事业的热情。

协会在每年一月召开会员大会。除年度会员大会外，执行委员会可在其他任何时候召开会员会议。当有至少 15 名正式会员提出开会请求时，协会主席需在该请求提出的 10 个工作日内召开全体会议。

UNCA 每年都会通过选举产生新一届的执行委员会，而且选举程序非常严格。以指定的三天时间作为投票日期，正式会员均可向上了锁的投票箱内投放选票，投票箱放置在联合国总部大楼媒体工作区，接受监督。投票结束后，由指定的三名计票员打开投票箱，核查选票并统计结果。统计工作结束后，张贴完整的经过计算并签名确认的投票汇编表。

记者：很多活跃在国际舞台上的新闻记者，以能加入 NUCA 为荣。那要具备怎样的资格、经过哪些程序才能成为你们的会员呢？

詹保罗·皮奥利：NUCA 会员共分四类：正式会员、非正式会员、荣誉会员及友情会员。正式会员有权利参加协会的各项活动，享有选举权及办公权，享有协会成员的各项权益。持有暂时 DPI 卡（四个月及以上并定期更新）的职业记者均可当选为非正式会员。除选举权外，非正式会员与正式会员享有同样的权利与义务。任何为协会或新闻业发展做出过卓越贡献的会员均有可能被授予荣誉会员称号。荣誉会员的授予需执行委员会推荐，在全体会员大会中获得多数选票方可通过，荣誉会员仅参加协会的社会性活动。任何已离职的、在协会中享有良好声誉的前协会正式会员，在获得执行委员会多数投票的情况下可当选为友情会员。友情会员不享有投票权、办公权及正式会员享有的财务等其他权益。

所有会员必须是经联合国认可的专业新闻记者。任何申请正式或非正式会员的个人，首先在网上填写申请表格，提交 2—3 篇新闻报道，然后需得到两名正式会员的认可，这两名正式会员必须熟知申请人的各项情况，并证实申请人所陈述的职业背景信息的真实性。若无法满足此条件，秘书处要求申请人出具可证明其记者经历与能力的证据。最后由主席申请签名会员的资格等因素做出最终决定，签字表明同意或不同意。此外，若想成为执行委员会成员的话，则要通过选举产生。

中国记者在 UNCA 中是一个较大的团体，大概有 25—30 人。美国约有

50 人，意大利约有 12 人。第一年的会费是每人 95 美元，此后是每年 70 美元。20 年来一直如此，因为主要经费由赞助方承担，会员们不需要支付太多。参加年会及一些其他活动，会员只需要支付 100 美元，而非会员则需要支付 500—700 美元的费用。协会之间的沟通是用英语，如果英文不好，也可以成为会员，只不过是"沉默的会员"。

◎ 联合国最佳媒体报道奖，欢迎中国媒体问鼎

——连续二十年，每年评选联合国最佳媒体报道奖，评审出具有影响力、洞察力和创造力的作品，记者的勇气和努力也是考量因素。目前还没有中国人获奖。

记者：UNCA 每年一次的年度大会，有一个重要环节，那就是给获得联合国最佳媒体报道奖的获奖者颁奖。奖项设立 20 年来，产生了很多高质量的国际新闻作品，可以说影响深远。能具体介绍一下这一奖项么？

詹保罗·皮奥利：这一奖项覆盖报纸、电台、通讯社以及网络媒体。每年奖金金额为 6 万余美元。奖项包括四种：

伊丽莎白·纽佛纪念奖，该奖项为报道联合国及其机构的平面媒体（包括网络媒体）所设，用于纪念 2003 年在巴格达殉职的波士顿环球报联合国分社社长伊丽莎白·纽佛；

里卡多·奥尔特加纪念奖，这是广播电视新闻类奖项，为纪念 2004 年在海地殉职的西班牙 Antena 3 TV 驻纽约电视记者里卡多·奥尔特加而设；

摩纳哥王储阿尔贝二世基金 / 联合国记者协会气候变化报道全球大奖，该奖项为所有媒体设立，奖励与可持续发展和合理利用自然资源以及在气候变化、生物多样性和水资源三个领域落实创新和解决方案相关的报道；

联合国记者协会新闻报道奖，评选针对联合国及其机构的人道主义和发展方面的最佳报道，任何媒介皆可。

以上奖项每年设有金银铜奖，主要类别各奖 1 万美元。任何通过平面媒体、网络、电台或电视对联合国及其机构关注的领域进行的各类报道均可参加。

记者：在评选这些参赛作品时，由专门的、独立的评奖委员会先评选出优秀作品，之后由裁定委员会来监督评奖委员会的判断是否合理。评奖和裁定委

詹保罗·皮奥利（图中）参加联合国记者协会举办的论坛

员会最为看重的评审标准是什么？

詹保罗·皮奥利：他们的共同出发点是，评审出具有影响力、洞察力和创造力的作品，记者的勇气和努力是很重要的考虑因素。参评作品要报道联合国关注的重点领域，比如难民问题或者环境污染问题等，而不是关于某个个人或者国家的题材。此外，对报道深度有要求，比如做过大量调查、掌握大量数据等。

这一评奖每年都进行，已经连续评了 20 年。联合国秘书长亲临现场并颁奖。各奖项均向全球所有新闻记者开放，但是目前还没有中国人获奖。UNCA 欢迎针对所有领域特别是千年发展目标、维和行动、防止核武器和生化武器扩散等问题的报道，尤其欢迎发展中国家的媒体报名。评委会接受多项作品或联合报名。

记者：通过评奖，我个人觉得很好地促进了新闻专业主义的提升。在您看来，UNCA 在哪些方面促进了国际新闻业的发展？

詹保罗·皮奥利：除了专业上的鼓励与榜样作用，可以确定的是，我们的协会很好地保护了那些来自非洲、亚洲等较小国家记者的权益。这些记者有机会接触到纽约时报、BBC 等大的媒体，通过学习，提高了自己的职业技能和素养。通过帮助这些记者，UNCA 很好地促进了国际新闻业的发展。

◎ 戏剧学博士连任主席，善于团结不同的人

——我是一名戏剧学博士，曾在大学里教过戏剧。在联合国当记者已有 30 余年了，最重要的经验就是尊重不同的人。我喜欢这一工作，人们也看到了我的热情。

记者：作为 UNCA 的主席，您主要负责哪些方面的工作？

詹保罗·皮奥利：我负责与会员相关的一切工作。会员之间出现矛盾冲突时也由我来协调解决。另外，就是与联合国秘书长的合作，我们每年都会举行会议，部署相关工作。

记者：您是一名戏剧学博士，还曾在大学里教过戏剧。这与国际记者协会主席的角色相去甚远。是怎么一步步走来的？

詹保罗·皮奥利：这是 1975 年以前的事了。从那之后，我在 Quotidiano Nazionale 报社（意大利芒瑞夫集团所属，拥有 240 万读者）工作，刚开始是负责戏剧表演方面的报道。后来我成了一名报道国际问题的记者，主要负责东欧地区的报道，曾跟随意大利总理到俄罗斯、中国开展报道。1985 年之后，我成了报社驻联合国兼美国地区的记者，从那之后，我一直都在纽约工作。

我现在的身份是 Quotidiano Nazionale 报社美国办公室主任兼特别记者。我虽是 UNCA 的主席，但仍然是一名 Quotidiano Nazionale 报社的记者。两份工作都要做，需要在美国和意大利之间飞来飞去。现在大多数时间，我在做协会主席的工作，因为级别比较高，报社领导允许我这样做。但我也要负责联合国和美国地区的新闻报

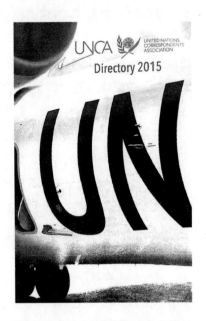

2015 年度联合国记者协会手册

道。我有全职的助理，我们现在的团队非常棒，很团结、很稳定，即使我不在，他们也能把事情做得很漂亮。

记者：您在 2008、2009、2010 以及 2011 年连续四年被选举为主席，在 2012、2013 年另一名主席卸职后，2014 年您再次当选。UNCA 的主席固然有光环，但更多的是责任。您认为在选举中屡次获胜的主要原因是什么？

詹保罗·皮奥利：是的，我已经是第五次被选举为主席了。今年 12 月份会进行重新选举，也许我还会连任。被选举为 UNCA 主席，最主要的原因可能是我喜欢团结不同的人，我很喜欢听取不同人的意见，然后把他们结合到一起，形成一种合力。每次选举都高票获胜的另一个原因是，我在联合国待的时间很长，积累了很多经验并认识了很多人，便于开展工作。另外，我不会因为自己的职务或者权力高于别人，就利用这些为自己谋利益。我很喜欢这一工作，人们也看到了我的热情。我年轻的时候，是意大利记者联合会的一名成员，后来成为其领导人之一。

记者：记者通常都思维活跃，不少是敢于表达自己尖锐见解的人，尤其是他们来自不同的国家、有着不同的文化背景，一起共事难免会起冲突。碰到这种情况，您用什么办法把他们团结起来？

詹保罗·皮奥利：在联合国工作这么多年，得到最重要的认识，就是尊重不同的人。不管是喜欢的还是不喜欢的人，我都会尊重他们。每个人针对不同的事情都有自己的观点，但如果你的观点只有少数人赞同的话，那就要尊重大多数人的想法。我很幸运，我们现在的执行委员会在大多数时候都能达成共识。

作为主席，总会有各种各样的问题来找我，比如，椅子丢了、护照不见了、被报社炒鱿鱼了，等等，大事小事都有。有一个人在博客上写东西反对了我很多年。不过，我从来没有跟他起过冲突，只是予以忽视。我选择忽视，是因为如果你谈论它，它就会困扰你，甚至惹怒你。而如果你忽略它，它就消失了。所以，我尽最大努力去做这些大大小小的事情，不管情况如何，到了一定的时候就不再想它。

另外，还有一点很重要，就是我不会一个人做所有事情，而是把任务分派下去。比如，有人说，我很擅长或者很喜欢做某个工作，那我就会让他去做。然后，隔一段时间，请他们向我汇报进展情况。但是，一周或者一个月后，有些人就不再来，因为他们没做好这项工作。不过，也不要因此而责备他们，再下一次的时候，他们就会听从你的安排，并把事情尽可能做好。

这份工作没有薪酬，这样人们就很喜欢发表观点，或者只是为了展示自己的能力。"你想做这件事？好的，那你就去做吧。"这是我对所有会员的态度，事实证明，这样做很受欢迎。

记者：您的这些做法让我想起了中国的一句古话：知人善用，人尽其才。您的胸怀加上您脸上一直挂着的笑容，则让我想起中国人喜欢的一个菩萨——弥勒，他笑口常开，笑天下可笑之人；大肚能容，容天下难容之事。今年您62岁了，考虑过退休的问题吗？

詹保罗·皮奥利：我会任职到2018年65岁的时候，然后再看报社的安排。在UNCA的任期可以是终身的，但是每年都会有选举，也许我还会连任，但不确定。只要信任我，我就会一直努力。

芳秀印象：

采访联合国记者协会主席詹保罗·皮奥利，是在国家会议中心的大堂里。他来北京参加第三届"一带一路"媒体高峰论坛。作为本届论坛的报道者，我在众多嘉宾名单中，一眼就"相中"了他。联合国记者协会，是个什么样的组织？干了些什么？位于纽约的联合国大厦我曾进行过"深度游"，那是2008年，《人民日报》国际部记者刘超成了联合国终身职员，他刚上任时，正在美国华盛顿首府访学的我，去联合国大厦看望他。他带我把联合国所有的厅都参观了一遍，最后把我带去了媒体中心。在一片大敞开的区域，我看到了中国记者席，其中，就有"人民日报""新华社""中央电视台"等牌子，摆在不同的桌子上，那就是各大媒体驻联合国的记者席。

采访前我隐隐地感觉到，詹保罗应该是与这片区域相关。见面一聊，果真如此，他的办公室就在那儿。他就是那片媒体领域的"总管"，什么事儿都得管着。

詹保罗是意大利人，长得高高壮壮，面庞红润，有着略显个性的胡子。与他的聊天非常轻松，他总是时不时说些搞笑的话来调剂一下气氛。几年过去，那种愉悦的感觉依旧清晰。或许，这与他戏曲专业的博士背景有关。在复杂的世界新闻舞台上，要想受人拥护，有号召力，就得有特别的人格魅力。

詹保罗处处给我务实之感。谈及联合国记者协会的职能、成就等等时，他并不愿意多说，而是拿出一本小册子，这本小册子就是2015年度联合国记者协会手册，里面有协会职能的介绍，有协会主要组成人员的照片及简介，还有举办的各种活动介绍、参会条件与必须遵守的章程等。本文中的好些内容，都是我把小册子通读后翻译过来的。

詹保罗是一个非常有公益心的人。联合国协会领导是不拿薪水的，薪水由所在国任职单位提供，但日常事物非常繁杂。我问他，连任多届主席，感到累吗？他说，当然累，但是大家选举了他，是对他的信任，他没有理由不干好。

访谈初稿写完后，我心中没底，究竟驾驭英语远不如中文熟稔，怕有某些理解上的误差。便把初稿传到他的邮箱请他把关，一个星期后，他给了我回复，说挺好的。我想，对于不懂中文的他，应该是非常慎重地请懂中文的人把关了。

央视春晚——受众最多的电视晚会，全国人民过大年的期待之一，全家人年夜饭后的精神大餐，也是过年那些天人们滔滔不绝的谈资。

正月十二，央视，春节气氛依然浓重。厅内廊柱上贴满春晚的宣传标志，只见钢架林立，很难想象美轮美奂的春晚就在这儿录制。一号演播厅对面的春晚办公室门敞开着，总导演哈文正边比划边向周围人说着什么，气场强大。

知道我们到了，哈导热情地打着招呼，引我们到旁边的房间。她身材高挑，齐耳卷发透着张扬，黑衣黑裤酷酷的，一派行事果决的风格。

墙上贴了壁纸、摆几张沙发，这就是网传的"神秘贵宾间"所有大腕们换演出服等候登台的地方。我们好奇她刚才忙着什么事，"讨论过两天的元宵晚会呢。'春晚'和'元宵'是'买一赠一'，历年如此。"她大大咧咧地笑了。

我们开始提问后，她慎重起来，认真讲述了春晚的诸多幕后故事以及她个人的心路历程。自从接下春晚的指挥棒，便进入一种高强度运转的工作状态。观众看到的是精彩的节目和炫目的舞台，看不到的是导演团队背后的努力和辛酸。

人物简介：哈文，1969年生，在2012年至2014年连续3年担任央视春节联欢晚会总导演。2013年，哈文任中央电视台综艺频道（CCTV3）节目部主任。2015年，担任中央电视台春节联欢晚会剧组总导演。曾任央视《非常6+1》《咏乐汇》《梦想中国》节目制片人，多届央视"3·15"特别节目导演。2015年，哈文从央视辞职，重返中国传媒大学读博士。其后，哈文制作的网络综艺《偶像就该酱婶》，原创音乐创意秀《不凡的改变》陆续推出。

哈文：告诉你春晚背后的故事

◎ 新春中国、励志春晚，收视率还不错

——今年是春晚播了 30 年之后的全新起航。在电视不是观众的唯一选择下，做电视的心态和看电视的心态都得变，向伴随式转变。

记者：哈导，蛇年刚刚过去 12 天，被视为除夕精神大餐的央视春晚落幕不久，现在还是网友们热议的话题。很想听听您心目中的春晚是什么样？

哈文：31 年了，央视春节联欢晚会对观众始终不离不弃，不管观众怎么吐槽评说，我们都一如既往地守候在你身边带来欢乐，陪你一起守岁，一起迎新年。这是中央电视台唯一一台带有"联欢"字样的晚会。"联欢"是什么？就是我们所有人都在一起，开中国最大的年会。（大笑）

记者：2013 年春晚长达四个多小时的直播节目，给观众提供了一台视听盛宴，带来了浓浓的年味儿。您觉得本届春晚有哪些特色与往届不同？

哈文：今年是春晚 30 年之后的全新起航，一个人到了 30 岁那就是而立之年了，所以我们今年春晚的主题是"新春中国"，是励志型的、正能量的调性，基本是打气的、加油的。

这次特色鲜明的方面，首先是央视主持人大拜年。开场是央视 48 位知名主持人悉数亮相，共同演唱了一首专门为春晚剪辑改编的"神曲"《欢歌贺新春》。此"神曲"由 19 首契合春节氛围的歌曲剪辑而成。亮相的名嘴几乎涵盖了央视各个频道的节目主持人，像张宏民、康辉、欧阳夏丹这些平时正襟危坐的新闻主播也换上了喜庆的节日新装，当起了歌手，表达了与全国人民欢度春节的满满诚意。

其次是开门办春晚。如从《直通春晚》《我要上春晚》等节目中选出草根

演员。过去更多展现的是精英文化，文化团体上春晚多，今年面向全社会，只要你有真本事就可以登台展示。今年涌现出了不少新人。

还有就是有一定的国际色彩。如宋祖英与席琳·迪翁共同演唱《茉莉花》，雅尼弹了一曲《金蛇狂舞》等。

全场节目分成四组节目群：第一篇章叫"新春到"，全是跟年俗有关，如《中国味道》《十二生肖》等；第二篇章叫"新喜来"，基本上都是表现喜庆的事，如神九飞

哈文写真

天等；第三篇章是创意节目"新意展"，这里混搭类的节目多，比如郎朗跟芭蕾演员的混搭、武术与朗诵的混搭；最后一个篇章叫"新篇开"，对全新一年进行展望，并通过节目致以真诚的祝福，讨个好彩头。

记者：节目群编排蛮有节奏感的。歌舞节目与语言类节目怎么搭配，魔术、杂技在什么时间出现，有规律吗？

哈文：是有规律的。共有 9 个语言类节目，基本上一小时内排两个。多年来，春晚的收视有着较为相似的收视曲线。从晚 8 点开始，到 10 点半左右时是最高峰；之后有一个平台期；到 11 点一刻左右又有个赵本山的小品之类的收视兴奋点，收视率"哗"又上去了。

记者：有统计数据表明，今年央视春晚的收视率有所下滑。

哈文：客观上说，今年比以往并机的电视台多了，包括中央台和地方台，而且重播的次数也多。网上的评论，几个小时就是两千多万条。央视网在春晚刚结束后统计发现，中国网络电视台与腾讯、搜狐等 8 家网站组建的传播联盟，视频直播累计观看达 2.09 亿人次。

就大的收视环境而言，开机率连续 5 年下滑。今年在开机率低的情况下，

收视率整体还不错。因为现在收视率统计都以电视为基准，很多通过网络、手机电视看的没有统计进来。另外，今年还有 22 家省级卫视、168 家地面频道并机直播春晚（这些都是他们的主动行为），这些在收视上都没有算在央视头上。我希望除夕那天各家电视台能播放各自的除夕晚会，那样才有可比性。大家以为是央视垄断春晚，其实我们并不愿意多台并机，因为并完后，把我们的收视率给分流了。

记者：这台春晚花了多长时间打造？从立项准备到最后播出历时多久？

哈文：一般春晚是从 7 月份左右开始组建导演团队。但去年我们是从 4 月份开始的。那时我们在做语言类节目的征集，正好可为春晚打基础，于是较早地介入了。

接到任务后，首先要做的是召开多次座谈会，请来工人、农民、社区大妈、公司职员，还有文化艺术界的代表谈建议，约一个月时间。摸底的时候各种意见都有，听完后就更不会做了，因为意见有些正好相左。于是，我们得去伪存真、提炼精华，来一场头脑风暴，把调子定下来。第二个阶段是策划方案的汇报。多少节目群、想表达什么情感诉求，得通过各界领导、专家认可。当汇报被批之后就进入到实施阶段。等所有的实施推演完后，就进入演播室合成、彩排。最后，所有节目还要送审，还会有节目被删。几遍彩排之后最后才进入直播与观众见面。

记者：据说您提出一个概念——"伴随式收看"，认为电视有点朝广播的伴随式功能上靠近。但是很多人认为春晚是一场特别的夜宴，是全国人民团圆时的一道年夜大餐，应该是精心打造的，颇具风味的。

哈文：精心打造的努力我们从没放弃！我说的"伴随式"是指现在很多家庭的收视现状，并不代表我们的随意。

社会在发展，1983 年春晚刚开始的时候，大家除了看春晚还能干什么？现在电视不是他的唯一。除夕那天，年轻人在网上看个美剧之类的很正常。那个时候的春晚，明星们全来了，不看春晚就不认识这些明星。现在的文化生活多丰富啊。所以我觉得心态得变，做电视的心态和看电视的心态都得变。

记者：伴随式的节目呈现，就像逛街，当你不经意地走着时，不时地有一些很打眼的商品与有创意的 LOGO 吸引你。做节目，吸引眼球就得有一个个"进入点"。

哈文：是的，这个点，关键是"新"。不管是创新也好，新颖也好，新奇也好，应该让观众眼前一亮，被节目抓住。说到底，要符合电视化呈现。

◎ 语言类节目压力大："除了货币是统一的，很少有别的什么是统一的了。"

——两重标准最后决定节目的命运，不管名气大小，所有人一律平等。

记者：赵本山作为老百姓喜欢的"笑星"，"雄踞"了多年的春晚小品舞台。去年和今年连续两年赵老师都没有露面了，于是很多网友吐槽说央视春晚抛弃了赵本山……

哈文：这是一个极大的误会。网友对我们的节目标准和制作流程不了解。过去对春晚有过贡献的，大家喜欢的明星我们都会去邀请。这两年我们也邀请了赵老师。但去年因为身体原因没能上春晚，今年是他对本子不满意……春晚是个节目平台，必须得带着节目来。有的人作品好可能就呈现得好，有的人对作品不满意，人家就主动放弃了。还有一些根本没作品，他怎么来？每个人都有自己的标准，都愿意在这个舞台上能给大家带来更好的表现。

观众有审美疲劳，好了认为是应该的，不好就会挨骂。语言类演员，耗时最长，从本子创作到最后呈现得投入约三个月时间，最后上不上还不好说。但有一个共性，就是他们特别想把欢乐带给观众。

记者：赵本山还是在今年的江苏卫视春晚上露脸了，据说是江苏卫视网上点击率最高的节目之一。

哈文：观众对央视春晚的收视预期比其他省台春晚要高很多。赵本山他们在江苏卫视播出的那个小品，本子都是我们替他找到的。节目审查组要求再修改，他们觉得很难超越了，最终就因为作品没能达到心理预期而放弃了这次春晚。可以说，这一回，让江苏卫视捡了个漏。（笑）

记者：歌舞不在春晚舞台上也能看到，相声可以去德云社、广茗阁听，小品平时可就不那么容易看到了，所以老百姓最关注春晚的小品。过年的时候，一家人聚在一起看节目，其乐融融，符合除夕的喜庆气氛。直说了吧，网友们说，今年语言类节目并没有他们想象的那般好。

哈文：我们做电视的人，希望能有现成的好作品，而让我们自己张罗小品，难度太大。我不是学戏剧的，也不会演。这跟现在整体的市场有关系，歌有歌坛，从成千上万的歌曲里头总能挑出好的；舞蹈比赛那么多，也能找出好的。就是小品，上哪找去？大部分小品演员不在小品上发展，而是做电视剧。

对于小品节目我们得从零抓起，一切从零开始的事物是有难度的。因为观众又最期待。观众口味各不相同，笑点也越来越高。所以想让所有观众认可，很难。看完一部电影后，影评有统一的吗？没有。咱中国除了货币是统一的，很少有别的什么是统一的了。

记者：您常说"好作品是硬道理"。这个"好作品"的标准是什么，与其他晚会作品的标准有什么不同？

哈文：我们希望每一位观众都能从春晚节目中找到自己喜欢的。我们的标准，就是语言类节目要好笑、好玩，歌舞类节目要好看，杂技类节目要惊险，魔术类节目要神奇。还有一些非节目类节目，要让大家觉得很新鲜。

具体说来，两个标准最后决定节目的命运，不管名气大小，所有人一律平等。一是春晚审查小组会对所有歌曲和语言类节目进行审核，这个小组成员不

哈文（图左）与作者（图右）访谈中

少，只有达成共识的才可以通过；还有就是总编室的市场评估部，用科学的方式做节目测试，比如推出的几首新歌受欢迎程度如何，评估部会找很多人，细分受众群，在测试室里连续做几天，挑出大家公认的好歌。这种测试有数据依据，数据就是标准。测试和审查互补，相辅相成。

另外，还要考量春晚的节目品种，传统的、新潮的都要有。儿童类、年轻人、老年人的节目都得有，这是必须的。

记者：回想一下以往春晚留下来的好作品，经典的语言类节目大都有寓意、有深意、耐人寻味。如今的小品相声难以流传。您以为怎样？

哈文：那是因为现在人们获取信息的渠道很多元了，可供观看的内容也增多了。现在还有谁像过去那么认认真真坐在那儿看电视，完了之后再学学的？我觉得今年算是不错的。过去那些小品真的很经典，但现在的笑点跟那时候真不一样了。过去一句："你叫什么名字，你是什么东西"，观众就乐。马季老师的《宇宙牌香烟》，那笑点现在你笑吗？你能记住的是多年前陈佩斯的《主角与配角》《吃面条》那几段，后期的好多也不太记得住了。

记者：观众的口味日趋个性化，您两度导演春晚，一直在求新求变。在不断的变化中，始终不变的是什么呢？

哈文：不变的是春晚的诚意。其实有没有春晚，除夕都一样过。看春晚真的是一个习惯。如果春节团聚是年俗，春晚其实是一个精神文化的新年俗。我希望不管是电视台还是观众，大家都一起往前走。我们服务观众的心不会变，让家人开心地团聚，一年的辛苦此时云淡风轻……陪着你，不离不弃。

◎ 将资源用到极致，用五分的材料做出十分的效果

——这是世界上收视人口最多、最受关注、体量最大、品种最多、最不可思议的一台晚会。如果节目拉出去在大会堂或者某个剧场都能演得很好，那就是做电视的失败，因为那跟电视没关系。虚拟技术和视频配合才可以完美呈现，这就是电视技术。梦想着有一天春晚能作为中国的文化名片走出去。

记者：外国演员的加盟，使得本届春晚更具开放的色彩。席琳·迪翁的出

场增色不少。

哈文：今年是第 31 个春晚了，得有新的变化，做点以前没做过的事情。我们希望中国的春晚能成为世界的看点，让世界看到中国也能与世界共舞。另外，有五六千万海外华人看春晚，我们希望春晚也为他们带来欢乐和慰藉。我们梦想着有一天春晚能成为中国的文化名片。把外国人请来，还不是国际化。怎么才能真正做到国际化？电视制作的水平、能力和最后呈现的效果以及品牌的影响力是关键。

促成雅尼、席琳·迪翁登上春晚舞台也属机缘巧合。我们在和张学友的经纪人谈的时候，他也是雅尼的经纪人，主动提出让雅尼参加春晚；席琳·迪翁是我们开观众座谈会时，恒大音乐主动提出来的，他们也是席琳在中国的代理方。

记者：据悉，春晚的节目来源有三类：征集一批，筛选一批，还有春晚导演组创意一批。今年春晚，栏目组自己创意的节目占到多少？

哈文：没算过具体比例。《剪花花》《少年中国》是我们自己的创意，因为主题叫"新春中国"，我们希望要励志、向上。另外，《指尖与足尖》是芭蕾与钢琴的混搭、《嫦娥》的独特效果，都是我们定制的。雅尼和古筝器乐的琴筝和鸣，宋祖英和席琳·迪翁的合唱，这些也是我们导演组的想法，包括开场48 个主持人给观众拜年。都是我们自己的创意。跨界的混搭类节目不少，操作起来可没少费劲。大家彼此都不认识，因为节目而走到一起。

记者：这体现出了总导演的一种开阔的思维。

哈文：不光是思维要开阔，心胸也要开阔。不要有那么多门户之见。春晚就是一个大众品牌。谣传说中央台封杀郭德纲，这是子虚乌有。今年不只是开门办春晚，简直可以说是"拆门办春晚"。门向大家敞开，标准不降低。就是吸纳草根，也得是高水平的草根。只有顶尖的艺术水平才能在这个舞台上呈现。

记者：本届春晚舞美的视觉呈现也让观众如痴如醉，如李玉刚的广寒宫、那英的演唱背景，还有"神舟九号"的航天员出场……今年的春晚科技含量蛮高的。

哈文：主要应用的是虚拟技术。比如李玉刚的《嫦娥》，现场只能看到李玉刚站到台上唱歌，广寒宫、神九飞船，全都是虚拟的色光电的集合。我们强调是"电视联欢"，如果节目拉出去在大会堂或者某个剧场都能演得很好，那就是做电视的失败。因为那跟电视没关系，是人家节目好。《剪花花》节目也是虚拟技术和电视视频的配合才完美呈现，要不只看到一群孩子在地上趴着，这就是电视技术。如同电影发展到3D一样，技术可以帮艺术的忙。1号厅我们用了15年，里面的设备、机房、工作人员全是旧的。因为把原来只用到五分的潜力挖掘出十分，才呈现出美轮美奂的效果。

记者：符合党中央提出来的"节俭"的理念，把资源利用最大化。

哈文：是的。包括把48位央视主持人资源开发出来，也是本着"取巧"的节俭理念。像咱们现在所处的贵宾厅，因为年头太长，设备很有限，就几张沙发。网传的"神秘的贵宾间"，指的就是这儿。在上舞台之前，男女贵宾全在这儿换衣服，拉块布帘一挡，宋祖英、郭德纲全在这儿换衣服，大家轮着来。央视基本都是这么做的，想浪费也浪费不了。（笑）

记者：如果大家了解了这些情况，可能就会有更大的包容心了，因为我们把能用的资源用到极致了，呈现出的效果又那么震撼。春晚只在中国才有，没听说美国、英国有什么全国人民一起翘首以待的圣诞晚会之类的事儿。

哈文：这是世界上收视人口最多、最受关注、体量最大、品种最多、最不可思议的一台晚会。你想哪台节目里头需要承担春晚这样的使命？这是一个魔术、杂技、小品、相声、歌曲、舞蹈……各种节目样式、各种身份搭配、各种

哈文（图中）与作者（图右）合影，图左为一起采访的记者武艳珍

年龄层次都需要考虑到的舞台。这个品种真的是太奇怪了。

◎ 进攻就是最好的防守，办法总比困难多

——如果每个人的意见我们都听，就没法干了。我们的口号是"要职业不要熬夜，要高效不要内耗。"人得有节奏地活着。

记者：听哈导一番话，方觉执导一台春晚太不容易了！

哈文：难啊。我们这次精心选了二十多个语言类节目，结果只审批下来9个。不过，话得说回来，如果语言类节目市场一片繁荣，还会有别的压力。观众可以随便对节目进行评说，说好说坏的都有。现在的春晚，收视环境已很随意。这对我们来讲就是一份职责、一份工作。顾虑少一点倒好些，瞄准了目标往前冲就完了。只要尽心尽力做了，呈现出来，任由评说也就坦然了。70分的水平和能力，非往那100分冲，达不到。春晚的意义和春晚对于全国人民的重要性，我们心里有数，同时对自己的能力也有数，除了不掺任何私心杂念地全力以赴，不想其他。其实春晚的导演，都是电视人，不是艺术家，春晚就是一场电视呈现。不管你们看不看，反正我们就一如既往地做好服务，做你忠实的除夕伴侣。

记者：用一句话概括你的心态——

哈文："进攻就是最好的防守。"想好了，就放胆地往前冲。今年是我们第二年做春晚，心态很重要，第一年时还有点战战兢兢，以前没做过，一切全是新的。到第二年时，怎么去超越第一年？我们很困惑，因为超越自己其实是最难的。但是抛开这些想法，瞄准我们心目当中最好的2013年春晚目标，往那个方向走就是。不要有那么多的顾忌，众口难调，如果每个人的意见都要听，就没法干了。

记者：春晚牵涉的人员众多，节目量大，情况复杂，当晚又是现场直播，很有可能发生一些出乎你预期之外的紧急情况。你怎么面对？

哈文：我们团队有一个口号："办法总比困难多。"就是遇到什么问题就解决什么问题。一切都有不确定性。春晚一直到直播前都会有不确定性。今年春晚语言类节目就有延时，打乱了共同迎来零点钟声响起的节奏。台领导果断把原计划于零点前播出的冯巩的相声剧调至零点后，一边让董卿和朱军上台补那

两分钟的空当。面对可能延时这种不可控，我们设计了几套方案——空当时间如果出现 1 分钟、2 分钟或 3 分钟时分别如何应对。这种情况下，能准确把握时间的成熟主持人就很关键。

所有的环节、纰漏都要想到。今年最大的一个遗憾，就是没想到刘谦冒出那么一句——"找力宏"。这不是导演组设计的，事后我们发了声明：那句话不代表本台立场。重播的时候，那句话被剪掉了。演员在直播时现场说出某些话，很难控制，好在这种事儿并不多。后来刘谦和李云迪两个人互相推诿，我们也弄不清事实的真假。近来一段时间，这一话题被网络炒得火热，其实也就是个娱乐话题。网上出现这样的"谈资"也挺好玩的，网友们乐于关注，他们的粉丝们也追得过瘾。

记者：你说过一句话："女人以家为天下，男人以天下为家。"作为春晚总导演，头绪众多，怎么兼顾工作与家庭？

哈文：我个人认为女人没有事业，只有"职业"，对职业要负责，尽心尽力去做。女人要把这个职业营造成事业，那得多大野心？太累了。

我推崇效率高、忙而不乱的理念。"空谈误国，实干兴邦"嘛。我们开有效率的会，跟春晚没用的，一个都不谈。从前期策划开始，每天都有目标，一个一个走。根本上是因为我们这个团队磨合了 10 年，大家都知道往事上说，共同的目标特别清晰。

我们的另一句口号是"要职业不要熬夜，要高效不要内耗。"应该有节奏地工作和生活，不能活成一条直线。如果我们一年只干春晚这一件事，或者这一年全在干春晚，可能会崩溃。如果一年当中有那么三个月是这种高压的，在这种压力下成长后，更能体会到高压后的轻松、幸福，人得有节奏地活着。

记者：能想象你内心的充实和满足感。还想继续当明年春晚的总导演吗？

哈文：因为之前没有做过春晚，春晚又是电视文艺工作的制高点，所以2012 年可能有那种征服了制高点的成功感。那是电视人的梦想，我们去年为梦想而战。今年再导春晚，是为了什么？后来想了想，是为"捍卫梦想"而战。总得给自己点精神上的东西吧。捍卫荣誉也好，捍卫梦想也好，我们能够站到那，站完两天下来就得了，别老站着，高处不胜寒。虽然从我内心来说，不愿再干，但这不取决于我，如果台里让干，还得干。

芳秀印象:

作为多档颇具影响力的综艺节目制片人、数亿观众瞩目的央视春晚总导演,身上承受着多大的压力!得有多大的气场才能担负起这样的重任!说是探密春晚去采访哈文,在我的心里更愿意趁机去探密这个女强人的内心世界。

在央视老台址一楼演播大厅对面的小会议室里,哈文正召集项目组的几个人在开会。助理过去告诉她我们来了,她走出来热情地把我们引进了旁边的一间屋子。面积不大,摆设简陋,墙壁上牡丹花图案壁纸透出旧意。一落座,经她介绍我们才知道,这就是网传的"神秘贵宾厅"。

哈文是属于行事果决、思维敏捷、好恶分明型的。比如对春晚主持人的评价,是怎么挑选出的,哪些满意,哪些不满意,直言快语,一点不隐瞒她的观点。当然,作为指挥协调数千人的"总指挥",她在激情之中总不乏理性。她说,除了宏观把控,对每个细节也要考虑周全,否则随时可能出现状况。自从接下春晚总导演的活,就几乎没一刻能松懈下来,直到元宵晚会结束。面对长时间高强度的压力,我问她怎样解压?她说,"要职业不要熬夜,要高效不要内耗。"我明白,她用智慧与专业把一切程序最优最简化,实现了"有节奏地活着"。

金秋十月，正是收获的季节。对于中国电视纪录片而言，也收获了累累硕果。

2016年9月13日和20日，一部反映中国人民抗日战争的电视纪录片《改变世界的战争》，在澳大利亚FOXTEL历史频道黄金时段播出后，在澳大利亚历史、文化、教育等各界引起巨大反响。"《改变世界的战争》一片，改变了西方观众的认知"，"通过本片，西方观众关注到中国人民反抗日本军国主义侵略的中国战场，也是第二次世界大战中最激烈、最残酷的战场之一。"

9月17日，客观呈现"至圣先师"孔子的生命历程、思想体系及其对后世深远影响的纪录片《孔子》被法国文化电视频道ARTE在黄金时段原版首播，之后两次重播，反响颇为热烈，法国、德国观众普遍认为该片为西方受众打开了一扇了解孔子的窗口。

这两部片子的总导演闫东是中央电视台重大题材纪录片创作的扛鼎人物。他专注于历史和文化，在过去的29年中，率领他的团队以30余部作品的创作经历，构建了党史和国史的"国家影像工程"，完成了历史与现实的有机融汇。

而如今，站在世界的交汇点上，他积极思考和践行中国纪录片的国际化。问及这两部片子如何走上国际主流媒体的荧屏，他谈兴颇浓……

人物简介：闫东，1964 年生，原籍河北省遵化市，满族镶黄旗，高级编辑。1987 年毕业于北京广播学院电视系电视编辑专业，现任中央电视台科教频道节目部副主任。31 年来，闫东创作了《孔子》《长征》《东方主战场》《1937 南京记忆》《不朽的马克思》《百年小平》《国脉》《旗帜》《改革开放二十年》《伟大的历程》《大鲁艺》《大三峡》《港珠澳大桥》《中国记忆》《中国民居》以及央视首部《国脉》3D 电影、纪录电影《港珠澳大桥》等 30 多部重大题材纪录片，其中 6 部作品在西方主流媒体播出，6 次获得中宣部"五个一工程"奖、5 次蝉联中国金鹰奖纪录片特别奖，多次获广电总局纪录片政府大奖和星光奖，3D 电影《国脉》获国际卢米埃尔大奖。

　　闫东于 2014 年被选为中宣部和中组部的文化名家暨"四个一批"人才；2015 年获得第九届全国"德艺双馨电视艺术工作者""中国纪录片 2015 年度人物"称号；2016 年被评为中直机关优秀党员；2017 年被文化部评为"中国非遗年度人物"，闫东重大题材团队被国家广电总局评为代表央视的唯一优秀团队。

闫东：电视纪录片走向世界的中国梦

◎《改变世界的战争》，打破世界对二战的认知模式

——长期以来，中国是抵抗日本侵略的东方主战场这一史实被忽略了。通过这部片子，补足了历史的缺憾，让更多西方人看到了东方主战场的作用和价值。

记者：闫导好！《改变世界的战争》在澳大利亚引起巨大反响。本片用真实的影像、丰厚的史实、翔实的数据向广大观众讲述了中国人民14年的抗战历程，使得西方的观众与学者深切感受到中国人民的抗日战争在世界反法西

在悉尼举行中澳合拍纪录片《改变世界的战争》首映式，会上中澳团队分享了制作经验。从左到右依次为中央电视台主持人田薇，总导演、制片人闫东，合作方澳大利亚野熊公司 CEO Michael Tear，澳方导演、撰稿 Michael Cove。

斯战争中的特殊价值和意义。他们因此而得以重新认识那场战争及取得那场战争胜利的意义，重新认识中国人民在此过程中的作用和贡献，相关的话题已成热点，在百度搜索排名第一。作为这部片子的总导

纪录片《改变世界的战争》

演，您认为澳大利亚观众有如此强烈反响的原因是什么？

闫东：首先，我要说明一下，《改变世界的战争》是大型纪录片《东方主战场》的国际版，但却是完全不同的两部片子。2015年，为纪念中国人民抗日战争暨世界反法西斯战争胜利70周年，我们特别制作了8集大型纪录片《东方主战场》，每集50分钟，共计400分钟，在国内多轮次播出；与此同时，我们完全是另起炉灶、重新制作了这部100分钟（上、下部）的纪录片《改变世界的战争》，虽然都是以中国人民的抗日战争为主题，但《改变世界的战争》并不是《东方主战场》的简单压缩版或精编版，而是从叙述主线、故事结构、影像风格等方方面面进行的一次全新创作。同时，我们携手澳大利亚野熊公司这个具有丰富历史纪录片创作经验的国际团队，联合制作了这部100分钟的纪录片。

在西方一些人看来，第二次世界大战也许就是英、法和苏联抗击德国法西斯的欧洲战场和美国打击日本法西斯的亚洲战场。长久以来，作为世界反法西斯战场的一个重要部分——中国战场，这个抗击日本法西斯的东方主战场的地位和作用被忽略了。通过《改变世界的战争》这部纪录片，我们补足了历史的缺憾，让更多的西方人看到了"东方主战场"的作用和价值。对这部片子的欣赏与认同，就是对历史真相的了解与认同，是对公正的历史观的接受与认同。

记者：有业内专家说该片具有非常重大的意义：国际视野下的西方视角、完全原创的主旨和立意、权威丰富的史实文献、故事化的讲述方式、纯正西方人的语言习惯和画面表达，使本片成为"中国故事、国际表达"的一个典范。

特别是在抗日战争这样的重大选题上，取得了中国作品迈向国际化进程中具有里程碑意义的进步。该片是如何用国际化语言来向西方受众讲述中国故事的？

闫东：纪录片的生命就是真实，无论国内还是国外，

在悉尼举行中澳合拍纪录片《改变世界的战争》首映式现场的国际媒体及观众

这一标准是所有纪录片人共同遵循的一个法则。首先，我们用真实的影像、真实的史实、真实的数据、真实的故事来表达中国人民的抗日战争。事实胜于雄辩，事实是最有说服力的语言。在《改变世界的战争》这部片子里，不仅有来自于中国，也有来自于其他世界各地的大量关于二战、关于中国抗战的真实影像画面，也有来自中国和西方的大量研究史料，对此，我们都做了详细的多轮论证，参加这个论证过程的，既有第一手资料的掌握者、历史事件中当事人的记述，也有专家、学者型的研究人员。这个过程是艰苦的、细致的，是完全建立在"专业"的基础上的，我们踏踏实实地做好每一个细节，一丝不苟。

第二，国际化的表达，是要充分尊重西方观众的思维习惯和认知习惯，不讲空话、套话，不轻易下结论，不回避不同的声音，让真相在真实中得以清晰地、完整地体现。《改变世界的战争》一片中，我们找到了一个很好的、能引起西方人兴趣的、具有英雄主义色彩的人物，这个人物就是毛泽东。我们的合作方之一的澳大利亚资深导演 Michael Cove 说过，"毛泽东是中国的，也是世界的"，我们通过毛泽东这个人物，从他的青年时期对革命道路的选择，到抗日战争及抗战各个阶段提出的主张和策略，完整地叙述了中国共产党的抗日主张、策略，包括持久战理论、游击战的战略战术等，以人物为线，牵引出整个抗日战争这个宏大的历史事件，生动、真实、完整地阐述了我们提出的"东方主战场"这个概念，这已经不仅仅是更易于让西方人接受这个层面的问题。

中澳双方主创与《改变世界的战争》学术顾问最后讨论文稿

第三，正是基于这样一种认知，我们在讲述中国故事的同时，也在表明中国的态度。尊重事实是我们的基础，尊重历史是我们的态度。同样，在事实与历史的正确前提下，表明我们的态度，我们的历史观和价值观，并赢得观众的支持与肯定，这就是我们的目标，现在看来，我们成功地实现了这个目标。

记者：《改变世界的战争》由中央电视台科教频道、中国国际电视总公司与澳大利亚野熊公司合作拍摄。能谈谈是如何与外方合作的吗？

闫东：以前的中外合作，经常是外方使用我们的故事和影像素材，根据他们的要求自己重新剪辑。但我们这次合作完全不同，从2014年开始，中澳双方各投资50%开始项目启动。我们专门聘请历史专家为澳方的电视人员讲解中国抗战历史，同时我们也阅读了外方推荐的相关史书，观摩了他们制作的纪录片。随后双方创作团队7次往返于中国与澳大利亚之间，从各自角度、多个渠道、最大限度地搜索二战和中国抗战的影像资料。为了体现国际视角，符合国际表达，同时又能讲好中国故事，体现中国精神，本片的文本前后进行了10次较大的修改，反复打磨、字斟句酌、精益求精。最后完全做到了文本统一、史料统一、叙事统一、工作方式统一，也正是这样，才达到了双方合作预定的目标的统一，价值观和历史观的统一。

澳大利亚 SBS 广播电视台中文部主任周骊说，两国之间合拍片子有一定难度，因为有着不同的价值观、不同的理念、不同的审美方式、不同的文化模式。这个片子的拍摄可以说是一个成功的范例。

◎《孔子》，世界了解儒家文化的窗口

——该片呈现了儒家学说的概貌，并分析了儒家理论如何在改革开放时期的中国复又兴起及其对后世的深远影响。这是一部制作精良，贴近时代的纪录片，吸引人一气看完。对于想要了解孔子的法国观众来说，不失为一个入门的选择。

记者：据了解，中国与英国合作拍摄的纪录片《孔子》，2016 年 9 月 17 日在法国 ARTE 频道黄金时段播出，并于 9 月 25 日、28 日两次重播。该片播出后在法国观众和文化界引发关注，并且取得良好反响。《孔子》的创作方式可以说是别具一格，采用"6+1"模式——1 集 90 分钟的国际版与 6 集国内版，

闫东在英国伦敦兰卡斯特宫举办的《孔子》国际版发布仪式上发言

《孔子》剧组中、英方团队在曲阜开调研会

独立存在，而且先完成国际版。这一方式在国内尚属首次。众所周知，《孔子》这一题材非常难啃，曾有重量级的导演几次开机，却最终没有拍成，可见拍摄的难度之大。在此，向您——这部片子的总导演——表示衷心的祝贺！

闫东：法国 ARTE 频道是欧洲纪录片专业频道，观众大多是法国和欧洲社会的白领阶层，是法国人认可的影视纪录片高大上的艺术殿堂。

《孔子》这个题材的世界关注度的确很高，不容易做好。我没有先做国内 6 集的长篇版，而是先做一个 90 分钟的国际版，是因为我认为以做完国内版然后剪辑出一个国际版的方式，注定走不进国际市场。国际化的表达，是角度、定位、思维的问题，无关篇幅长短。

我把英国团队全部建构在我的团队里，我们开了几十次北京与伦敦间的电话会议，每次一事一议，能谈两三个小时。我还请他们在英国伦敦做调研，带着他们去四川、山东、北京等地调研。实地走访了大量与孔子有关的遗迹，与上百人进行座谈。影片中呈现出来的人物故事，是从这些海量的采访、座谈中筛选出来的。在前采过程中，英方导演要克服语言障碍，与不同职业身份的受访人面对面交流，这样他们才能真实接触到中国的百姓。例如影片中坐火车回家的务工者、在孔庙工作的年轻学者、在石化公司上班的员工，英方团队都在前期花了大量时间与他们共同工作、交流情感，奠定了彼此的信任，才能够在镜头里自然流露感情。同时，我还为英方团队安排了多次和知名汉学家交流的机会。孔子和儒学是一个太深厚的话题，他们需要大量地补充知识，才能转化为影像呈现。前采对他们来说，是必需的学习过程。片子可以放大哪些部分，这是价值观的体现，是由导演思想决定的，因此，所有创作始终在我的把控中。几乎所有重要的现场我都在场亲自把关，不放过任何细节。可以说，我用心血在拍摄。走进孔子的过程，是情感深埋理性思考的过程。我这样的年纪与阅历，得做出能够留得住的片子了。

首播后，法国文艺评论家艾莲娜·罗谢特在《电视全览》杂志上撰文称，这部纪录片致力于勾勒出这位"以德治国"理论家的坎坷人生，并着重表现这位圣人如何根据其生活的时代特征来构筑其思想体系。该片从孔子门徒的记述和司马迁写的传记出发，呈现了儒家学说的概貌：一位结合了道德指令、尊重先祖价值观和同理心的学者，并分析了儒家理论如何在改革开放时期的中国复又兴起。

"这是一部制作精良，贴近时代的纪录片，吸引我一气看完。"法国中国电影节技术与选片顾问龙爱乐这样描述自己的观影体会。他认为，该片在讲述历史和注重文化的同时又反映当代中国的面貌，因此具有十分积极的意义。

法国巴黎周易中心主任、汉学家夏汉生认为，该片对于想要了解孔子的法国观众来说，不失为一个入门的选择。他表示，儒家思想不仅在当代中国仍具有生命力，在当代法国亦然。孔子的很多提法，例如"己所不欲，勿施于人""君子求诸己""过而不改，是为过也"等都为世界文明作出了贡献。孔子的某些思想也与西方文明不谋而合，堪称全人类的老师，对西方社会同样具有借鉴意义。

记者：这部片子的创作是中英双方共同合作、彼此融合的，对于跨国际、跨文化合作，难免会碰到制作理念、文化认同等方面的分歧与摩擦。作为制片人兼总导演，怎么面对？

闫东：面对孔子这样一位"至圣先师"，我们是小学生。子曰："君子和而不同，小人同而不和。"《孔子》的摄制组是由中国和英国的创作人员共同组成的，合作过程就鲜明地体现了"和而不同"的文化理念。中方与外方的差异，体现在文化传统、社会价值、美学标准、历史评估等各个不同方面，但是大家

《孔子》摄制组拍摄全球 400 余名孔子后裔家祭活动

的专业精神和对艺术品质的追求是一致的，传承儒学文化，开展中外交流的目标是一致的。无数次的越洋电话、会议和对话，终于在不断地交流、论辩、切磋、磨合中逐步取得一致，顺利完成拍摄制作任务。双方在合作中有更多的包容和接纳，就能创造出更为广泛的合作空间。

记者：孔子被尊为中国人的"万世师表"，但对西方国家的观众而言，却是抽象而遥远的。让外国观众了解他、认识他、崇敬他，您是如何做到的？

闫东：采访深入是我们的传家宝。摄制组的足迹遍布国内的各个省市，同时还有美国、英国等地。有关孔子的影视资料很多，但是我们仍然坚持去现场拍摄最鲜活的第一手素材。

我们采访了很多孔子的后人，比如从事家谱修订的七十七代孙孔德明，致力于儒学教育国际化的七十六代孙孔令涛等。采访了很多海外学者、国际知名的儒学大家，例如杜维明、安乐哲、黎瑞智等。另外，还采访了很有典型意义的普通人，例如北京四海孔子学校的师生，山东曲阜北东野村村民及 2015 年来自世界各地参加清明家祭的孔子后裔。

在表现手法方面，采用最本色的手法呈现。全片的结构分为"孔子其人""传奇""哲学""至圣先师""传承""当今"等几个不同单元。不追求文学上的由浅入深，浅入浅出，在白描般的质朴影像语言中，讲一些看似平淡而意义深远的生活小故事。例如在清明时节，全球各地的孔子后裔代表一同在孔林举行盛大的祭拜仪式。与此同时，曲阜一个普通的孔氏人家，三代人一起，带着瓜果茶糖来到孔林给他们逝去的亲人扫墓。同样的时间和地点，庄严肃穆

纪录片《孔子》在北京国子监拍摄

的集体祭拜仪式与温暖轻松的家庭重聚交织出现。正是这些真实生动的段落告诉我们，孔子并不只是遥不可及的古代先贤，他依然鲜活地存在于中国人当下生活的方方面面。

同时，由英方导演来讲述孔子的故事，对我们来说，也是一次将熟悉的事物陌生化的过程。许多我们习以为常的生活细节，在西方人的视角看来，都是珍贵而有趣的人类学资料。比如高考前的学生来到孔庙祈求好运，这个行为在前采中就非常打动英方团队。追求更优质的教育是全人类共通的情感，中国的高中生在如此重要的考试之前来到孔庙，这正是孔子形象在文化习俗中的体现。这个故事在任何一个国家的观众看来，都是能够理解与认同的。

记者：表现孔子思想的《论语》，通篇皆是古汉语。对于古代汉语，当今很多中国人都不易理解，如何让外国人看得明白，并产生兴趣？

闫东：这是我们遇到的比较大的一个难题。对此，片中采用了较多的搬演手法。我统计了一下，搬演镜头大约有 20 分钟左右。虽然是搬演，我们也力争在演员形象、场景布置、情节发展、着装佩饰等各方面有充分的历史依据，使历史事件尽可能真实地再现。比如在拍摄孔子临终前这一幕时，负责再现拍

纪录片《孔子》国际版在涿州影视基地拍摄历史再现部分，闫东（图右）与英国雄狮公司导演在片场交流。

摄的导演最初安排，扮演孔子的演员在哀叹完"哲人萎乎"后，就倒下以示离世。但英方导演在现场对照着司马迁所写的《孔子世家》，敏锐地发现原文为"后七日卒"，因此这么演不符合史实。他及时与再现导演沟通，纠正了演员的表演。片子播出后，很多观众一下子就记住了搬演中的人物与事件，看来这种方法是合适的，是成功的。

对于搬演的占比，最初中英双方有分歧，我力求说服他们接受。我认为搬演部分应确定为20%而不是50%，因为故事应在深层次进行表达，表面不需要那么坚硬张扬，儒家文化推崇的就是如此。需要一定比例的搬演再现，是因为得让观众对孔子的形象和状态有基本的了解，孔子的出身、家族、成长、游学、周游列国等，包括几个春秋大战的场面资料都是搬演的。有了这些再现内容，观众会加深对孔子历史情境的认识，否则年轻观众很难找到孔子生活的时代感。我少用大的特写，尽量制造氛围来讲述。纪录片人要提高自己讲述故事的能力，纪录片已经向经典历史电影迈进。这些他们也慢慢接受了。

◎ 中国纪录片，如何国际化

——"名片"也好，"相册"也罢，纪录片作为一种艺术形式和文化现象，需要国际视野，进行国际化表达。尊重西方观众的特殊习惯，尊重和配合西方影视制作团队的理念和方法。

记者：据我了解，中国有不少优秀的纪录片放到西方国家播出时，都被重新剪辑包装，结构性的改编让中国纪录片人很伤心。这两部片子在海外市场播出能够做到原汁原味、一刀不剪，请问您有什么诀窍？

闫东：首先，我们尊重西方观众的特殊习惯。第二，我们尊重和配合西方影视制作团队的理念和方法。第三，我们与西方同行的合作在片子的开端，在选题策划阶段就已经开始了。闭门造车，拍好成片后再去找市场，这种方法是不行的。

记者：您创作了许多优秀的纪录片，获得了许多奖项，在业内形成了品牌而广为传播，有些已列入学校的教材。《旗帜》《大鲁艺》《国脉》《百年小平》等多部影响力和传播力俱佳的重头作品，皆出自于您手呢。

闫东：有两部片子在这里要提及一下：一个是 2013 年的《国脉》（3D 电影电视版）获第五届美国科学与艺术卢米埃尔大奖，一个是 2014 年的《1937 南京记忆》，在第 25 届法国阳光国际纪录片节上，赢得了唯一的历史提案预售大奖。这两部片子，在我的作品中都是近年迈向国际舞台的重要作品。

记者：都说纪录片是"国家名片"、是"国家相册"，您怎么看？

闫东：是"名片"也好，是"相册"也好，纪录片作为一种艺术形式和文化现象，需要国际视野，进行国际化表达，你的"名片"不是给自己看的，你的"相册"也不是仅仅给家里人看的。你要拿给亲人看，拿给朋友看，包括海外的亲人与朋友。

记者：前不久，国家新闻出版广电总局公布了《2016 年推荐优秀纪录片目录》，您的片子《孔子》和《改变世界的战争》均榜上有名。您下一步的打算是什么？

闫东：接下来我的创作很紧张，一是和老朋友澳大利亚野熊公司将在明年完成《长征》100 分钟的国际版；二是正准备与美国探索公司等合作完成 100 分钟的纪录片《港珠澳大桥》。用国际化表达讲好中国故事，让更多的国外观众喜欢中国故事，理解和接受东方文明中优秀的文化观、历史观和价值观。习近平总书记提出新闻舆论工作要"联接中外、沟通世界"，这两部片子在海外取得成功，使我们更有信心把中国建设成为世界上的纪录片大国、纪录片强国。这就是我的梦，电视纪录片走向世界的中国梦。

芳秀印象：

在京西五棵松地铁站旁不远，有一个幽静的院子，里面坐落着两栋白色的大板楼，这便是圈内知名的"影视之家"。闫东的纪录片团队，便长期驻扎南楼里。上了四层，出电梯走几步便是本次访谈约定的地方。闫东很重视这次采访，召集了好几位主要团队成员，围坐在会议室椭圆形桌子边等着。这与平时我与被访者都是一对一较具隐蔽感的采访场景很不相同，似乎在告诉我：访谈内容，咱们以节目为主。简单的介绍后，步入正题。他先把创作的理念、过程等做了大致介绍，然后其他人从不同视角，一一谈了他们的感受。

听完后，我似乎触摸到一个重大题材纪录片创作团队的气质与个性——数易其稿，反复打磨，精心雕琢，忘我投入，永不满足。介绍完后，闫东带我参观了他们的创作环境。当时他的团队正在创作大型纪录片《长征》，这层楼的二十多间屋子，基本上都属于团队成员，楼道里弥漫着紧张的创作气氛，他们吃住在此，潜心于纪录片的创作。闫东更是如此，会议室旁边的那间，便是他的。他的房间里堆满各种书籍、资料与奖状奖杯，客厅靠窗拐角处，一大一小两排沙发呈"L"形摆设，这是团队成员平时开展头脑风暴的地方，所有来客也一律在此接待。闫东已在此办公十几年，《大鲁艺》《东方主战场》《长征》《不朽的马克思》等"大片"都是诞生在这里。

从"影视之家"回来后，一个重大题材纪录片创作的扛鼎人物的生动形象，在我脑海里飞扬。凭着一股激情，我写下了他近30年来纪录片创作的非凡历程，也展示了他精益求精、勇于开拓的创作精神，洋洋洒洒七千多字。当我把稿子交给他审阅时，他却投了反对票，希望我重写。采访媒体名人这么多，稿子被"毙"尚属头一次！后来，他告诉我被"毙"的理由是，他不希望把笔墨落在他个人身上，而是希望把篇幅留给《孔子》这部片子以及近年来他对于中国故事国际表达的思考，我重新构思，最后成了此稿。

按常规处理，文章需要配上被访者的半身照，闫东发来了照片，却强调要在照片上注明拍摄者的名字：魏德运。他声音低沉、带着无比的悲伤告诉我，魏德运是纪录片团队中的人物肖像摄影师，拍摄过非常多有影响力的人物肖像，《长征》中多位百岁老红军以及《大鲁艺》的几十位耄耋老人的人物肖像都出自他之手。但是就在稿子发表的前两天，他不幸去世，时年59岁。为了缅怀这位优秀的摄影大师、并肩战斗的战友，闫东希望照片旁写上他的名字，让这位兢兢业业、为工作献身的同事，被人永久记住。

闻此言，一种深切的伤感涌上了我的心头，也为闫东对同事的尊重与缅怀而感动。

特殊的历史背景，使澳门形成了中西交融的文化特色。澳门人喜欢的澳门日报，亦别具一格。

执掌这份报纸的人，叫陆波。高中毕业后从普通记者一步步登上社长宝座。近五十载报人生涯，使他深谙传媒业真谛。

他具有敏锐的新闻捕捉力，中葡谈判、澳门回归等重大历史时刻有他的见证，《老邓与小邓》等新闻评析，见解独到，文笔隽永，深受读者喜爱。

他更有灵敏的反应力，紧随市场风向标，在汹涌的大潮中如鱼得水。以广告为支柱，以技术为引擎，创新报纸发行模式。尽管世界报业面临寒冬，但澳门日报却迎来暖春。

作为第十一、十二、十三届全国人大代表，澳门新闻工作者协会会长，他坚守新闻人的理想，一方面为探索"一国两制"下的办报路径而不懈努力，另一方面，团结新闻界，为澳门的和谐稳定与繁荣发展建言献策。

有人称其"亲北京人士"，他乐道："我是亲媒体人士"。

人物简介：陆波，1950年生于澳门，澳门日报社社长，澳门文化传媒集团董事长，澳门新闻工作者协会会长，澳门日报读者公益基金会副会长，澳门中华文化交流协会副会长，澳门基本法推广协会副理事长，澳门特别行政区行政长官推选委员会委员，澳门基金会信托委员会委员，澳门文化产业基金信托委员会委员，澳门特别行政区勋章、奖章及奖状提名委员会委员，澳门文化咨询委员会委员，中国文学艺术界联合会荣誉委员。资深新闻从业员，长期担任采访记者，曾全程参与采访中葡两国关于澳门问题谈判及在新加坡举行的"汪辜会谈"；曾任广东省第九届政协委员，第十届全国政委员，第十一、十二、十三届澳区全国人大代表。

陆波："一国两制"框架下的澳门日报

◎ 求平衡：新闻规则与市场规律的深度契合

——客户喜欢挑头版做广告，有时连续半个月，新闻人不希望这样。为了深度融入市场，我们找到变通办法。建立报贩报数制度，在港澳媒体中，我们是独有的。

记者：陆社长，《澳门日报》创办快 60 年了。经过这些年的发展，成为澳门地区影响力最大的报纸，市场份额大。与内地媒体不一样，《澳门日报》有独特的机制。您能具体介绍一下吗？

陆波：《澳门日报》创办于 1958 年。20 世纪 50 年代，在澳门宣传新中国社会主义建设的声音不太强，葡萄牙与我国还没建交，在澳门的一群爱国民主人士自发创办了一份小刊物，叫《新闻地》，几年后发展为《澳门日报》。我们是纯粹的民间机构，董事长就是创办人，今年 89 岁了。董事会决定重大事项。《澳门日报》所有经费全从市场上挣来，50 多年来走得曲折，因为报社的核心团队都把办报当成毕生事业，报社得以不断发展壮大。

《澳门日报》只有不到 180 名员工。三碗饭三个人吃好？还是两个人吃好？我们选择两个人吃，多劳多得。人手很紧，没有脱产人员。报纸的内容和版面形成自己的风格，是卖钱的重要原因。

记者：《澳门日报》的办报方针是办成一份具有浓郁澳门人文特色的报纸，并在创刊伊始就为报纸定下基调：《澳门日报》姓"澳"。为了实现这点，报纸主要在哪些方面作出努力？

陆波：姓"澳"，就是扎根澳门，以澳为本，以澳门居民的需要为需要，办澳门居民喜闻乐见的报纸。过去有这么一种概念：报纸版面，是先国际，后

陆波在北京故宫博物院太和殿前

国家，而后本地。但是经验告诉我们，居民总是先关心与民生息息相关的事物，而后国家、国际。经过长时间摸索，我们大胆地颠覆原先的理念，版面是先本地，后国家，而后国际。事实证明，路子走对了。

记者：记得您曾经说过：内地媒体承担了很重的宣传任务，港澳媒体则把新闻规律及市场规律结合得更好一些。《澳门日报》头版经常出现整版广告，这种做法内地很少。这算是对市场规律的把握吗？

陆波：可以说是吧。客户喜欢挑头版来做广告，有时连续半个月都这样，因为《澳门日报》发行量大，影响大。报纸的主要收入是广告，支撑整个报社的运作。我们每天出版十多甚至二十大张，平均是六十个版以上，有时甚至更多。每份零售价 5 元，3 元批发给报贩，光白报纸就几乎赔本了，还未计算生产成本。这就需要把内容搞好，有销量，吸引广告，通过广告弥补开支。

做新闻的人往往不希望头版被广告占据。为了不影响内容，我们找到了变通的办法。当第一版被广告预定了，又有大新闻发生，通常我们会在报头侧面刊登一个醒目标题，注明具体内容请见第几版。有时也会在内叠另立报头，刊登头条，这样就能照顾读者需要，广告商也能接受。有时广告量大，会视情况加张，但内容不减，新闻总量不减。

记者：《澳门日报》发行订户与零售兼具，其中零售往往会随市场行情而不断变化。如何把报纸印刷与动态的市场需求之间衔接起来？这其中的平衡怎么把握？

陆波：我们有一个做法，是港澳其他媒体都没有的。就是建立报贩预订制度。每天下午5点，报贩要预报明天的订报数量，这样不至于多印而导致浪费。所以报贩每日都要先了解当天新闻，确定是否有销路，是否要多预订一些。比如"两会"开幕，是大新闻，读者感兴趣，会刺激发行量。如果报贩对市场把握不准，只报了一百份，那就只能获配给一百份；要是报纸卖得火，想要"补纸"，就要等余额了。所以我们完全掌握主动权。这也等于报贩每天给报社做市场调查。我们每天看报贩上报的数字就知道哪些新闻受欢迎，哪些不怎么受欢迎。有时候我们也向报贩透露新闻线索，他们就会关注并做好预订，这样就可以互利互惠。

◎ 立品牌：公益公正，深扎基层

——"公益金百万行"举办31年，成为一大品牌，填补了澳门社会公益空白。《澳门日报》为什么有这么大影响力？不光是办报这么简单，而是通过公益活动，把根扎到了社会基层。

记者：有内地主流媒体用《做慈善人人献爱心，获帮助个个享尊严》报道你们坚持了31年的一个活动——《澳门日报》读者公益基金会的"公益金百万行"。这个活动影响力很大，当年澳门总督、主教等都来参加。很多单位也参与，有的把它视为一种企业文化。一个活动坚持几年容易，但数十年坚持，就很不容易了。

陆波：除了办报，我们还举办很多社会活动，其中有两项比较典型。其中一项是成立"《澳门日报》读者公益基金会"，并举行"公益金百万行"活动。每年12月的第二个星期天，有数以万计澳门人参加。虽然行程只有三公里多，但非常有影响力。有单位打着横幅，有个人拿着旗子的，主旨都是为了社会公益，通过步行筹款，参与者可以出钱出力。不少单位表示，这个活动增进了员工的凝聚力，变成了一种企业文化，既为公益，又为自己。去年参加步行的大概有5万人，筹款1600万元。活动调动了民间的资源，填补了澳门社会公益的空白。筹集所得的善款全部用于各项公益慈善事业，配合澳门特区政府、澳门各大慈善社团，帮助社会上真正有需要的人士，充分发扬社会互助的良好风气，促进社会的繁荣稳定和谐发展。基金会由社会热心人士组成，架构比较完善，设有紧急救援部、团体关注部、教育助学部等，因应不同需要的群体提供援助。有需要的人来申请时，《澳门日报》记者会利用工余时间去调查，了解情况是否属实，提供材料由基金会理事会决定是否援助、援助多少。基金会的筹措和运作，主要依靠社会力量。

第二项就是组织品学兼优的学生到内地参访。内地改革开放之初，虽然近在咫尺，澳门很多同胞却从未到过珠海。我们每年暑假组织品学兼优的学生到内地参观、访问。30多年过去了，从当年只去珠海、广东，如今已到全国各地。当年的优异生，现在很多成为政府部门和各行业的骨干。年前我们组织这些精英到内地访问，中央有关部委都给予热情接待，鼓励这些当年的优异生、今天的社会栋梁，继续为特区建设出力，也激励我们更好地搞好青少年的爱国培育工作。

澳门日报社社长陆波

报纸为什么在社会上有这么大的影响力？我觉得不光是办报纸这么简单。要通过公益活动，把根扎在社会基层，这样才会有源源不断的养分。

记者：的确，一份报纸公信力的建立，除了内容客观真实，还有生产团队的价值取向与人格魅力。《澳门日报》很注重自己的社会形象，据说记者在采访中领取的红包都捐献给公益金？

陆波：是的，我们坚持了好多年。受世俗影响，越来越多人喜欢向记者发红包。在公众场合，《澳门日报》的记者如果不接受，人家就会觉得我们高傲，故意看不起他，主办方心里会有想法，不利于与各阶层的团结。如果记者们拿了，今天收一百，明天收一万，这样的风气也不好，因此有必要以适当的方式来处理。记者收到红包，拿回来交给采访部主任，集到一定的数额再全数捐给《澳门日报》读者公益基金会，我们会在报上刊发新闻，详细注明哪家单位多少钱。这样的做法得到社会的良好反响，认为既展示了员工的优良品德，支持社会公益，也弘扬了社会正气。

◎ 重技术：电脑化后的网络化

——我们一直很重视技术。手机报是从杭州取经来的，但我们把它本地化，增加视频、插播广告等，也算是贯彻"一国两制"吧！我们希望《澳门日报》这个品牌长盛不衰。

记者：阅读《澳门日报》，有一个感受比较深刻，那就是图片真多！有的版面甚至大半篇幅都是图片。

陆波：我们从20世纪90年代初开始就在版面上刊出大量图片。因为一张好的图片，能顶几千字。它直观，阅读时间短，传递的讯息能迅速给读者留下深刻印象。我们没有分专门的文字记者、摄影记者，记者必须是全能的，除了写、拍，还必须要学会摄录视频。现在，我们的记者几乎全部通过手机处理稿件和图片、视频。每个记者出去采访都有两个任务，一是为报纸版面提供较有深度的稿，二是在手机报、网络版上及时发布新闻。

记者：《澳门日报》在澳门算是"触电"最早的一家了，甚至有不少海外媒体来您这儿考察呢。在网络媒体的冲击下，报业同行们普遍感觉一种危机与压力，并纷纷试水新媒体领域。《澳门日报》的新媒体建设如何？

陆波：我们对技术一直很看重。追溯起来，《澳门日报》的新媒体建设起步是很早的。20世纪90年代初我在杭州的一次采访经历，开启了电脑化之路。当时看到台湾记者每人都有手提电脑，香港和澳门记者还拿着纸和笔，回到报社我就推动电脑化革新。我们在澳门最早使用电脑，还是海外第一家用北大方正彩色雷射排版系统的，海外媒体很多都来我们这儿参观北大方正的新系统。

通过电脑化，慢慢地实现了网络化。20世纪90年代中期与科研机构合作推出

陆波与日本前首相鸠山由纪夫合影

了电子版。从前年开始，我们推出手机报，有新闻随时发。我们还有客户端，除了及时推送新闻，还跟客户开展各种形式的互动，读者既可提供新闻素材，还可表达观点。

手机报是我从《杭州日报》取经来的，但我把它本地化，比如增加视频和插播广告等，也算是贯彻"一国两制"吧，呵呵。手机报除了刊登照片还有视频，还因为要适应现在年轻人的阅读习惯。在手机报里插播广告，一次性投资把这个系统建好后，广告就是零成本。很多政府部门和商业机构都愿意在《澳门日报》手机报上刊广告，因为快，且读者点击率一直往上涨。推出手机报，不光是提供信息，更重要的是争取广告。因为我们转型早，网络对我们的冲击不大。手机报和电子版都不收费，有人认为岂不吃亏？但我们认为，不收费，是为了吸引读者。有读者，就有影响力；有影响力，就有广告。阅读费和广告费，你说哪个数额更大？

记者：呵呵，这账当然不难算。一家报纸的风格有时就是"掌舵者"的风

格。《澳门日报》似乎有着很浓的"陆氏风格"。作为投资人股东制的报纸，您有没有想过，有朝一日您离开后，《澳门日报》未来的发展怎么保持？

陆波：目前《澳门日报》的中高层都是从一线出身的，没有空降部队，一个都没有，我就是当记者出身的。作为报社投资人、股东，我们也是拿工资的。当报社盈利好时，我们就发些奖金。几代人下来，我们建成了23层的现代化办公大楼，资金全是靠积累来的。我们有一个共识：利润留在集体，作为发展资金，滚雪球把事业做大。即使我离开了，也会交给下一班，不会带走任何资产。我希望《澳门日报》这个品牌长盛不衰。我们大家都有这样的奉献精神。

芳秀印象：

采访陆波是在他来北京参加第十二届全国人民代表大会时，在他下榻的北京饭店完成的。因为会议延时结束，超过了约访时间一个多小时。他匆匆赶来约定的咖啡厅，一见面，不断地表达歉意，说没想到讨论会如此激烈，以至会议延长这么久，并赶紧让服务员倒来茶水。

第一印象中的陆波，有着南方人的典型特征，个子不太高，不胖不瘦，有点秃发的额头发着光亮似乎还冒着一点热气。

港澳媒体不同于内地，几乎都是私有化的，所以申请创办容易，不小心倒闭也很容易。《澳门日报》存在近60年，滚雪球似地发展成澳门一家独大的媒体，影响力越来越大，我很想知道，是什么奥秘让这家报纸常青？陆波用典型的澳门普通话向我介绍各种情况，为了方便我理解，还拿出当天的《澳门日报》，边翻边让我看。我看到的每个版面都有大幅的图片，由此可见，《澳门日报》是文与图并重的报纸。

陆波何以从一个高中生，一步步成长为一社之长，并成为澳门新闻界举足轻重的人物？因他的努力，也因他的情怀。他的三碗饭两个人吃好还是三个人吃好的设问，让我明白澳门日报社的运维理念；他的报贩订报制度，让我感受到他脚踏市场前沿一线的务实之风；他的公益心，让我明白企业发展的美誉度与公信力来之不易。尤其是我最后一问：退休后报纸怎么办？他的"即使我离开了，也会交给下一班，不会带走任何资产"的回答，让我意外，也让我看到了一个老品牌的生命力所在。

30岁，新闻分析《中国房地产一级市场亟待整治》因首次发声中国房地产须整治而获得中国新闻奖二等奖；学中文的他，完成长篇报告文学《中国房地产狂潮》、经济学专著《开发商决策论》，被人誉为"学者型记者"。

33岁，一篇《寻找时传祥》传遍大江南北，荣获第六届中国新闻奖通讯一等奖，并入选中学课本，被年轻学子诵读至今。

37岁，开设专栏、撰写专著，笔耕不辍。从美学、哲学、文学到新闻学，从新闻理论到实务，随性挥洒；6次获"中国新闻奖"，涵盖通讯、消息、论文、版面多个类别。

42岁，出任总编辑，在职攻读美学博士，在美的哲学中探索新闻规律。出版学术专著《新闻的审美传播》，成为我国用美学理论审视新闻实践的开拓者。

47岁，社长、总编辑一肩挑，率领工人日报这一传统媒体励精图治，坚持按规律办报、按规矩办事，报纸发行、员工收入均成倍增长。报社风清气正，员工心情舒畅。

与孙德宏社长在码着高高书籍的办公室漫谈，从下午两点到晚上六点多，窗外已华灯初上，而在我脑海跳跃的，是"思想敏锐、学养深厚；行事低调、平和高效"等美好的词语。

人物简介：孙德宏，1962年生，文学博士。现任工人日报社社长、高级编辑，十三届全国政协委员。曾六次获中国新闻奖，其中通讯《寻找时传祥》获第6届中国新闻奖一等奖，并被分别节选和全文选入全国初中、高中语文课本。出版有《新闻的审美传播》《中观新闻论》《孙德宏社评选》《新闻演讲录》等9部著作。主编《中国新闻百年经典》（消息卷）。享受国务院特殊津贴，系全国宣传文化系统"四个一批"人才和"全国新闻出版系统领军人物"。担任国内多所大学新闻传播学院、文学院兼职教授，东北师大兼职博导。

孙德宏：规律就是效益　规矩就是人心

◎ 按新闻规律办报，成就"获奖大户"

——除客观、真实、鲜活等原则性的新闻规律外，要抓价值尽可能大的新闻，这个新闻应该是具体事件，要"厚题薄文"，尽可能地让新闻事实做主题，并让版面的每一个位置都重要起来。

记者：孙社长好！正在读您新书《新闻演讲录》，深刻又通俗，很好看。这也引发了我的一些问题。近年来，《工人日报》在中国新闻奖的评选中颇受关注，获奖数量多、奖项级别高。一份报纸有怎样的作品出现，总编辑的思想、风格是关键。任总编辑已超过 10 年，您的个人风格给报社带来的最明显的烙印是什么？

孙德宏：事情是大家做的，个人风格不敢讲。《工人日报》始终强调按新闻规律办报，努力提高业务水准，在中央新闻单位中，狠抓新闻业务培训应该还是比较突出的。首先是利用评报会开展业务培训，分析和探讨新闻的普遍规律。多年如一日。每周一开评报会，采编部门主任和 35 岁以下的采编人员除外出采访的人员都必须参加。大家评报时，以学术研究的思维方式先分析上一周国际国内的重大新闻，看其他报纸怎么报道，然后比较讨论，既肯定自身长处，也找到自身不足，进而向办一张"导向正确、中央满意，工会欢迎、职工爱看"的精致大报努力。

多年的探讨，整个编辑部达成了共识，那就是除了真实、客观、鲜活等原则性的新闻规律外，我们要抓价值尽可能大的新闻。这里所说的"价值"，首先是事件的信息价值，其次是事件的审美价值，也就是蕴含在事件中的对社会的文明进步，对人的自由全面发展有正向作用的因素。同时，这个新闻要尽

孙德宏在新闻摄影研讨会上发表演讲

可能是个具体事件，而且要"厚题薄文"，尽可能地让新闻事实做主题，并让版面的每一个位置都重要起来。总之，用一句话说就是：把价值大的事件新闻"厚题薄文"地"显现"在版面上。这样的报道才可能"像个新闻样"，这样的报纸才可能"像个新闻报"。正是这样的做法使得我们近年来每年都能在中国新闻奖评选中获得三四个奖。现在，报社已形成了一股自觉钻研业务的风气。

记者：您主持的评报活动已远超很多报社都有的评报环节了，取得的效果令人欣喜。谁说业务培训就得通过专门的业务培训活动才能开展呢！

孙德宏：是啊，我们的培训办法还有很多，无时不在地进行。比如每年推出一两次没人判卷的"开卷考试"。最初多是考35岁以下的年轻人，出题一个月后上传至内网。可能就以全国统一报道的某个"时代先锋"的各报的大通讯为素材，每位编辑记者写一则人物消息，要求厚题薄文，一千字以内。然后上内网大家观看，并请副总编开点评会，这也是一场业务学习。

再如，要求全体编采人员"推荐一篇你认为古今中外最好的新闻作品和一本你认为最好的书"，同时写一篇五百字评语。前半个月是初级职称的交，再半个月是中级职称的交，再半个月是副高职称的交，最后是正高职称的交，都是传到内网上供大家品评。大家开玩笑说是"一年考两回，一回考半年"。大家都回家找书看，这个过程更是一种学习呀。这就相当于大伙帮你一人读书做研究。

年轻人考正高职称的人也是方式之一。副高及其以下采编人员每人至少出一道题，出题时间和交题时间分别为一个月，而且可以指名道姓要求某位正高回答。说是考正高，其实考的是所有人。不研究问题，提出的问题就会叫人笑话。出完题了，正高为了答得好，也得天天思考。这样一来，大家上班第一件事就是打开内网，看谁又提了什么问题，又有什么回答。

慢慢地，上述的那一套价值观、理念就自然而然地贯彻在了《工人日报》的办报实践中了。

记者：您本人也是获奖大户呢。《中国房地产一级市场亟待整治》《寻找时传祥》《九江城哭了……》等获得消息类、通讯类、新闻论文类、版面类等6个"中国新闻奖"。其中获得通讯类一等奖的《寻找时传祥》一文，影响很大，初中课本节选，高中课本全文选入，有的省则作为高考题目素材。新闻论文《提高报纸核心竞争力关键在办好报纸本身》发表于本刊2003年第10期，也获了第十四届"中国新闻奖"。请您这个全能选手谈谈获奖体会吧！

孙德宏：要说体会，大概有这么几条：

一是新闻的优劣取决于价值大小，所以，对新闻价值的判断水平很重要。比如《中国房地产一级市场亟待整治》一文。1992年后，全国房地产市场很火，而我对这一行业做了些研究和采访，觉得已经出问题了，不管是从宏观经济看，还是从具体的公建、商建等比例看。于是，我采写了这篇新闻分析，运用了很多数字与事实。当时有关部门有些不高兴，因为自己主管的领域好不容易火了，你却提出要整治。但是，过了几个月，房地产不得不整治了，于是国家提出宏观调控16条。可能因为我是比较早发声认为中国房地产市场需要调控的，所以获奖了。我理解其中的根本原因，是对问题的研究要真正深入，像专家一样深入。因此，那几年我撰写出版了长篇报告文学《中国房地产狂潮》和经济学专著《开发商决策论》。写这些书的目的，是希望对报道领域能有一定的研究深度。这样，在平时报道时，在领导几万字的讲话稿或者文件中，你用几分钟就能找到新闻在哪儿。统计局的几页报表，与上月上年一对比，你就知道新闻所在。

二是力争每篇较重要的报道都要尽可能真实、深刻地表达对社会的看法，表达人到底应该怎样做的价值判断。在《寻找时传祥》一文写作过程中，如果那次采访的是另外的什么人，我可能还是会表达这个思想。1995年，"下海大潮"来势很猛，失信造假横行，实实在在做人做事的风气渐弱。有感于这些，我很想表达我的看法。正好碰上让我采访典型人物的机会，于是这次采写给了我表达的途径。

那时，文艺界正讨论为何文学创作没有扛鼎之作？结论是缺乏基本的人文精神。我认为这不仅是文学界的事情。当时报社的"五一"报道要推出过世的劳模，我赶巧分配写作时传祥，于是就表达了"寻找当代人精神家园、做人要正直、敬业、实在才是最好的"这一思想。有人问，你的作品表达了极丰富的思想内涵，可一句话没见你说呀。这就是我对新闻规律的理解：只说事儿，把想说的事儿串起来，让人感受到你说的那个理儿，这就是新闻的独特性吧？

对报道领域的深入研究，成就了我第一个作品；第二个作品，成就了我对新闻报道应有更高的高度的认识，就是在表达人类的普遍情感上，新闻人是完全可以不输于任何类型精神产品创造者的。一个优秀的新闻人，应该努力在作品中表达对社会对人生的看法。这是新闻这种精神产品传递信息、影响社会的独立品质所决定的，也是践行社会主义核心价值观的内在要求。

三是你说的论文获奖带来的启示。最初写论文，抱着题目苦想苦写，后来看的多了，研究的多了，经历的多了，写论文就轻松了，整个思维方式也发生了变化。选题是我看到工作中的问题才去做的，做时也因为积累得多，只要顺一顺就水到渠成了，写完了可能还真的有点价值。

四是热爱。因为热爱新闻这个行当，去研究、去探索才不仅不觉得累，而且兴趣盎然。

◎ 按规矩办事，带来风清气正

——其实传统媒体有很多其他市场主体不具备的优势，好多资源都可以开掘。说到底是人的积极性上得来，决策方向对，立规矩守规矩，积极性就上来了。如果大家再看到成果，自然就干得心情舒畅。

记者：据相关数据统计，2015年全国报纸发行量下降很大，而广告下降1/3左右。可以说，报纸正面临着巨大的压力。与之相反，《工人日报》这些

年的发行量却稳步上升，
由 2006 年的 22 万份，上
升至 2016 年的 70 万份。
而经营收入，也有了很大
的增长。在传统媒体有些
日落西山的恶劣形势下，
《工人日报》何以取得这
样的成绩？

孙德宏部分著作照

孙德宏：报社要求按
规律办事、按规矩办事。
大家戏称"双规"。所有
人都要去研究你所在岗位
的规律，经营管理、办报

有规律；日常工作有规矩。我们说，规律就是效率，就是效益；规矩就是人心，
就是风气。如不研究和把握所从事岗位的规律，你就不能说是合格的，更不是
优秀的。在管理方面，就得按规矩办，立下规矩，没有特殊。

在精细化管理下，激励机制发挥了作用，曾经亏损的子报刊也有利润上交
了，连水电费每年都多收了几十万，广告、发行也在成倍地增长……我们的经
营很多都不是高科技，说到底就是人的积极性上得来，决策方向对，立规矩守
规律，积极性就上来了。如果大家再看到成果，自然就干得心情舒畅了。其
实传统媒体有很多其他市场主体不具备的优势，好多资源都可以开掘。如今，
《工人日报》员工收入成倍增长。最近两年发行工作在十分困难的情况下也每
年增长几万份。报纸质量的持续提高是订阅数量往上涨的原因之一，这也越发
坚定了我们对新闻规律的基本理解，对《工人日报》办报理念的认同。这些年
各种培训，认同的这些东西，是符合基本规律的。当然，可能没你所说的"风
清气正"那么高，但这确实是我们追求的目标。

记者：立下规矩，如果不是严格遵守，还是形同虚设。规矩，某种程度上
更是考验一个领导干部眼界与胸怀的试金石。

孙德宏：赞成。效益好了以后，如何分配很重要，得公平合理科学。经营
部门、采编部门都尽可能按各自的工作目标和完成情况进行考核，上不封顶，

这样一来，入社几年的年轻人成绩突出的，有时收入比社领导还高，这很正常。

报社每年总有些工程，报社要求按规矩办，分党组的任何人，不得以任何理由任何名义，介绍推荐任何厂家产品和施工单位，该招标的招标，该公示就公示。编辑部有星稿制度，一周评12篇星稿，一篇奖励记者和编辑各1200元。这样，不只是记者有积极性，编辑也满世界找有价值的新闻。星稿的评定，也按规矩办。每周一，由各部门评出12篇全报的星稿，本部门的不得超过1/4，然后传到公共平台，评报组五个老同志也每人投一票。网站转载量也加票。评报会后社领导和总编室等综合部门领导进行第二轮投票。最后两轮得票数相加的前12名当选。一个星期一次。总编室公布各部门每月得的星稿数，形成部门间的竞争。

总之，规章制度管的是底线，要想最大可能地把大家凝聚起来，还得靠大家发自内心觉得应该这样，这些制度才会有用。因此，该管的管，该放的放，有标准的，按标准考查你的业绩就是。凭本事做事，这样大家心情就舒畅了，各方面工作自然也就进步了。

◎ 按美的哲理思考，把整个工作提升到更高层面

——审美关切就是人文关切，精神产品要展现并促进人类的那些最美好理想的实现，要以这样的价值观去捕捉、报道、阐释新闻。新闻审美的传播，是通过传播思想来实现的。人文关怀作为美的终极理想，必然也是整个报社的价值基础。

记者：您在新书《新闻演讲录》里说，作为一个新闻工作者，最难掌握的不是那些"手艺"，而是哲学与美学的理论修养和价值观，这才是水平高低的标志。作为美学博士、兼职的美学博导，您觉得指引新闻规律、规章制度的终极目标在哪？

孙德宏：审美关切就是人文关切，精神产品要展现并促进人类的那些最美好的理想及其实现，要以这样的价值观去捕捉、报道、阐释新闻，这样的新闻作品才是有大价值的。

比如，《寻找时传祥》一稿，人家问我，新闻点在哪儿？的确，很难说其中哪个事件是"新闻"。但在我看来，只要表达出来的思想本身有新意，对时

代有震动，那就是新闻。新闻审美的传播，应该是通过传播思想来实现的。可能有人说，你怎么老是强调思想，新闻是对事实的报道才对呀？思想与事实的关系很早就有人讲清楚了。德国哲学家维特根斯坦讲过："思想是逻辑形象化了的事实。""思想"也是"事实"。为什么同样报道一件事，人家的价值大，我的价值小，就是因为思想含量不够。我们所说的"传播思想"，当然包括传播那些有新闻价值的、直接的思想观点、看法，但更多的是传播那些具有思想含量的各种事件、事实，或者说是要在那些新闻事件、事实中挖掘出它

孙德宏于2018年当选为第十三届全国政协委员，他的提案之一就是让劳动者有时间有精力读书

的更大的新闻价值来。较高的新闻价值判断水平，是名编辑、名记者最重要的特征。

因此，尽管新闻报道是客观的，但是我们把握新闻素材，阐释新闻素材时得有一个基本的价值或标准：人文关怀。新闻传播学跟哲学、文学、社会学等人文社会科学没有本质的区别，都是表达对社会、对生命的看法。它们所不同的，只是在于各自表达这种看法时的方式方法不同而已。当然，也正因此，它们才有了各自的规律，比如新闻规律。最优秀的新闻记者和编辑一定是首先赢在这个地方，赢在传播主体新闻人内心的、接受客体文本的思想上；赢在对新闻传播规律的娴熟而精到的把握上。人文关怀体现美的终极理想，必然也是整

个报道的价值基础……以这样的思维方式来思考，也使得报道、经营和队伍建设等工作上升到一个更高的层次。

记者：您不是学新闻的，却成为新闻理论与实务界的高手；不是学管理的，却把一家传统大报运营得风生水起。是什么成就了您？您对年轻新闻人有什么建议？

孙德宏：说报社"风生水起"不敢当。而且应该清醒的是，当前我们正面临太多的艰难和挑战。

要说成就的原因，主要是读书吧？大学毕业后，平均每天差不多读书五六个小时，当领导后每天读三四个小时应该没什么问题。没当领导的时候，上班时间不采访就看书，手里总有几个问题要下功夫研究。没学过新闻，就满世界去找各种新闻学和新闻作品集看。我觉得向前人、优秀同行学习，是提高自己最有效率、最有效益的捷径。我的难题人家早就解决了，明白了、领会了，再结合自身实际去实践就必然有成效，甚至有大成效。

为了换个维度思考我所从事的新闻事业，读博士那几年，我读书还是比较用功的，有点时间就看美学、哲学与新闻的书。那时我每个周末都在办公室里待着。干了几年，出版了《新闻的审美传播》一书。这既是我对以往工作的理论思考和总结，更是对我后来工作的一种指引。

读书是一件很愉快的事情，书读得越多才越发活得明白。之所以能把一些比较难的事儿处理得还算不错，是因为读书使我形成了较好的思维方式，其他人的思想和经验也帮助了我。当社长、当总编辑，脑袋要清楚，规律得懂呀，我觉得，多读书多向优秀的人学习，可以很大程度上实现这一点。

优秀的编辑、记者都有较好的思想和专业功底，对若干经典烂熟于胸。建议年轻新闻人多读经典，多去研究新闻史上的好作品，多去研读文学、哲学、社会学、经济学、法学等等人文社会科学的那些优秀的经典作品。

芳秀印象：

从编辑部确定孙社长作为访谈对象到杂志最后付印，时间并不充裕，约十余天。总编辑万仕同把孙社长著的两本书——《孙德宏社评选》《新闻演讲录》交给我，让我在约访前能对他有全面的了解。在翻阅这些书时，我发现他还著

有《中国百年新闻经典：消息卷（修订本）》《新闻
的审美传播》《温暖平和　孙德宏新闻随笔集》等
多部著作。一个社长，日理万机，何以有如此多
时间来著书立论？作为宣传与经营都做得不错的
中央级媒体，他是如何同时成就个人与集体的？

　　带着这样的疑问，我踏上了位于东城区安德
路的《工人日报》大院。《工人日报》占地面积不
小，横跨一条主街道。在孙社长宽敞的办公室里，
一张硕大的办公桌位于一侧，而办公桌上，码着
各种书籍。在办公室靠墙的地上，也摆着一个又一个书堆。他自嘲说，看起来
乱其实不乱，如果助理把书弄齐整了，反而于他是乱了。

　　与孙社长的聊天从如何与媒体结缘谈起。

　　孙德宏最初的职业，说来令很多年轻人羡慕。他当时是建设部一名主要领
导的秘书，而且干得很出色，但他放弃了令人艳慕的仕途，选择了自己喜欢的
新闻工作。在多年的媒体生涯中，他周末很少休息，照常来到办公室，除了工
作，就是读书、写作。没有新闻学学历背景的他，硬是凭着自己的勤奋与积
累，写出了多本新闻学理论著作。

　　他对书的热爱，也传导给了全社员工。他要求全体编采人员每年"推
荐一篇你认为古今中外最好的新闻作品和一本你认为最好的书"，同时
写一篇五百字评语，然后传到内网供大家品评。这样大家都自觉地找书
来读，学习型报社氛围也因此形成。

　　他的"双规"理论——"按规律办事、按规矩办事"，集遵循事物发展的
科学性与管理的先进性于一体，一语道出了《工人日报》逆潮流而上的奥秘。

　　爱看书、写书的孙社长，取得了美学博士头衔，在媒体工作之余做兼职美
学博导。2018年，在担任第十三届全国政协委员后，仍不忘书带给人的力量。
他在提案中呼吁，要让每位劳动者有时间有精力读书，以此提高劳动者的综合
素质。

当记者，要有对什么事情都感兴趣的好奇心，总爱问个为什么；要有很好的沟通能力，善于打开局面；当然，还要会写文章。

广告的下滑，主要削弱的是一些弱势媒体，而对于实力与品牌都排在前列的报纸而言，广告主还是保持投放。经过市场的重新洗牌，一些弱小媒体被淘汰出局，对我们未来的竞争反而是好事。

在面临压力的时候，我会问自己：我承受得了吗？承受得了，就只顾往前好了。乐观，永远乐观。要是一副"怨妇"模样，一天到晚干什么事都愁眉苦脸，那么下面的人会有多大的压力呵。

人物简介：李佩钰，1963 年生，工商管理硕士，高级编辑，中国经营报社总编辑兼《商学院》《家族企业》杂志社社长。1986 年进入中国经营报社工作，历任编辑、记者、记者部主任、发行部主任、副总编辑等职，1994 年被任命为中国经营报社总编辑。1999 年至 2001 年兼任精品购物指南报社总编辑。2004 年被新闻出版总署授予"全国新闻出版行业有突出贡献的中青年专家"，2007 年获"全国新闻出版行业领军人才"的称号。曾发表过多篇专业论文。其中，论文《关于新时期经济类报纸发展的思考——从〈中国经营报〉的发展谈起》获中国报业协会举办的首届中国报业（经营管理）优秀论文奖一等奖。

李佩钰：一个女总编的"一字经"

◎ 坚持一个职业

——自嘲"胸无大志"，想的就是如何把现实的事做好。

记者：在中国财经类报纸中，你作为少有的女性总编辑，年纪不算大，资历却挺老——做了 15 年的总编辑，经历了 23 年的新闻生涯。是不是这样呵？

李佩钰：是的。我是学纺织的。1985 年分配在一家纺织厂上夜班，还没转正，无意中在《北京晚报》上看到《中国农村经营报》（当时《中国经营报》的名称）的招聘启事，就去应聘了。那时正是创刊第二年。我最先做记者。后来任过很多职位，如记者部主任、发行部主任、副总编辑等，从 1994 年任总编辑至今。

很多人问我："你的职业怎么规划得这么好？"但我不认同"规划"这个词，觉得自己属于"胸无大志"的那种，想的就是如何把手头的事做好，把现实的事做好，再说以后的事。这二十多年，我只真正从事过一个职业，而且是在一个单位。等我当了总编辑之后，不少人认为我还年轻，还可以到更好的地方去发展。但，对我而言，《中国经营报》就像自己的女儿一样，我不可以背叛她，离开她我不知道该怎么生活，我跟她紧密地联系在一起。

记者：在一个报纸做了这么长时间的总编辑，你没有想过自己的下一步职业目标吗？

李佩钰：没有想过自己未来的职业目标，想的只是中国经营报社未来的发展方向，我希望做中国最具公信力的财经传媒集团。在我内心深处，这是我第一个工作单位，也将是最后一个工作单位。就是将来不做总编辑了，我也会看着她一天天发展壮大。中国经营报社从白手起家到今天，的确经历了许多，我

331

个人也在这中间得到了许多。今天，看着她一步步变好，每一位过来人都有一番成就感。

记者：你既不是学新闻的，也不是学经济的。初到《中国经营报》时要面临着重新学习和自我转型吧？

李佩钰：坦率地说，我认为新闻不是很专业的行当。当然我后来读了人大的研究生班，又在清华读EMBA，那都不重要，重要的是多看书，然后在实践中学习。当记者，要有对什么事情都感兴趣的好奇心，总爱问个为什么；要有很好的沟通能力，善于打开局面；当然，还要会写文章。

所有的生活经历都可以变成学习。千万不要认为在教室里听课才是学习。良好的学习能力，是使人持续保持年轻，保持良好心态，保持良好的职业状态，延续职业生命的根基。《中国经营报》的学习氛围浓厚，甚至中午吃饭的时候，大家都要讨论最近有什么值得关注的事情，每个人谈自己的看法。你不去琢磨，不去多关心、学习些东西，你坐在那儿就跟大家没话说。

记者：在你对《中国经营报》的深厚感情当中，不只是因为时间长了而产

李佩钰参加第十四届中国企业竞争力年会

生的一种依恋，更是因为这里寄托着你的职业理想。

李佩钰：人首先应该有理想，一种职业理想。在对员工进行职业教育时，我一直说，要是想升官、发财，你千万别到我们这儿来。在我们这个市场化的报社，我什么"官儿"都不是。我非常喜欢记者这个职业。她能充分满足你的好奇心，满足你学习的需求。既能学习，又给发工资，我觉得没有比这个职业更令我喜欢的了。当然更重要的是，稿件发表产生影响后，大家对你的尊重，这对年轻人来讲是件很美好的事情。新闻是个挺让人有使命感的职业。所以我一直倡导，无论做人，还是做事，都要切实负起责任来。

我们的奖励绝不是像很多单位说的你这篇稿不错，我多给你两千。不是，因为记者这个职业，有好稿就跟中彩票似的，抓新闻也是有机遇的，不能让人有这种投机心理。要有一种职业的敬业精神，认真做事。在我们报社，干到两三年以后，才有资格享受报社的各种福利。因为这时你有了对报社的忠诚，对这个职业的忠诚，有了负责任的态度。无论是对自己，还是对家庭，对这个企业，对这个社会，都要有责任心。

◎ 办好一张报纸

——强有力的执行力是保障，金融危机更是成长时机。

记者：《中国经营报》自 1985 年创刊至今，一直大步发展，而早于或晚于其成立的一些财经类报纸则不是夭折了就是不景气。任何一家能持续发展的企业，都有着独特的核心竞争力。

李佩钰：我觉得这里有两种核心竞争力：一是报社的企业竞争力，一是报纸的竞争力。从报社来讲，《中国经营报》有 24 年的历史，因为是在特定的环境下，用一种特殊的方式，在一群特殊的人的努力下发展起来的，所以它具有一种特别的企业文化。如具有一种抗压的精神，百折不挠的韧性，特别市场化的运作模式以及熟知市场的心态。在思考报社发展规划时，我们首先考虑的是回报模式，即赢利模式。另外，很强的执行力也体现竞争力。我们有的时候开玩笑说，无论任何议题说到第四步就开始落实到这事怎么办，具体谁来做，什么时间完成等实务层面上了。我看重执行力。有时候听到有记者抱怨，这选题是好，但就是采访不到。我不这么认为。天下没有做

作者受邀参加《中国经营报》成立 25 周年庆典晚会

不到的事，一次采访不到，就去三次，去五次，去八次……我就不信采访不下来。

其实很多时候，执行力不到位，都是自我意志的缺乏。认为人家拒绝了我好几次，真没面子，自己就先怯懦了。你必须要有目标，为了实现这个理想，就要尽一切努力去争取实现。整个报社都弥漫着这样一种氛围。因为有了这种企业文化，所以报社的运转效率很高。

至于报纸的核心竞争力，我觉得是《中国经营报》一直力求体现一种风格：务实。就是报纸给读者看后觉得比较有用。

记者：国际金融危机使得美国的报业处境艰难，国内的传媒业也受到程度不同的冲击。在这样的时代背景下，你对办好《中国经营报》有信心吗，信心来自哪里？

李佩钰：中国还谈不上金融危机，只不过是出现了一些方面的问题。我的判断是今年下半年经济就可以慢慢好起来。具体到《中国经营报》，因为她在整个财经类报业中实力与品牌都排在前列，广告的下滑，削弱的主要是一些弱势媒体，对强势媒体广告主还是保持投放，当然总体绝对值也会下降，但是相对份额反而更多。经过市场的重新洗牌，一些弱小媒体被淘汰出局，对我们未来的竞争反而是件好事。

其实，今年对财经类媒体而言，也是扩张读者群的一个机会。因为现在的经济危机使大家从个人角度考虑，都想了解经济动态，学习经济方面的知识。所以现在各家财经类报纸的发行量反倒都上升了。而我们正好借这个机会积极扩张，跑马圈地。所以我觉得对经济类报纸的提升现在是个机会，就看谁扛得住。我把这次危机当成成长的时机。

记者：作为一份市场化的报纸，除了有经营的压力，也要践行舆论引导，承担社会责任，这三者怎样才能统一起来？

李佩钰：我们是商业化报纸，肯定要以赢利为目的。读者看不看，尊重不尊重你这份报纸，投不投广告，来源于媒体的公信力。《中国经营报》发的东西都是读者喜欢看的。所以有时候我觉得作为财经报纸我们很幸运。

财经类报纸完全可以做到社会效益和经济效益统一。因为读者都是高端的。财经类报纸未来在中国的发展空间仍然会很大，因为这一类的读者群会越来越多。

记者：人才是使一个报社发展的不竭源泉。现在不少报社为招不到高质量的优秀毕业生而苦恼。你们是如何培养和挖掘人才的？

李佩钰：我们报社的人才是自己培养的。我们过去曾经尝试引进过，但都不成功。开始我还认为是《中国经营报》的企业文化太独特了，不容人。但是后来呢，我发现是我们自己培养了一大群优秀人才，这坚定了我自己培养人才的念头。所以后来又创办了《商学院》《职场》这些杂志。

传媒这个行业的进入门槛比较高，招进来的编辑记者都是名牌学校毕业的，这些人的智商都很高。所以我觉得自己想要什么人，不如干脆自己培养。每周、每月我们都有培训计划，可以说天天都有培训。既请外边的专家学者，内部也互相交流，形式多样。我们还有一种培训机制，就是报社送记者们在职读研，规定拿了学位，报销全部学费；拿不到学位就只给报一半学费。

作为报社领导，要放开一点，即使培养成才以后，他走了，走就走，我们再接着培养，这有什么呵？这个是你必须付出的成本。就要以这种开放的心态来做事，只有这样，事业才有可能做大。

◎ 经营一个家庭

——聪明人会处理好家庭与事业的关系，有高情商。

记者：在社会角色的分工方面，女性往往更偏于家庭角色，作为一位女强人，更多的时间与精力都放在工作上，很多时候的确很难把家庭与工作兼顾起来。不知你怎么看待这一问题？

李佩钰：我觉得家庭和事业不矛盾。我不敢说我智商有多高，但是我敢说我情商很高。

我觉得女人一定要自立，不管你老公是谁，他有多么强的能力，你不要相信任何人给你的承诺。唯一能靠的就是自己。

记者：一个人高明、聪明，既包括智商还包括情商。作为一位报社领导人，需要具备怎样的智商与情商？

李佩钰：情商我觉得主要包括如下方面：

首先要知道怎么让别人接受和喜欢自己。如果你总受别人排斥那就很难开展工作了。

第二，要能承受压力。人们称之为"逆商"。不是说有了压力，觉得很重还要硬扛，那样身体会出毛病的。而是说有压力，不把它当回事，这个才真叫承受压力。在面临大压力的时候，首先会想到最坏会是什么样子。到最坏时，我承受得了吗？承受得了，那就爱怎样就怎样了，我只顾往前好了。这是怎么练出来的？乐观，永远乐观，永远感觉良好。我要是怨妇模样，一天到晚干什么事都愁眉苦脸，那么下面的人会有多大的压力呵。只有这样想得开，干任何事情的时候，才可以全力去做。你要瞻前顾后，自己的切身利益都往里放，那哪受得了？

还有就是沟通能力。得把你的想法随时跟上下沟通。当然沟通中还需要技巧，比如亲和力，比如批评时分寸的把握。我是很直率的人，批评人往往直来直去。但是我会注意，如果批评特狠的时候，会夹杂一点玩笑，不至于让对方太尴尬。批评人，千万不要伤人自尊心。人的自尊心是心灵中最脆弱的一个底线，这个你不能伤害。一个报社其实就是一个大家庭，得像对待家庭成员一样对待同事们。

芳秀印象：

中国经营报社位于北京市海淀区西四环北路的一幢小楼里。在楼上明亮的办公室里，李佩钰与我非常随和地聊着。高高的个子，苗条的身材，笑起来上扬的眼角带着一丝丝甜意，红润而饱满的嘴唇吐出的欢快字眼，使我怀疑，她的人生词典里，是否有"忧郁"这样的词汇。

很难想象，这个带领数百财经报道精英、在商界驰骋的女将，最初是一名纺织工人。因为命运的眷顾，她与媒体结缘；因为自身的足够努力，她成为财经界的一匹黑马。

说起《中国经营报》何以在市场的洪流中持续稳定地发展，她说了很多，时隔多年，她不折不扣的执行力仍让我记忆犹新。她认为，只要肯努力天下没有做不到的事。有了好的选题，只要肯执行，就能采访出好稿。执行力不到位，都是自我意志的缺乏，认为人家拒绝了好几次，真没面子，自己就先怯懦了。我们平时一些不成功的采访，不就是自我放弃的吗？"精诚所至，金石为开"，只要坚持，就是胜利！

她对压力的理解也很见智慧。她说，能承受压力的能力，叫"逆商"，有了压力硬扛不代表"逆商"高，不把压力当回事才是真正的高"逆商"。把最坏的结果设想一下，能承受吗？承受得了，那就只顾往前好了。慢慢事物会发生逆转。因此，高"逆商"首先需要豁达、乐观、永远感觉良好。

调查性报道，西方又称"揭丑"报道，追求真相，揭露社会阴暗面，以维护公众利益。罗伯特·伍德沃德和卡尔·伯恩斯坦，这两名当年华盛顿邮报的年轻记者，因调查性报道把总统尼克松赶下台而彪炳新闻史册。

中国青年报社，有这么一个团队，怀揣着新闻理想，在调查性报道的田垄里，耕耘了十年，硕果累累：数十篇独家报道引起全国关注，四五十名厅局级及以下干部被查处，推动多项社会制度改革，6篇（组）报道获得中国新闻奖，《今日出击》被评为中国新闻奖新闻名专栏。

"屋顶那6组18根灯管漂白了四壁，漂白了吴湘韩的头发，也漂白了我们的青春。大家在这里，虽也有埋怨，带着艳羡议论着外面的世界，却依然踽踽前行，以宿命般的决绝对抗着纸媒的衰落和这万物急遽前奔的时代。"辛酸中不乏激扬。而吴湘韩，乃率队前行者，中国青年报社原特别报道部主任，现任报社编委、全媒体协调中心主任。

这群坚守者说："每天唤醒我们的，不是闹钟，而是心中的理想！"

人物简介：吴湘韩，1968 年生于湖南，中国青年报社编委，全媒体协调中心主任，高级编辑，第十四届长江韬奋奖获得者。1994 年从武汉大学研究生毕业后就职于中国青年报社，从事新闻采编、重大报道组织策划工作，是中国青年报全媒体融合转型、"中央厨房"建设的主要参与者，在全媒体融合转型、深度报道等方面具有丰富的实战经验并具有深厚的理论造诣。主创的新闻专栏和采编的作品先后 10 次荣获中国新闻奖（其中一等奖两次），多篇作品被大中学校作为教学案例或被收录进语文选修教材。2007 年获中宣部、人事部等六部委授予的"全国优秀新闻工作者"称号。

主编的代表性作品有"高才加分"系列、山西"封口费事件"系列报道（获中国新闻奖一等奖），主创的《今日出击》获中国新闻奖名专栏称号并获得中国新闻奖一等奖。主编有特别报道作品集《开掘真相》，多篇作品被收录《感天动地》《本报今日出击》《中国高级记者成名作透视》（消息卷、通讯卷）等新闻类作品集。

吴湘韩：用新闻影响今天

◎ 面对风险，勇气很重要

——调查性报道采编过程中充满风险和挑战，需要媒体投入很大，记者付出很多。我经常鼓励记者要勇于尝试，不能因为风险大而却步。

记者：《中国青年报》的特别报道版，创建 10 年来，广受读者喜爱，甚至成为新闻学界的研究对象，被评为"最有影响力的版面"之一，多次获中国新闻奖。因体制机制不健全、法律法规不完善、行业自律欠缺等原因，我国的调查性报道还没有真正成熟，也面临一些发展困境。很敬佩你们在人员并不多的情况下推出这么多有全国影响的调查性报道。

吴湘韩：时间过得真快，不知不觉过了 10 年。回首 10 年，非常感谢报社领导和同事的支持，以及团队的坚守和付出。特别报道版是在 2004 年中青报改扩版时推出的。我当时在湖南驻站，通过竞聘成了特别报道编辑室的副主编。2005 年我负责这个团队之后，有所为有所不为，选题重点放在调查性报道方面。

据不完全统计，特别报道版开办 10 年来，先后有四五十名厅级及以下官员在该版独家报道后受到查处。比如 2013 年 11 月 15 日，中国青年报独家刊发报道《湖南省江永县：一些领导子女"绕道"进行政事业单位》，反映当地部分县领导亲属违规办理或伪造人事档案，未经招考进入行政事业单位工作的怪事。两天后，7 名违规调入行政事业单位的县领导亲属被清退。2014 年 3 月，中组部、人力资源和社会保障部联合通报处理结果：15 名失职渎职人员被追责，另有 7 名厅处级领导干部受处分。

还有另一组数据。在特别报道版开办 10 年刊登的报道中，有 6 篇（组）

获得中国新闻奖，其中有 4 篇（组）为调查性报道。2009 年 6 月创办的调查性报道栏目《今日出击》被评为中国新闻奖名专栏。

记者：有同行感慨，对于记者来讲，调查性报道这个行业看得见的伤害，拿拳头打你是小的，真正的危险是看不见的。调查性报道因为事件的纷繁与情况的复杂，需要相当的勇气与担当。

吴湘韩：调查性报道采编过程中充满风险和挑战，需要媒体投入很大，记者付出很多。面对风险，勇气很重要。我经常鼓励记者要勇于尝试，不能因为风险大而却步。这样，成就了许多有影响力的独家调查性报道。

如 2009 年获《南方周末》年度调查报道致敬奖的《习水县多名公职人员嫖宿年幼女生》系列报道，记者陈强并非第一个调查习水嫖幼的记者，却是唯一坚持下来并揭出真相的那一个。他坦言，这是"从业 22 年来最艰难的采访"，5 天不知疲倦与不乏机智的暗访，终于将街头巷尾的传闻坐实为 2009 年年初最令社会公众震惊的报道。

这使我想起许多记者"有惊无险"的往事：洪克非在追寻湖南新邵溃坝真相时差点摔下悬崖；张国半夜在山西矿难现场被警察冲散，"救上来一个""两个……"他用手机发送救援的消息，没车回县城，只好在旷野上挨冻了一个晚上；去重庆武隆滑坡现场的路是机耕路，且被封锁，田文生费尽千辛万苦赶到现场；万永参加"退休高官"的庭审，差点挨打……在社会利益多元、矛盾日趋激化的今天，记者的人身安全难以得到保障。说实话，每当有记者去采写调查性报道，我深深担忧他们的安全。作为编辑，还要顶住来自方方面面的压力，不轻易相信有关机构甚至调查组的说法。

记者：一分汗水一分收成，你们的努力获得高度肯定。特别报道版主打

吴湘韩获得第十四届长江韬奋奖

栏目之一《今日出击》创立才两年多便荣获中国新闻奖名专栏。新华社多次在播发的通稿中称其"追寻事实真相，较好地发挥了舆论监督作用"，"用脚采访，用笔还原，拒绝'网友曝'，推出了一大批颇具社会影响力的稿件"。你们当时怎么想到要设置这样一个栏目？

吴湘韩：2009年6月，特别报道版开办5周年，许多报道在社会上产生了较大反响。但栏目设置不规范，主打稿件没有栏目名称，而且缺乏连续性，难以形成优秀的品牌栏目。我于是向报社领导建议：对不同的选题类型进行栏目化个性化改造，得到领导的首肯。

《今日出击》定位为重大调查性报道专题栏目，体现"推动社会进步，服务青年成长"的办报宗旨和"开掘真相，澄清事实，担当责任，影响今天"的办版理念。该栏目刊登记者独立调查稿件，是严格意义上的调查性报道。开辟《特别追踪》《记者手记》《当事人》《对话》《专家态度》《快评》等栏目作为二级栏目。该栏目受欢迎的原因，主要因为选题切中社会热点或痛点，坚持新闻专业化操作，注重客观平衡和建设性。

◎ "六不原则"，弥合伤口，减轻焦虑

——不撕裂社会伤口、不增加社会焦虑、不扩大阶层裂痕、不加剧对立情绪、不做"一叶而知秋"的推论、不制造效仿行为。

记者：好的选题是报道成功的一半，选题的质量一定程度上决定一家媒体的影响力。你是怎样把握调查性报道的选题的？

吴湘韩：《中国青年报》是一份全国性的日报，与读者没有地缘关系，不能像都市报那样贴近市民生活，但与读者有精神缘、价值缘，民主、法治、平等、自由、正义、公平等都是读者普遍追求的价值目标，每个读者内心都有正义感，呼唤公平、法治。选取这方面的典型事件报道，就能引起读者的共鸣，社会反响大。

选题侧重于社会和政府部门普遍关注、政府部门正在解决或有能力解决的问题，体现这些问题的新闻事件要有样本意义，能促进问题的解决，以增强社会信心。回顾特别报道版10年来刊登的调查性报道，有一条鲜明的主线一以贯之，就是维护青年成长成才等发展过程中的合法权益，维护社会公平正义，

推动社会进步。

记者：调查性报道对一些社会热点问题，既要敢于触及，又要注意把好度，尤其需要做到客观平衡、有建设性。有哪些经验与同仁分享？

吴湘韩：采编过程中我们坚持"六不原则"：不撕裂社会伤口、不增加社会焦虑、不扩大阶层裂痕、不加剧对立情绪、不做"一叶而知秋"的推论或全称判断、不制造效仿行为。对可能撕裂社会伤口，增加社会焦虑，或引起社会恐慌、他人效仿的选题，宁可放弃。给双方平等说话的机会，凸显人文关怀，注重报道专家怎样解决问题的建设性意见。

生命至上，人文关怀也是我们坚持的一个准则。有一个被举报人利用假身份证谋取公职，记者和实习生采写成稿了，但当我们听说她被查处后多次企图自杀，为避免引发不良后果，就放弃刊发了。

此外，要坚持新闻专业主义。坚持用脚采访，用脑思考，用笔还原，用证据报道。至今没有一篇报道引发诉讼纠纷。

我们认为，随着政府信息公开，公民参与监督的意识增强，可用来做调查性报道的线索更加丰富，获取证据也更加方便，因此，舆论监督的空间还是比较大的。

中国是一个人情社会，我最怕的是公关。我始终坚持一条原则：和一线记者蹲在同一战壕，不因说情而不发记者辛辛苦苦采写的稿子；积极和报社领导沟通，让领导"兼听则明"，顶住压力；按照客观平衡原则，给被监督方一个回应的机会。对证据充分的稿件，允许记者在发稿前几个小时对被监督对象打电话采访，也就是说不给对方公关的时间。

◎ 艰难突破，获得独家的关键

——**只有事实才令人信服，只有证据才无可辩驳。我们始终坚持有证据的报道，在铁的事实面前，被监督对象就会胆怯。**

记者：2008年10月到11月，特别报道版连续几天以较大的篇幅对山西真假记者排队领"封口费"事件进行了追踪报道，社会反响强烈，从而推动了中国新闻界重建新闻公信力与记者社会形象的重大进程。当时的线索非常微弱，是您的坚持，才顺藤摸瓜爆出了这一事件。

吴湘韩在看《中国青年报》

吴湘韩：2008 年 10 月 21 日，我在一个民间舆论监督网站上看到山西"封口费"事件的帖子，文字不多，但从上面的图片看，真实的可能性大。但从转帖上，我没有发现举报人的痕迹。晚上将这一线索发给正在山西采访的记者，他觉得难度大。我又找了记者李剑平，他找到了发帖子的原始网站，但该网站的人以种种理由不愿提供举报人的联系方式。我又把这个帖子发给《中国青年报》驻山西记者站和曾经驻站的记者，他们都说不认识图片中的人。头几天，毫无进展。

10 月 24 日，通过百度搜索，发现"中国 315 诚信网"上有这个帖子，上面注明是"本网联动记者戴骁军特别维权报道"。再一查，发现他在一山西杂志上发过文章，并注明是记者。但电话打过去，说没这个人。后来辗转通过《山西商报》的朋友终于得到戴骁军的联系方式，戴愿意配合采访。

当天晚上，李剑平和驻天津记者张国在北京会合，连夜坐火车赶到太原。第二天上午采访了戴骁军，并拷贝了现场图片。我建议先暗访。暗访煤矿工作人员，证实矿难是真、瞒报是真、发放"封口费"也是真。张国得到了矿方的通信录，并赶到干河煤矿的控股方——霍州煤电集团公司，找到董事长采访，董事长很热情，留记者吃饭。张国谎称外面还有一个同事，溜了出来给我打电话，我要他快跑。

能否突破，是媒体获得独家重大调查性报道的关键。突破成功，人无我有，这就是创新。在本案例中，突破有两个关键环节：一是通过网络和媒体朋友找到关键的采访对象；二是记者注意采访技巧，用韧劲采访了对立面的关键人。率先掌握了关键证据，便争取了主动。

记者：您采编的不少作品，推动了保送生制度、高考加分制度、公务员考试体检制度的改革。做调查报道，准确把握事实不易，建设性地呈现更不易。

吴湘韩：我从事调查性报道采编20年来，从来没有因为调查性报道而引起诉讼纠纷。因为我始终坚持有证据的报道，至少核心事实要有铁的证据支撑。我说的证据是能提交法庭的证据，也就是诉讼证据。在铁的事实面前，被监督对象就会胆怯。

2006年6月至8月，中青报推出了一组完全独家的"高考加分"系列报道，历时两个月，分6期共刊发20余篇稿件，各有侧重又相互联系，将报道不断向深处推进。报道成功，归于多方核实，只写有证据的事实，留有余地。

我的"深喉"朋友比较多，当时接到一条线索：给干部和教师子弟发假国家二级运动员证，考生和相关人将于2006年6月13日中午在衡阳火车站进行交易。

考虑到举报人是一名考生家长，不愿细说、证据难以固定，我当时设想了多种获取证据的方案：直接取证，到测试考场进行现场观察、伺机采访和拍照；跟踪暗访，偷拍交易时的照片；想法拿到考生名单，到各高校找当事学生、老师核实……但举报人含糊其辞，甚至关于参加测试的学生可能乘坐的车次和集合场所都不愿意透露。

6月11日，记者赶到交易地点———一棵大榕树下等候，希望能够遇到当事学生或带队老师，结果一无所获。在火车上各个车厢展开地毯式搜寻，始终没有找到目标。结果在公交车上发现了目标，遵循这一线索，记者乘出租车赶赴报名现场。从司机口中得知，目的地附近道路两侧已被省内各地小轿车挤占，说明举报人之言非虚。于是用相机记录下了延绵近1公里的车龙，固定了一个证据。从考点报名处记者了解了参加测试的考生人数及考试项目，并在报名人群中看到多个瘦弱的考生。随后想方设法进入考场暗访。

在调查性报道采访中，我们特别注重对关键事实的突破，注重固定证据。因为只有事实才能令人信服，只有证据才无可辩驳。

芳秀印象：

吴湘韩是湖南娄底人，我也是。作为同是湖南娄底籍的新闻同行，在 14 年前，我刚分配来人民日报社时就对他有所耳闻，他那时刚从中国青年报驻湖南记者站调回北京总部。据说，湖南官场对两位驻站记者有点"怵"，一位是人民日报驻湖南记者站站长吴兴华，另一位就是他。他们敢于开展舆论监督，而且不妥协。

后来，因老乡聚会我们相识了。个子不高的他，为人真诚，普通话中夹杂着"新化腔"，让我感到非常亲切。普通话虽说得不地道，但是工作却很有腔调，干啥啥出彩。在从业的 20 多年间，10 次获得中国新闻奖（包括报道奖和编辑奖），其中两次是一等奖。他是我的采访对象中获得中国新闻奖最多的一位。

吴湘韩作为特别报道部主任，发表了大量调查性报道，社会影响广泛。代表性作品可概括为"一个人物"（最先发掘并报道吴奇修先进事迹，后吴被评为"全国十大杰出青年"、党的十六大代表）、"一篇通讯"（《洞庭大规模退田还湖》受到朱镕基总理表扬，称"这篇文章写得好，朴实无华，但思路清晰，数据说话，令人信服。"该文被收录进粤教版语文选修教材）、"一个系列"（隆回一中保送生舞弊调查系列，引发中国保送生制度改革）、"一篇论文"（《中国深度报道的源起与发展趋势》）。

如今，吴湘韩是中国青年报社的编委，负责新媒体与深度报道等领域。几年下来，他在新媒体领域里取得的成绩可圈可点，颇受业界瞩目。他对媒体的独特理解，他的勇气与担当，他的务实与低调，我没法全部写进文章里，但让我读懂了一个同籍新闻人花白头发上写满的理想与情怀。

在考虑访谈人选时，我搜索的目光停留在了长江韬奋奖入围名单中"冯春萍"这个名字上。

"中国航天报10年中四夺中国新闻奖，两年里报纸两次增刊……"一线记者出身，18年后做到中国航天报社社长。"亲历并见证了新时代中国航天波澜壮阔的发展历程，带领报社书写出一个又一个新闻界的太空传奇……"

编辑部通过了这个人物——冯春萍的报题。

我马上拿起电话联系，几经辗转，总编室主任告之，冯社长欣然同意接受采访。

几天后，在航天大厦的咖啡厅，我们一边喝着咖啡一边漫谈着。

人物简介：冯春萍，1962年生，中国航天报社社长、高级记者。1988年开始从事新闻工作，历任中国航天报社记者、编辑、编辑部主任、总编辑助理。新闻作品获得过中国新闻奖、中国产业经济好新闻奖、全国优秀科普作品奖等奖项。编著、合著、主编有《太空勇士——宇航员》《放飞神舟》《飞上九重天》(丛书)《行走在太空》《航天科普大讲堂》等书籍。其中《航天科普大讲堂》一书被国家科技部评为2016年全国优秀科普作品。多次策划组织大型航天文化创意活动，在航天新闻、航天文化传播领域颇有建树。曾获国防科工委、全国妇联授予的"巾帼建功"标兵称号，中国产业报协会授予的"社长创新奖"等。兼任中国记协理事、中国行业报协会常务理事及中国行业报协会新闻摄影委员会副会长等职务。

冯春萍：追随"飞天"的脚步

◎ 难忘那神舟飞天的一道道风景线

——从"神舟一号"到"神舟九号"，每次发射我几乎都参与报道。采访足迹遍及载人航天工程的"七大系统"。

记者：冯社长您好。自从 1999 年报道"神舟一号"发射以来，你与载人航天工程结下的缘分可是不浅！您是最早报道载人航天工程的记者。直到现在，每次发射您都在现场，不管是当记者，还是当社长。您很执着，也很幸运。

冯春萍：可不是嘛。在 1999 年 11 月发射"神舟一号"飞船前，这一事件还属机密。虽然身在圈内，但我和大多数人一样，对载人航天工程几乎一无所知，对很多专业名词、术语闻所未闻。而且，由于高度保密的原因，起初我想尽办法也拿不到采访证。情急之下，我在发射的前一天"夜闯"发射中心领导家，用真诚和执着感动了他，获得特批。

真诚换来了采访对象的信任，我得到了独家新闻。"神一"发射在凌晨 6 点 30 分，但要求记者在前一天晚上到位。零下 10 多度，里面穿着棉袄，外面是军大衣，还是冷得瑟瑟发抖，我就在原地跑步、跺脚，一夜无眠。

发射成功！大家特别兴奋，早晨 8 点多钟的时候各岗位人员还在总结、分析。我跟踪采访，直到庆功的鞭炮响起时，我才觉得自己夜里被冻僵的身体缓过来。在各大媒体铺天盖地的报道中，有不少我的报道，我第一次有了作为行业记者的强烈自豪感。

记者：这之后，你便成了载人航天工程的"常客"。载人航天飞船的发射与返回，都在人烟稀少的偏远地带。发射时节天寒地冻，条件恶劣，一般女性

冯春萍在内蒙古四子王旗采访"神舟五号"载人飞船返回，现场目睹我国首位航天员杨利伟成功出舱

可不愿往那里跑。

冯春萍：我心驰神往嘛。到"神舟三号"发射时，我很想去内蒙古四子王旗的飞船着陆场采访，见证那历史性的一刻。于是着手联系，但难度极大。那时的四子王旗是不让公开提的，就是大报记者也很少能去。当时的总编辑非常理解我，毫不犹豫带我一起进入到这片还未开垦的"新闻处女地"采访，此行填补了飞船返回区采访的空白。那儿是茫茫草原，一去就是十余天，条件非常艰苦，上厕所不方便，有时一碗面条或饺子就是一顿饭。但我们挖掘出很多别人得不到的新闻，我俩共同采写的《巡天使者踏云归》获得了这一年度的中国新闻奖。

从"神一"到"神九"的十多年间，我采访的足迹遍及载人航天工程的"七大系统"，想方设法参加了研制过程中的多次大型地面试验，如：返回舱着陆冲击试验、返回舱空投试验、海上漂浮试验等以及热真空试验、振动试验、火箭发动机长程试车等等，还到过远望号测量船队、火箭总装与飞船总装现场、飞船降落伞制作车间、发动机装配车间等。我的报道与航天事业热情相拥，一篇篇见诸报端的新闻作品和多部反映载人航天工程的书籍就是见证。

◎ 做航天新闻人就要有航天精神

——航天系统有一种"特别能吃苦、特别能战斗、特别能攻关、特别能奉献"的精神。航天工程的研制特别需要梦想与科学精神的结合，我们办报也需要糅合激情与严谨。

记者：在从事 18 年新闻一线的采编工作后，您走上了社长的岗位。谈谈你们的报纸吧。

冯春萍：2005 年，我被任命为中国航天报社社长。那时，航天系统内的各单位都步入改革发展的快车道，航天事业发展形势大好。报纸怎样反映这些动态，并唤起国人对航天事业的崇高敬意与巨大热情？经过思考与讨论，我们提出"立足航天产业、服务两大集团、加速创新发展、铸造一流传媒"的发展

在西昌卫星发射中心，"长征三号"乙火箭发射"鑫诺一号"卫星成功后，冯春萍（图右）在现场采访观看发射的时任驻美大使李肇星（图左）。这是中国火箭首次发射欧洲卫星，意义深远。

目标。

从建章立制开始。管理的精髓是制度建设。我们不断地建立健全制度，每年差不多有 15—20 项之多。比如让财务管理从“记账财务”朝“管理财务”转变，运用数据分析、加强预算管理等。制度建设在新闻采编、经营管理、行政管理，还有行为规范中一一体现。有人说，我们的制度远不止管 50 多人，完全适用于管理更大规模的团队。

坚持“每月一课”制度。就是每月请一个专家来讲座，讲采编、管理等相关课程，让大家紧跟时代的步伐，不断地补充新知。我们是行业报里同等规模的报社中获得中国新闻奖奖项较多的报社，还想冲击更高级别的中国新闻奖奖项，并努力实现在各方面的创新与进步。

今年我们有一个设想，就是通过学习培训，让记者掌握全媒体的采访技能，打造一支全能型团队，站在时代的前沿。

记者：从长期每周出版 2 期报纸到 2008 年每周 3 期，再到 2009 年每周 4 期，中国航天报的容量和时效性大大增强。这蛮有些“航天精神缩影”的感觉呢。

冯春萍：是的。航天系统有一种“特别能吃苦、特别能战斗、特别能攻关、特别能奉献”的载人航天精神。这种精神自然而然地融入我们这个团队的血脉。我们的编辑记者不到 20 人，工作量很大，大家都很敬业。从社领导到很多编辑记者，一年的加班时间累计达 500 小时，相当于每周多上一天班。这些年我们也在不断补充新人，为了求得高素质人才，我们主动去清华大学、北京大学招人，那儿的工作人员说，我们是第一家敢于到他们那里上门招人的行业报。目前，这批来自名校毕业的学生已经成长为报社采编工作的中坚力量。

近两年来，我们围绕国家政治大事、航天发射活动、企业改革深化、航天产业发展、航天社情民意等读者关注的内容，加大力度打造一批重点栏目，拉近了和读者的距离，让新闻更有生命力。

记者：从最初只有报纸的单一媒体形态，到现在报纸、网站、手机报多媒体并存，报社发展的速度与广度都有大的提升。在新媒体发展方面有什么规划？

冯春萍：我们积极争取在网络建设方面有所作为，全新策划与设计了中国航天网，初步实现了视频新闻的制作和发布，并准备尝试开展其他增值服务。目前，日均浏览量位居十大军工集团门户网站之首。去年，创办了中国航天手

冯春萍采访"长征五号"大型火箭首飞

机报，实现了航天新闻快速精准的发送，许多身处发射场和深山沟里的航天人以前要滞后几天才能看到报纸，现在通过手机报可于第一时间知晓航天大事。

在去年11月中旬举办的珠海航展上，由中国航天网举办的"蓝沙发"系列在线访谈以其专业性和高水平在航展活动中独树一帜。"神舟九号"飞行乘组景海鹏、刘旺、刘洋，北斗卫星导航系统、新一代运载火箭以及载人航天工程领域相关专家分别受邀做客访谈现场，吸引了众多观众与各大媒体的广泛关注。

◎ 打造航天文化的品牌

——各类航天特色鲜明的文化创意主题活动，让航天人、航天事、航天情在航天资源的深度开发中熠熠生辉，延伸《中国航天报》的内容平台，拓展经营空间。

记者：从古老的嫦娥奔月神话到如今神舟飞船遨游太空的壮举，与之相关的文化元素十分丰富。近年来，随着载人航天工程和探月工程的实施，航天事业在国人中的影响力和魅力越来越大，"发射"受到的关注度也越来越高。在此情境下，中国航天报如何开发利用"飞天"的丰厚文化资源？

冯春萍：多年来，报社组织了航天特色鲜明的各类主题活动及主题晚会、科普展览、作品征集、航天小记者夏令营以及航天文化创意产品设计等项目，为广大公众关心、了解航天科技搭建了平台，取得了较高知名度。

2010年，报社承担了上海世博会太空家园馆的新闻宣传工作，策划组织了院士系列讲座、"人与太空畅想未来"全国摄影、动漫作品大赛等。尤其借嫦娥二号卫星发射之机，报社策划举办的近万名游客在太空家园馆边写祝福边看发射的寄语征集活动成为世博园内一道亮丽的风景。

2011年，面对"天宫一号"和"神舟八号"进行的中国首次空间交会对接任务，我们策划了"携手神八 交会梦想"大型公众征集活动，让公众"晒出"个人的梦想，并将梦想芯片搭载"神舟八号"飞船遨游太空。活动以航天英雄杨利伟写下第一个梦想拉开帷幕，以航天英雄杨利伟、翟志刚和著名作家毕淑敏共同发布梦想芯片内容结束，历时近四个月，50余家媒体参与了全过程的报道，得到了1200多万人次的关注。

2012年，以我国首次载人交会对接任务为背景，我们又策划主办了"天地传鸿 祝福神州——写给神九航天员的一封信"活动，历时半年，得到了34家地方媒体的支持，吸引了超过2000万人的关注与参与。航天员在太空读了这封"家书"，并拍摄下来，并在央视播出，被中国报业协会评为"首届中国报业新闻社会活动十佳精品案例"。

记者：如今，航天员已成为国人心目中的"大明星"，长征火箭、神舟飞船成为民众眼中的"大品牌"。在"大明星"和"大品牌"背后，蕴藏着无限商机。中国航天报依托这一资源，开展了一系列群众参与度高的文化活动。这种实践对正在转企改制中的行业报有何意义？

冯春萍：举办特色文化活动能够大大提高报纸的社会影响力，有效提升整体品牌价值；取得社会效益和经济效益的双重收获。我们成立了一个文化创意领导小组，做方案、做论证，然后付诸实践。这几年，报社的广告、活动等经营收入以平均20%的速度增长。要突破自我，又不能简单复制曾有的创意，如何把企业和媒体对接起来，把企业和太空对接起来，再把媒体和太空对接起来，这需要智慧。

目前行业报正按国家的统一部署积极推进转企改制工作，面临着新的发展机遇与挑战。随着航天文化产业的不断发展，具有优异品质和多元价值的航天文化，必将像航天科技一样，深刻影响人们的生活。中国航天报社将把这一资源优势用足用好。

◎ 本色做人，角色做事，活出"飞天"的精彩

——航天精神注重细节，细节决定成败。不但活出意义，还要活出意思。

记者：您觉得自己的性别、性格对于工作有怎样的影响？

冯春萍：女同志做事的特点是善于抓细节，敏感度强。开会或参观，很多人看完了听完了就算，而我则留意哪些创意我们可以学，哪些东西能带来一些新的思考，回来我就会和相关人员交流。我挺追求完美的，老是期望精益求精，我也这样要求大家。大型活动完了后，除了鼓励，更要回头找差距。这样也许很累，但我还是习惯这样做事。

记者：听说你喜欢一句话："人活着不但要有意义，还要有意思。"你在团队中提倡"本色做人，角色做事"。

冯春萍：我工作起来很投入，玩起来时很过瘾。与年轻人出去玩时，比他们还 High。我喜欢摄影、音乐，读的书很杂，从历史到时尚、旅游，睡觉前一定捧着本书看。年轻记者们说我永远都是精神饱满、意气风发的样子。有的新记者在采访中放不开，我说，职业需要你跟人打交道，就得善于与人交流。你必须这样，因为角色赋予你这一职责。

芳秀印象：

冯春萍，中国航天领域报道第一人，是一个即使做了多年社长，仍喜欢在一线奔波的老记者。从酒泉到太原，从西昌到文昌，二十多年间，冯春萍跑遍了航天所有已用和在建的发射场，对不同类型的卫星发射，特别是从"神舟一号"到"神舟十号"，发射、飞控、回收等不同现场，她

都一一亲历，报道了中国载人航天工程首次发射、首次载人、首次太空行走、首次空间交会对接等诸多里程碑式的重大节点。

冯春萍所学与航天无关，而航天报道非常专业。为此，她付出艰辛的努力。专业术语晦涩难懂，公式图表看不明白。她硬着头皮反复学。载人航天工程涉及"七大系统"，每一系统又都有很多分系统，光是飞船的结构就极其复杂。如有个叫"栅格翼"的装置，一开始连名字都记不住，更别提功用。就这样，经过多方"拜师"，她渐渐成了载人航天工程领域的行家。能无障碍地与专家对话，与科研人员交流。她说，这种学习习惯一直保留着，迄今床头永远放着一本书，睡前不看书是睡不着觉的。

冯春萍对采访的执拗劲儿也令我感动。不管难度有多大，地方有多苦，她总是想方设法天南地北地去现场获取独家、珍贵的第一手新闻素材，而对现场的敏锐观察与思考，总能让她有意外收获。2004年夏，冯春萍到太原卫星发射中心报道中国与欧洲合作的第一个科学探测卫星项目——"地球空间双星探测计划"中的"探测二号"卫星任务。在上年底，有关"探测一号"卫星的报道已经把卫星研制背景、任务特点、攻关故事等都报道过了，"探测二号"与"探测一号"并没有大的不同。怎样写出新意？通过仔细思考，她发现有一个在"探测一号"时提到的问题没有详细描述，只是用一句话带过，她认为很有挖掘的必要。火箭专家听她的这一提问后说："终于有人问这个问题了，这事值得好好写一写。"于是，一个研制过程中的有趣故事就这样"出笼"了，《中国双星成功布网》《"双星"背后的故事》，与许多名家作品一起，被山东教育出版社收录进中学生阅读书系《新课程高中语文读本》。

这个"倘若有来生，还是当记者"的老记者，这个把中国航天报从27人壮大为270人都不止，新媒体建设、航天科普推广、文化创意活动搞得风生水起的女社长，以克服万难、勇于胜利的航天精神，谱写出新闻领域的新传奇。

他的博客，略带"教父"的口气；他的照片，则透出讲说家的气质。在北京奥运村一家日本餐馆，我们面对面谈着。听他描绘《中国企业家》杂志的未来，感受他想把传媒理想产业化的蓝图，我发现，他似乎更像一个企业领袖。

他说，他从小腼腆，有过为腼腆人成立一个俱乐部的念头，现在之所以能在各种场合演讲不用讲稿，源于心中的梦想和追梦的毅力。

人物简介：刘东华，1963年生，正和岛创始人兼首席架构师，中国企业家俱乐部创始人、常务副理事长，曾任《中国企业家》杂志社社长兼经济日报出版社社长、CCTV年度经济人物主任评委，现同时兼任《中国慈善家》杂志出版人、慈传媒董事长、致良知四合院理事长。1990年毕业于中国社科院研究生院，同年分配至经济日报评论部。1996年下半年任《中国企业家》杂志社总编辑，后任社长。2006年创立中国企业家俱乐部，目前成为中国最具影响力的商业领袖俱乐部。2007年创办《绿公司》杂志，创办"中国绿色公司年会"，推出"中国绿色公司百强榜"，创立"中国绿色公司联盟"，成为中国企业可持续发展的培育和传播平台。2011年开始创办正和岛网站，目前正和岛是中国商界高端人脉深度社交平台。

刘东华: 用建设性连通未来

◎ 做中国企业的权威解读者

——我坚信在做一件了不起的事情，做一件中国企业、中国经济需要的事情。

记者：席卷全球的金融危机给世界企业带来了巨大影响与冲击，我国的企业也不例外地受到影响。在这样的背景下，《中国企业家》杂志2009年业绩如何？

刘东华：我们并没有采取特别的应对方式，而经营情况没有受到什么影响，而且赢利每年以千万元在增长。经济学中不是有"弯道超车"理论嘛，说的是在跑直道的时候车手很难超越极限分出高下。形势好的时候，乘着风猪和鹰都可能飞起来，但是风过去了，没翅膀的就掉到地下了，而有翅膀的则该怎么飞就怎么飞。如果你一直在做对的事情，又一直在培养核心竞争力，遇到大的形势变化，非但不是坏事，

刘东华在演讲中

刘东华写真

而是一个很好的"超车"机会。

记者：您觉得在做怎样一种"对"的事情？13年前您接手该杂志时，经营不景气，也没什么影响力。而如今，杂志在企业界影响日兴，公信力越来越大。

刘东华：主要是努力把准对企业和企业家的脉搏，能够对经济的宏观走势逐渐形成比较清晰的判断。如果你为一群有着影响力和购买力的读者群服务，服务又是有价值的、不可替代的，就不用担心没有影响力和回报。

具体说来，这种影响力的形成，首先是价值观的确立。我们坚信只有客观独立，具备公信力，杂志才能立于不败之地。其次是把这种公信力最大程度地放大为影响力。我们的服务对象——企业家，是改革开放30多年来成长最快的群体。市场不断在驱赶他们，而作为给他们服务的媒体，如果不快步前进，打个盹儿就找不着他们了。

这是一个必然的逻辑：打造公信力，凭借公信力扩大影响力，把基于公信力的影响力变成经济效益，之后进一步巩固公信力，提升影响力，从而取得更大的经济效益。在这个过程中千万不要急功近利。

记者：《中国企业家》今年创刊25周年，杂志崛起之路可圈可点。您刚上任时，首先在内容上进行改革，提出"黄金有价，思想无价"的口号，用"千字千元，万字万元"的稿费广求高质量稿件，集结了一批有影响力的专栏作者。还在《人民日报》《参考消息》等媒体上做广告，向读者承诺：如果订阅《中国企业家》一年后发现不值，可以全额退款。当时哪儿来的这么大底气？

刘东华：因为我看到了一个未来。中国是一个越来越庞大的经济体，全世界都感受到中国崛起的速度，可我们远远没有出现能够和今天的经济势能相匹配的财经类媒体。中国和世界呼唤《中国企业家》这类媒体要成为中国企业、中国经济的权威解读者。这么大的空间摆在我们面前，凭什么不去作为呢？我们现在年收入才7000万元，但美国的《财富》《福布斯》是几亿美元啊。中国这么大一个市场，还远没做到位嘛。这么些年我们只是打造了一个金矿，还没有认真开采。每年我们向母报经济日报社上交的财务贡献只是几百万元，但我们完全可以做到千万级乃至更大规模的贡献。未来巨大的市场空间给我们提供了这种可能。

记者：说到底，一个媒体的成功，来自于其所拥有的核心竞争力。对于《中国企业家》来说，核心竞争力是什么？

刘东华：我们核心能力的重要来源之一就是建设性。我们的出发点永远是为了中国的企业好、中国的经济好、中国的社会好。我们的采访对象基本都是强者，真正的强者用不着你去迎合。他那么强大，你只需要读懂他，然后与他进行对等的交流，即使尖锐的交锋也不惧怕。企业家是非常务实的，如果这家媒体对他没有价值，如果他认为重要的话题你只会绕着走，那他会离你而去。因此，《中国企业家》核心的东西就是建设性。在选题策划时既要敢于碰敏感问题，又要特别讲究分寸感。我奉行"先行半步主义"：领先一步早死，不领先等死，领先半步，讲究方式方法，就能活得很好。我们永远是给别人带来正向的价值，只做加法，不做减

刘东华生活照

法。当然这里面有技巧，面对不同的人要用不同的方式。季羡林老先生曾说：假话全不说，真话不全说。我觉得"假话全不说"是人格，"真话不全说"是智慧。这里体现的就是一种建设性。

这种竞争力还来自于我们的从容。事情的成败是有逻辑的，如果你把这个大逻辑把握了，再苦再难，你都不会彷徨。

◎ 不拿原则和价值观做交易

——做媒体要有点清高劲儿，表现得越自尊别人越尊重你。

记者：在您的名片上，印着"中国企业家俱乐部执行主席""中国企业领袖年会主席"的头衔。您觉得，"《中国企业家》杂志社社长"的分量还不够重吗？

刘东华生活照

刘东华：这张名片主要是用于对外交往的。中国企业领袖年会是杂志社举办的最重要、最高端的年度盛会，中国企业家俱乐部则是中国顶级企业领袖和专家学者自发组成的一个联谊组织、公益平台。这两个平台都对杂志社各项事业的健康、持续发展产生着比较大的支撑作用。在对外交往与合作的过程中，不同的对象可能会看重这三个头衔分别代表的不同价值。

杂志社举办的年度性活动除中国企业领袖年会外，还有中国企业"未来之星"年会、全球木兰论坛、企业家沙龙等。其中"中国企业领袖年会"已经成为与杂志社相得益彰的另外一张大名片。

记者："中国企业领袖年会"迄今共举办了十届，每届都很隆重，群英荟萃。这些商界的"大鳄"们都很忙，让他们定期参加一个论坛可不容易。您通过什么招儿把他们召集到一起的？

刘东华：我有个观点：人与人之间的关系很简单——你提供理由我跟着你走，还是我提供理由你跟着我走。只要你把理由准备好了，大家就会跟着你走。很多著名企业家就是提供了好理由，把最有价值的资源凝聚起来跟着他走。我也提供了一个他们难以拒绝的理由。企业家最大的挑战就是如何驾驭不确定性，而我们努力把最具判断力的人聚集在一起，站在一个很高、很远的地方为他们提供作出正确决策的依据。这就是为什么有时候论题选得看起来与经济并没有直接关系却能引人兴趣的原因。

我只做我们能够做，且只有我们能做得最好的事情。为了承担这一使命，我要做好准备。我认为，一个穷山沟里的孩子发誓要成为钻石大王，就一定有机会成为钻石大王。因为他会把自己的全部生命都用在和钻石相关的事情上。

记者：在激烈的媒体竞争中，一些媒体迫于生存的压力，只要不违法，不被抓住，怎么能挣钱怎么干。《中国企业家》杂志却活得有品质，而且近些年每年以千万级的收入规模在增长，你们的生意经是什么？

刘东华：如果没有梦想，只是混饭吃最好别干媒体，做媒体要有点清高劲儿。我强调《中国企业家》杂志挣钱有四种姿态：高贵地挣钱。就是在捍卫我们的价值观和行为原则的前提下挣钱。有些企业想通过践踏媒体的原则满足他的需求，哪怕再大的单，对不起，请另请高明吧。辛苦地挣钱。任何开创性的工作总是以事倍功半开始的，只有你把最难的事做过了，才能游刃有余，不要试图走捷径。智慧地挣钱。哪怕你很笨，但只要专注地、执着地做对的事，慢慢你就会摸出门道。一个人围着一样东西转，最后可能全世界都围着你转，一个人围着全世界转，一定会被世界所抛弃。诚实地挣钱。有人把石头当成金子卖，但我们的原则是只把金子当成金子卖。如果把金子卖成了铜，说明我们无能，如果把铜卖成了金子的价格，说明我们是骗子。我们对团队的要求是，既不要做无能之辈，更不能做骗子。

我们绝不拿原则、价值观做交易。有的媒体只要有人出钱就很高兴，什么交易都做，我们绝不可能这样。因为站在未来的角度看，你牺牲了今天的某些利益，但创造的是明天更大的利益。你拒绝用不合适的方式为你带来利益的人，但赢得的往往是对你的更大尊重，表现得越自尊别人越尊重你。

◎ 快乐的负债者

——我坚信：能承受多少委屈，忍受多大伤害，包容多少怪异，经受多少诱惑，就有可能成就多大事业。

记者：《中国企业家》秉持企业家立场，以弘扬企业家精神为宗旨。常年与企业家打交道，您觉得企业家是怎样的一个群体？

刘东华：真正的企业家是人群中呈小概率分布的一种人，他们是社会进步的驱动力，善于创新，勇于承担风险，富有个人魅力。你给我多少钱我给你干多少活，这是经理人；而企业家能看到一个别人看不到的美好的未来、某种机遇或一座金矿，除此以外他似乎什么都没有。但他为了实现看到的那个未来，能说服很多人和他一起走，可能路途遥远，可能有各种不测和风险，但他无怨无悔，朝着既定目标不断跋涉。他是动力的提供者，风险和责任的承担者，也是一个负债者，那么多人那么多机构包括银行把资源给他，他必须通过目标的实现来偿还。

记者：除了上面所讲的，企业家还有着超强的心理承受能力，为了理想目标可以牺牲现实的一切。一家杂志社可比于一个企业，您觉得自己与企业家的人格特征有哪些契合之处？

刘东华：我认为自己也是一个创业者，体制内的创业者。我是个负债者。最初为了赢得支持，我说服一些企业家与合作伙伴几乎无偿地帮助我们，告诉他们总有一天会因为帮助了《中国企业家》杂志而感到骄傲。为了杂志的未来，我对团队更多的是一种使命驱动。

我的最大的痛苦和快乐都是源于一个梦想：把传媒理想产业化，让《中国企业家》成为中国企业和中国经济的权威解读者。我对自己该得能得的许多利益，都选择了放弃，很多人表示不理解。我告诉大家，我们天天讲的那个梦想和未来，如果你是当真的，你就知道我所有的牺牲都是值得的。和那个了不起的未来相比，自己的牺牲实在微不足道。

芳秀印象:

刘东华是我见过的最具企业家气质的媒体人之一，他为企业家服务的情怀与杰出的商业智慧，无不令人叹服。在这里，我愿把他的经历详述一遍。

1992 年创办《经济日报》民营经济专版；1992 年联合全国工商联共同推出全国优秀民营企业家"百优十佳"榜；1996 年任《中国企业家》杂志社总编辑，后任社长，带领团队二次创业，杂志成为中国主流商业财经杂志公认的领导者；2001 年推出"21 位最具成长性的新兴企业"榜单，寻找中国企业的鲨鱼苗，创办中国企业"未来之星"年会，该年会现已成为展现中国商业未来趋势和企业发展的风向标；2002 年推出"25 位最具影响力企业领袖"榜单，创办中国企业领袖年会，打造出凝聚企业家精神、充分展现企业家逻辑与个性的年度顶级盛会；2006 年创立了中国企业家俱乐部，马云任主席，马蔚华任理事长，柳传志曾任理事长、主席，刘东华则任副理事长，目前成为中国最具影响力的商业领袖俱乐部；2007 年创办《绿公司》杂志和"中国绿色公司年会"，推出"中国绿色公司百强榜"，创立"中国绿色公司联盟"，成为中国企业可持续发展的培育和传播平台；2009 年推出"30 位中国商界木兰榜单"，创办中国商界木兰年会，首次呈现商业时代不可忽视的"她力量"。

2011 年刘东华担任慈传媒董事长，慈传媒是他与多位顶级企业家联合慈善界领袖及媒体界领军人物共同发起的、提供专业的财富与责任融合解决方案的文化传媒集团。TCL 李东生、魏雪夫妇、龙湖地产吴亚军、北极光创投邓锋等多位知名企业家投资数千万元。也是在这一年，他开始创办正和岛，致力于为决策者搭建一个安全可信赖的深度社交与资讯平台。如今正和岛已经拥有超过 7000 位亿级企业家的核心用户，并服务百万高端商务人群，成为规模最大的创新型中国商界高端人脉深度社交平台，通过标签画像，精准高效链接全国乃至全球企业家所代表的各种价值，让商业世界更值得信任。

从以上叙述，可以窥见他的成长路径，也可见他的"野心"与实力。2010年7月的那次采访在奥运村附近一家日本料理店进行，那儿安静雅致，很适合聊天。我们一边吃中饭一边聊，直到下午三四点结束。我请他聊成长经历，聊工作情况，聊各大活动，聊理想抱负……他很健谈，娓娓道来，激情中不乏幽默。聊完后，"教父"两字蹦了出来，事实上，他的目标，远不只是办好一份杂志，或做好几场活动，而是要做企业家的精神导师。后来，他离开经济日报社创办正和岛平台，我一点没诧异，这只是离他的目标更近了一步。刘东华为了一个梦想，坚定不移地深耕于企业家的沃土，我相信，他用建设性连通的未来，一定会璀璨无比。

七年前，"中国蓝"概念横空出世，形成了引人关注的"浙江卫视现象"。七年间，浙江卫视经营额增长十几倍，收视排名由第九跃升为前两位。在竞争激烈的中国卫视版图上，这艘巨轮带着最早上星者的荣耀，乘风破浪，奋楫争先。

年初受命接棒浙江卫视总监的王俊，内敛低调，说话轻柔温和，透出"70后"人少有的沉稳。他一线记者出身，屡获新闻、经营和管理等行业大奖，但更被业界关注的，是在营销岗位的骄人业绩。

深度对话时，他一反常态，语速颇快，且干脆利落。一问一答间，浙江卫视成功的密钥基因，被解码。

"七年前是逆水行舟，现在顺水推舟即可。"熟谙老子哲学的他，莞尔一笑，谦逊中露出胸有成竹的自信。

人物简介：王俊，1973年生，现任浙江广播电视集团编委委员、浙江卫视总监，主任记者，工商管理硕士。曾荣获"全国德艺双馨电视艺术工作者""浙江省'四个一批'文化经营管理人才"等荣誉称号，获得"星光奖""浙江飘萍奖"等各类奖项。近年来，王俊带领浙江卫视团队开拓创新，锐意进取，全力打造《浙江新闻联播》《今日聚焦》《今日评说》等新闻品牌，成功创制《奔跑吧》《中国好声音》两大全国标杆综艺，持续推出《我就是演员》《王牌对王牌》《梦想的声音》等创新节目，潜心打磨《西湖》《南宋》《艺术：北纬30度》等人文巨制，倡议成立"中国蓝圆梦基金"，累计募捐公益资金数千万元。

王俊：干掉昨天的自己

◎ "中国蓝"，闯下蓝海一片

——"中国蓝"品牌每天都在努力突破自己昨天的格局，跟自己较劲，"不妄为、无不为、更有为"。

记者：俊总，您好！今年是浙江卫视"中国蓝"概念提出 7 周年。6 年前，当"中国蓝"刚成为浙江卫视的品牌标签时，本刊曾给予报道。光阴似箭。如今，"中国蓝"更是成了浙江卫视的基因标识。一路走来，7 年时光给浙江卫视带来了什么？

王俊：带来的馈赠数不胜数。浙江卫视 7 年前收入不到 6 个亿，今年可能突破 70 个亿；7 年前收视排名第九位，到现在连续 7 年稳居省级卫视一线阵营。央视 CTR 上个月出了一份报告，评估了省级卫视 2014—2015 年的综合实力，说浙江卫视在引导力、传播力和品牌力等维度的排名均名列前茅（分别排在第一、第二、第一）。这排名背后是"中国蓝"出色的创新实力和品牌经营能力，也是浙江卫视连续多年位

王俊写真

居省级卫视第一阵营的实力彰显。

记者：如此骄人的成绩，是在传统媒体业绩普遍下滑的大背景下取得的，简直可以用"奇迹"来形容。您觉得浙江卫视取得成功的关键是什么？

王俊：在"中国蓝"7年的实践中，我们始终坚持创新改革和自我突破，其中有三个关键词比较重要——"中国""梦想""大片"。

7年来，浙江卫视打造了一系列以"中国"命名的节目，比如《中国好声音》《中国梦想秀》《中国好舞蹈》等，用"国字系"的品牌打造梦幻拼图，讲好中国人的故事，体现中国人的精神。主流媒体要有大作为，就必须有大的格局和担当。秉承这样的制作理念，无论是《中国好声音》还是《奔跑吧》，无不传递着"正能量、正趣味、正影响"，倡导着社会主义主流价值观，践行着主流媒体的引领作用。

"梦想"是一个特别能打动人心的词语，每个人心中都会有梦想，每个人都会为实现梦想而勇往直前。塑造"中国蓝"品牌以来，我们以电视叙述去阐释"中国梦"的伟大内涵，实实在在地实践了整整7年。

另外，始终坚持"大片战略"，在新闻、人文、综艺和电视剧方面都加以践行，并取得不错的成效。我认为中国的电视就是要彰显中国人的人文情怀、显示中国人的精神追求。我们有使命感，要做中国的电视大片，追求伴随着视觉冲击力的深沉的精神内核和思想的深度到达。

在媒体融合的新常态新形势下，在激烈的省级卫视竞争的大环境大背景下，"中国蓝"品牌每一天都在努力突破自己昨天的格局，跟自己较劲，认清楚自己，"不妄为、无不为、更有为"，这也许就是成功的秘诀。

◎ 国际化 + 本土化，点燃梦想，实现情感共振

——注重节目形式之外的价值传递，"梦想"成为"中国蓝"军团的文化标签、品牌进化的精神维度和内在基因。

记者：几年来，每到周末，全国观众就打开浙江卫视，守候《中国好声音》。自去年11月，《奔跑吧》一经推出，即成为另一档现象级节目，收视率高达5个点以上。大家知道，这两档节目在国外都有成熟的电视模式，《中国好声音》从荷兰引进版权，而《奔跑吧》则是浙江卫视与韩国SBS电视台联

合创制的。不少台引进外来节目后并没有火起来，浙江卫视引进的节目何以如此受欢迎？

王俊：任何现象级节目的成功都不是偶然的，它的诞生都是厚积薄发的产物。《中国好声音》等现象级节目成功的背后，有很多因素，除了模式本身的硬实力外，其他软实力也非常关键。

《中国好声音》为什么能在每年的夏天掀起一轮

王俊工作照

又一轮的红色热浪？除了节目本身模式好，得到荷兰版权方的大力支持以外，我们还做了很多超出原版的东西，比如说全新的节目资源组织方式和生产模式。客观地说，中国电视人在组织规范管理资源的能力方面是欠缺的。除了工艺等方面的因素，工业化的流程管理能力是关键，比如说制播分离情况下各个团队的管理、导师与学员的互动、具体环节的执行等等，都需要认真思考。所以我们学习国外的模式，不像引进一把椅子那样简单，而是要学习椅子背后那些看不见的东西。当然，引进模式的最终目的是"学以致用"和"长大成人"，完成自己的原创模式。我很期待有我们的原创模式走出去。

另外，我们还注重节目形式之外的价值传递。《中国好声音》是一档"励志"的音乐评论节目，每个导师都会问学员梦想是什么。我们注重的不是节目本身，而是对选手梦想背后的生活经历以及精神情感的展示，不断为社会输出正能量。

《奔跑吧》是我们与韩国 SBS 电视台联合创制的。以往引进外来节目，基本是引进版权，然后对方来一个制作小团队指导，从策划到拍摄、制作全由他们完成。这种合作方式，没法学到深层次的东西，也很难成功。因为各国之间文化差异、审美差异，笑点、泪点、节奏都不一样。《奔跑吧》前四期我们与韩国团队全方位融合，一对一贴身学习，能力大幅提升。此后，韩国方撤走，但节目质量、收视率却稳步上扬。究其原因有两个方面，一方面借鉴了他们的先进制作理念，另一方面结合本土化元素进行了深度改造。我们甚至还有一些本土化的创意，如"大漠公主争夺战"一期设置的"超能力骑士"，就被韩国方借鉴演变为"黑白骑士"，实现了节目创意的"反向输出"。

记者：浙江卫视原创的节目也不少，比如《我不是明星》，展现了隐藏在明星父母光环下的"星二代"不为人知的一面，收视率保持周一同时段第一。2014年戛纳电视节上，

王俊写真

该节目成为官方刊物推荐的唯一的中国电视节目模式。再如《中国梦想秀》，播出好几年了，可生命力仍很旺盛。在观众口味更加挑剔，综艺节目的生命周期越来越短的当下，尤显可贵。

王俊：这是一种必然，与浙江的人文精神密切相关。浙江人内敛含蓄，但非常包容，就像海绵不断汲取养分，就像安卓系统，开环运转。当积聚了足够多的力量，就会迎来爆发的时刻。

具体说来，首先，强调社会责任。现象级的节目不仅要有大投入和大产出，还要有大情怀，就像有文化学者所说的"从浙江卫视的节目里看到了'大雅之乐'"。这些年我们积极传播"正趣味、正影响和正能量"，不断践行主流媒体的社会责任和价值担当，综艺节目都有深深的人文烙印。讲好中国人的故事，弘扬中国人的精神，是浙江卫视这些年一以贯之的宗旨，也是浙江卫视节

目体系与社会整体实现情感共振的精神密码。

其次，在体制机制上，我们打破体内循环。主创团队既有"自己人"，也有"外人"。在外来制作公司的节目占据一大部分综艺空间后，有人担心主力军会不会招架不住？我说，这就是我想要的效果，可以实现良性竞争。即将推出的系列综艺节目，如范冰冰、李晨加盟的《挑战者联盟》，周迅主创的《西游降魔篇》，还有明年一季度的自创棚内真人秀等，都是开放合作的成果。

另外，在制作理念上，我们非常推崇原创和本土化。当然，还有领军人身先士卒激发出了大家的潜力，这也很重要。

◎ "大片战略"，彰显人文情怀，引领价值取向

——7年来，始终坚持"大片战略"，以开放包容的心态、开放合作的机制，实践属于"中国蓝"的大片模式：新闻、人文、综艺和电视剧四轮驱动，均衡发展。

记者：您多次强调要多打造电视大片，输出价值观与思想情怀。践行"大片战略"一直是浙江卫视的战略。何为"电视大片"？

王俊：叫好又叫座，有伴随着视觉冲击力的深沉的精神内核和思想的深度到达的片子，可以称为"电视大片"。7年来，我们始终坚持"大片战略"，以开放包容的心态、开放合作的机制，实践属于"中国蓝"的大片模式。"电视大片"首先是要面对最广大的人群。如《中国好声音》和《奔跑吧》，从几岁的小孩到七八十岁的老人，都喜欢追看，因为它传递的是快乐和梦想，而快乐和梦想是没有年龄界限的。再比如，由浙江广电集团旗下的蓝色星空影业投资出品的电影《捉妖记》，上映以后叫好又叫座，目前正在冲击24亿票房大关，吸引的也是最广大的人群。所以我觉得"电视大片"一定是老少皆宜阖家欢乐的。

另外，在思想上是健康向上，润物细无声的，有体现本民族独有价值观的深层思想内核。浙江卫视收视群体中高收入、高学历的人偏多，我想，这也是由节目本身传递的导向性决定的。

考虑到"大片"有大传播的效应，作为社会主流媒体，我们很有必要

王俊生活照

生产出更多更好的"电视大片"践行主流价值观的传递。所以，在"中国蓝"的"大片战略"里，是新闻、人文、综艺和电视剧四轮驱动，均衡发展。

记者：在综艺领域，浙江卫视打造了亮眼的《中国好声音》《奔跑吧》等节目。浙江卫视的人文节目也体现出独有的气质，成为区别于其他台的另一个标识。这也是"大片战略"的体现吗？如何让人文节目成为"电视大片"？

王俊："中国蓝"7年来推出了一系列人文大片，《浙江文化地理》《西湖》等屡屡以集群方式，浓情展示浙江卫视的实力和人文精彩，在业界引起关注。近年来播出的常规节目，从《人文深呼吸》《华少爱读书》到《一本书一座城》和《中华好故事》，每一个人文节目的推出，都能在业内引起不小的反响。第二季《中华好故事》播出后，引领了新春国学热潮，与春节期间微信互动"红包热"同样引人关注的是，好故事"摇一摇"实时答题以每期几百万的互动量引发观众"烧脑"热潮，台网互动带动新春国学热，线上线下双核驱动为人文节目注入了新的时代气息。该节目以独特的美学操守和价值呈现，诠释了"电视国学"的迷人魅力，在真人秀节目的喧嚣浪潮中给心灵安放了一张安静的书桌。

"大片"级的纪录片在《西湖》之后厚积薄发，马上要推出一系列有分量的作品，《南宋》将在今年 10 月播出，《艺术：北纬 30 度》已进入后期制作阶段。随着 2016 年杭州 G20 峰会的日益临近，一部全方位展示杭州形象的纪录片已经在紧锣密鼓筹备中。对于包括纪录片在内的人文节目，我们秉承一贯的原则，不考核收视率，不给投入设限，只注重品质。

记者：新闻节目又如何落实"大片战略"？

王俊：浙江卫视始终践行

王俊在阐述浙江卫视的"做二忘一"理念

集团"美'丽'富强"（新闻立起来，人文美起来，电视剧富起来，综艺强起来）品牌战略，坚持新闻立台，在"新闻大片"方面成绩斐然，展示出意境开阔、寓意深远的大片风范。不仅有大气恢宏的电视政论大片《绿水青山就是金山银山》、站在国家发展战略高度关注环境生态的新闻行动《寻找可游泳的河》《"两山"路上看变迁》，还有注重新闻第一现场第一时间追踪报道的《直击台风》《地铁塌陷事件》等。新闻栏目《今日聚焦》推动群众关注的热点难点问题的解决，成为服务省委中心工作的新阵地、新标杆。

一家电视台，如果说综艺、电视剧、纪录片可以称为"软实力"，那么新闻报道就是硬实力了。2015 年 6 月始，浙江卫视年度大型新闻行动《新丝路上浙江人》3 个报道组西行万里，接力采访 8 个亚欧国家，聚焦浙江人的新作为。更多着眼大事件的"新闻大片"正在生产中。

◎ "做二忘一"，无为而治，超越、超越、再超越

——坚持"二"的精神：一种敢想敢做、永不满足、不断进取、毫不畏惧的精神！同时，忘掉小目标、突破小格局，一切归零、再上征程！

记者：今年年初，您提出"做二忘一"的目标，强调"不妄为、无不为、更有为"。"坐二望一"，指的是稳得第二名，冲击第一名之意。可你却"篡改"其中的两个动词，用意何在？

王俊：我提出"做二忘一"的想法是希望与卫视员工共勉。很多网友谑称浙江卫视是"二台"，我们这么多年来一直坚持所谓的"二"的精神：一种敢想敢做、永不满足、不断进取、毫不畏惧的精神；手中无剑心中有剑，简简单单做事、扎扎实实做事、认认真真做事，做强实力、下足功夫、做实工作。同时，要"忘一"，忘掉小目标，突破小格局，让大家丢下想赢怕输、患得患失的包袱，忘记曾经创造的一流业绩，用"一切归零、再上征程"的勇气，激情昂扬、更加自信地迎接新的挑战。

这几年，浙江卫视的崛起大家有目共睹。上个月网上有一篇帖子流传很广，大意是说，2015年上半年的卫视江湖，老三(浙江卫视)干翻了老二(江苏卫视)，并冲击了老大（湖南卫视）。我想这应该只是大家茶余饭后娱乐一下的话题。对于我们来说，从来也没有想去干掉谁，我们关心的是，如何改革和创新，去干掉一个月前，甚至昨天的浙江卫视。

马化腾用微信"干掉"了自己的QQ，浙江卫视第二季《奔跑吧》"干掉了"第一季，在大家还在惊叹《奔跑吧》现象的时候，《中国好声音》又开始制造新的惊喜！不是谁把谁干掉，而是新的思维、新的模式"干掉了"旧有的思维和模式。我想，未来的电视竞争不是老三干掉老二，或是老二干掉老大，而是谁有可能干掉电视。与其在新媒体的浪潮中唱衰电视，不如乘风破浪寻求电视发展瓶颈的突破之道。

记者：经您解读，感觉"做二忘一"这个自创的词内涵非常丰富。在这个"二"的精神颇有贬义的时代，您却加以提倡，很佩服您的勇气，这也是浙江卫视创新精神的体现。您做过多年主管经营的副总监，您最看重哪方面的理念？

王俊：主管广告业务的时候，在一切靠数字说话的广告部，我从来不下达

完成多少量、实现多大增长等硬性指标。因为下指标之后，如果做不到，技术动作会变形，为了达到目的也许有些别的小动作。如果做到了，也可能会满足于此。我认为，只要有一个好的平台，无须下具体指标，你自然会去奋进。小目标容易为一城一池而患得患失。把所有的关系理顺了，生产力解放出来了，得到的东西往往在你想象之上。

此外，我最看重如何实现共赢。只有当大家都赢的同时，才会有良性循环。因此，这需要学会分享，让利于合作的各方，大家共同把蛋糕做大。很多台以自己的强来限制对方的强，而我们则以自己的强来释放对方的强。我从来不与合作伙伴争长短，因为我们抱着更大的雄心。老子说："夫唯不争，故天下莫能与之争。"水是最柔最弱的东西，却也是最强大的。

记者：未来的 7 年，甚至更远，观众能从浙江卫视看到哪些值得期待的内容？

王俊：我们会积极作为。但对于未来的"现象级节目"，并没有规划具体的项目，我信奉"柔弱、无为、不争"，不想给团队太多创作上的限制。我想，传达积极向上的精神，团结一切优秀的团队，没有任何门户之见，就能创造未来的辉煌。

芳秀印象：

2015 年元月，中国电视界有名的拼命三郎夏陈安辞去浙江卫视总监一职后，谁会是浙江卫视新任总监？业界一时颇为期待。当一个多月后，"70 后"副总监王俊被正式任命为总监时，业界投来了颇为质疑的眼光：年轻人，行吗？

王俊一上任便提出：未来的电视竞争不是老三"干掉"老二，或是老二"干掉"老大，而是谁有可能"干掉"电视。正是有着如此的超前认识，他率领团队努力创新、积极进取，打通大屏小屏的界限，向观众交出了一份满意答卷。

王俊这几年的路，在我看来，就是围绕着两个字在做文章："大"和

"二"。胸怀大梦想，设计大格局，实施"大片战略"，突破小局限，在小目标面前不自满；坚持"二"的精神，敢想敢做、毫不畏惧、永不满足，一切归零、再上征程！

正是以这样的务实态度、创新思维，王俊在宣传事业与产业经营上都没让人失望。浙江卫视在全国卫视竞争白热化的巨大压力下，创新性推出多档颇具标杆意义的综艺娱乐节目，《奔跑吧》《中国好声音》一面世就大受追捧。除了综艺，他还在人文与新闻节目方面不断发力，《西湖》《南宋》《艺术：北纬30度》等人文巨制影响深远，在激烈竞争的卫视"930时段"推出的新闻评论节目《今日评说》播出才两年多，便获得中国新闻奖新闻名专栏殊荣。这位年轻的卫视总监，在电视竞争的"蓝海"里精准导航，率领浙江卫视这艘大船乘风破浪，渐入佳境。

后 记

当《知名媒体人这样说》一书即将付梓，我的心中充满了深深的感恩。我知道这本书出版的不易和出版编辑的付出，我想把让我感动的各位一一提及以表我诚挚的谢意。

首先，要感谢人民出版社社长黄书元、总编辑辛广伟、责任编辑刘江波及其助理况家家，他们没少为本书的出版操心费力。他们的严谨与高标准要求，让我明了人民出版社这个中国出版界的领航者为何能在江湖取得如此稳固的地位，多少大学教授、专家学者都以能在人民出版社出版一部书稿而知足！10年来，我写作的访谈稿有近百篇，篇篇浸润着心血。如何取舍？辛总一锤定音："以金话筒奖获奖者和长江韬奋奖获奖者为主！"这让我一下有了标准，同时，也让本书有了政治站位。版式怎样设计才好看，封面设计如何才能抓住眼球，人物漫画怎么放才更有趣等，反复沟通，多次尝试；人物简介不断补充，配文照片时有替换，图说需要修改，漫画多次更换……事无巨细，编辑不厌其烦，极力配合并细心校对。本书能成为人民出版社历年来并不多见的新闻传播类书籍，感谢人民出版社的慧眼与胸怀、专业与敬业。此生我亦知足矣！

其次，要感谢《人民日报》和《新闻战线》的领导与同事。《新闻战线》总编辑万仕同、副总编辑冷梅多年悉心指导，每期稿件精心编辑、仔细挑错，让埋在文章里的"雷"一个个成功爆破。还要感谢小伙伴武艳珍与范雯，哈文、孟非、杜献洲的访谈稿是我们一起完成的。

再次，要感谢接受我采访的媒体同仁。时过境迁，简介需要重新补充，照片需要他们提供，甚至稿件需要重新修改，大家都积极支持。康辉给我发来了一张张各时期、各神态的照片；许戈辉把原来的访谈文章进行了改写；张严平为了找出这些散落在各处的照片花了一晚上；范正伟为让文字更好地呈现反复考量配文的照片；马尔现已退休回澳大利亚不方便联系，因此央视宣传处处长刘斌向 CCTV 英语频道找到了马尔的几张生活照，同时也贡献出自己所存的马尔工作照；余熙曾答应赠一幅作品给《新闻战线》，由于活动太多而未能遂愿，当听说出版本书时，拟临时创作用时不多的水墨画入书（因水彩画是他的成名之作，所以书中选用了余熙的水彩画作品）；刘素云自从我采访后，又换了两个身份——驻日内瓦记者站首席记者和驻埃及记者站首席记者，联系她时正在埃及，为了寻找我为本书选的她和阿拉法特的合影原图，她几乎把国际台各部门给问了个遍；陆波尽管远在澳门且一直在海外出差，还是安排办公室主任联系我并满足所有要求；孙维欢迎我去西安为本书开新书发布会，发布会由她主持；闫东因在世界自然遗产梵净山拍纪录片，特让助理与我联系并说非常支持本书出版；俞佳友为新书献策献计想书名；胡蝶则索性自己在漫画像上小做修改；冯雪松建议每篇文末加上"芳秀印象"，以便拉近与读者距离……

还有很多让我感动的人和事，在此一一致谢！

为本书写序的《人民日报》副总编辑陈俊宏及为本书写推荐语的李军司长、祝燕南主任、喻国明教授、张涛甫教授、周勇教授，你们的肯定与厚爱，将化作我再接再厉的动力！

在此，我要特别感谢一名从未谋面的人——著名漫画家、《江苏工人报》主编禹天成先生。本书每篇文章都配有一幅肖像漫画，这些作品即出自他之手。与他结缘有些偶然。他给《新闻战线》投了一篇稿，题目叫作《"水墨天成"的肖像漫画》，文章中配了李大钊和张仃的水墨肖像画，生动传神，我一下就被吸引了。当即生出念头，如果在《知名媒体人这样说》中，请他配上水墨肖像漫画，那该多好！但只是念头一闪，不敢奢望，因为素昧平生，让人家创作这么多幅作品，哪有可能！后来无意中又翻到那篇文章，那两幅肖像漫画越看神韵越足，让我无法割舍！顾不上其他，我向责任编辑武艳珍要了联系方式，冒昧地向他提出了这一要求。那时，他正在为即将要主持的著名漫画家方成——他恩师的追悼会而忙碌。晚上，我与他深度沟通并把书稿发给他，他有些犯难，因为时间仓促、量还不少！不过，犹豫再三，最终答应了。

之后，我们之间开启了频繁的交流沟通。每个人物，他都用心地创作，创作好了后发我请被画的人"验收"，如不满意他再修改。为了创作这些作品，他可没少耗费时间精力，也推掉了挣钱的机会，有不少人愿意花高价钱请他创作漫画呢。可是给本书创作的作品却没有分文酬劳！

禹天成还是中国新闻漫画研究会常务理事、中国科普作家协会会员、江苏省美术家协会综合艺术艺委会副主任。已发表大量新闻美术作品，先后入选比利时、南斯拉夫、伊朗等国际美术大赛并获奖，十多次在国内美术大赛中获奖，多幅作品被各美术馆收藏，有《禹天成的故事》等作品集。

他是写实的水墨画家，写意的人物画家。他所画的是真实存在的人物，但他注重凸显肖像的精神气质，准确捕捉人物的特征与个性。正如他所说，画一棵树，少一片叶子不会有人讲，人，最难画。漫画肖像是意向性的，和素描不一样，夸张是它唯一的表现方式。有些遗憾，因为时间关系，他不能画成水墨风格，而是画耗时相对较少的白描人物漫画，但我相信，这并不影响文章的情趣。

为了让大家更好地理解漫画肖像，他发来一段长长的话："首先，漫画肖像是一门夸张艺术，画家在五官中抓住某个部位进行夸张、塑造，并二度创作；其次，如果生平第一次看到自己的漫画肖像，看见一个静止的、符号式的、'画中人'的自己，往往感觉异常，会自问'这是我吗?'心理学家分析过，这里有一个大脑感知过程，奇妙的是，隔数小时或者第二天则越看越像，这也是个体视觉感官的认知过程，属正常现象，而看别人的漫画肖像或者别人看你的漫画肖像，则一看就像，也是这个道理；再次，要切记：一幅漫画肖像画里没有了夸张，就不叫漫画肖像，就失去了作品的魅力。"最后，他说，"慢慢享受漫画肖像夸张艺术的快乐吧！"

事实上，他夸张的漫画受到了大家的普遍欢迎。从这位马上快退休却孜孜不倦潜心创作的前辈身上，我看到了一种坚持的力量，一种不计回报的无私，还有一种对艺术的热爱与勇于突破。感谢他对本书的大力支持！

当本书快画上句号，我也要向我的家人道上一声谢谢！感谢我的先生，作为第一读者，屡屡提出中肯意见；感谢我的父母，帮我照顾孩子，让我周末时能安心在办公室码文字；感谢我的孩子，小小年纪，便懂得了体贴，只要听说妈妈加班，就会主动挥手道别，并交代"注意路上安全"，而刚开始时只会用撕心裂肺的哭表达对妈妈加班的抗议。

　　还有身边的很多同事朋友给了我诸多支持，如中国记协国内部主任殷陆君，对本书的出版颇为支持，几次问及出版进度并表示如有需要，他愿意提供帮助。在这里，我一并感谢，感恩生命中有你们！

责任编辑：刘江波

封面设计：汪　阳

版式设计：吴　桐

图书在版编目（CIP）数据

知名媒体人这样说 / 杨芳秀　著 .—北京：人民出版社，2018.11

ISBN 978 - 7 - 01 - 019979 - 5

I. ①知…　II. ①杨…　III. ①新闻工作 - 研究 - 中国　IV. ① G219.2

中国版本图书馆 CIP 数据核字（2018）第 245056 号

知名媒体人这样说

ZHIMING MEITIREN ZHEYANG SHUO

杨芳秀　著

人民出版社 出版发行

（100706　北京市东城区隆福寺街 99 号）

北京中科印刷有限公司印刷　新华书店经销

2018 年 11 月第 1 版　2018 年 11 月北京第 1 次印刷

开本：710 毫米 ×1000 毫米 1/16　印张：25

字数：360 千字

ISBN 978 - 7 - 01 - 019979 - 5　定价：58.00 元

邮购地址 100706　北京市东城区隆福寺街 99 号

人民东方图书销售中心　电话（010）65250042　65289539